les Intégrales de philo

Collection dirigée par Denis HUISMAN

DESCARTES

Méditations métaphysiques

Notes et commentaires de
André VERGEZ
Professeur émérite à l'Université

Avec la collaboration de
Christine THUBERT

Nathan

Sommaire

ISBN 978-2-09-187305-3

Préface

Si le *Discours de la méthode* reste, dans le grand public, l'ouvrage le plus illustre de Descartes, les *Méditations métaphysiques* sont incontestablement le chef-d'œuvre du philosophe. Ceci est un point sur lequel s'accordent aujourd'hui tous les commentateurs prestigieux, quelles que soient leurs divergences sur l'interprétation de l'« ordre des raisons » ou de la philosophie première de Descartes. Peu d'interprètes de Descartes considèrent sa métaphysique comme désuète. Ceux qui le font comme Pierre Fréderix dans sa biographie de Descartes ou Jean-François Revel, auteur d'un opuscule polémique dont le titre est tiré d'une formule de Blaise Pascal (« Descartes inutile et incertain »), rejettent en fait toute métaphysique au profit d'un rationalisme scientiste qui n'a certes rien de commun avec le rationalisme cartésien.

En fait tous les grands livres parus sur Descartes depuis cinquante ans mettent la métaphysique au premier plan. Jean Laporte (*Le Rationalisme de Descartes*, PUF, 1945), Ferdinand Alquié (*La Découverte métaphysique de l'homme chez Descartes*, PUF, 1950), Martial Gueroult (*Descartes selon l'ordre des raisons*, Aubier, 1953), Henri Gouhier (*La Pensée métaphysique de Descartes*, Vrin, 1962) ont écrit des ouvrages qui sont avant tout des commentaires sur les *Méditations métaphysiques.* Les travaux les plus récents ne démentent certes pas cette orientation. Nous n'en citerons pour témoins que le très beau livre de J.-M. Beyssade, *La Philosophie première de Descartes*, Flammarion, 1979 ou celui de J.-L., Marion, *Sur la théologie blanche de Descartes, Analogie, création des vérités éternelles et fondement*, PUF, 1981.

Sans doute Descartes fut-il en son temps, aussi un savant : non seulement en 1631 il découvrit la géométrie analytique (l'expression d'une équation par une courbe) et formula en optique la loi de la réfraction, mais il fut ce qu'on nomme aujourd'hui un épistémologue, autrement dit, il dégagea avec une clarté incomparable la philosophie qui préside à la révolution scientifique du XVIIe siècle. La philosophie mécaniste qui définit la matière comme pure étendue, réduit le changement au mouvement dans l'espace et considère les animaux eux-mêmes comme des automates, tels que ceux que l'on peut admirer « aux jardins de nos rois », cette philosophie consomme la rupture absolue avec la philosophie d'Aristote et la pensée scolastique du Moyen Âge. Par exemple la physique d'Aristote, avec ses formes substantielles, sa distinction de la puissance et de l'acte, la vérité qu'il reconnaît aux qualités sensibles, n'est qu'une psychologie déguisée : c'est ainsi que pour les aristotéliciens il y a des corps légers (par exemple la fumée) qui tendent vers leur « lieu naturel », le « haut », et des corps graves qui tombent, c'est-à-dire qui tendent eux aussi vers leur « lieu naturel », le bas. L'accélération de la pesanteur s'explique parce qu'un corps qui tombe vers le bas va plus vite lorsqu'il se rapproche de son « lieu naturel » comme un cheval presse naturellement le pas lorsqu'il sent l'écurie ! C'est cette physique naïve et pleine de projections psychologiques inconscientes dont nous délivrent à jamais le mécanisme cartésien et la séparation qu'il opère entre l'âme, « substance pensante », et le corps « substance étendue ». Est-ce à dire que la physique, science de l'étendue, et la métaphysique, qui s'ouvre par une réflexion sur la pensée, soient séparées et égales en dignité ?

Il n'en est rien pour Descartes. Car l'évidence métaphysique ou pour parler plus précisément l'évidence ontologique est d'un autre ordre et d'une tout autre solidité que l'évidence scientifique. L'évidence scientifique, l'idée claire et distincte d'un objet dans l'espace, ne résiste pas au doute hyperbolique de la première Méditation : je peux toujours imaginer que l'évidence mathématique la plus simple (un carré a quatre côtés ; deux et trois font cinq) est une évidence fausse si Dieu est trompeur, s'il est un diable qui, joignant la toute-puissance à la méchanceté, a troqué toutes mes évidences ! En revanche l'affirmation ontologique du *cogito* (« je pense, j'existe ») qui s'opère non pas dans l'oubli du malin génie, mais littéralement en sa présence (me trompe qui voudra, si je suis trompé j'existe) et contre lui, est une évidence métaphysique incontournable (je me saisis comme être pensant alors même que je doute de tous les objets). La découverte cartésienne de Dieu est la découverte ontologique essentielle qui s'impose dans une réflexion approfondissant le *cogito* lui-même. L'idée d'Infini et de Parfait qui m'habite et hante ma pensée, alors que je suis moi-même un être fini et imparfait, m'impose la vérité du Créateur être Parfait, qui, rétroactivement, exorcise le fantôme du malin génie et garantit par là même la vérité de toutes mes idées claires et distinctes (car un Dieu parfait ne peut vouloir me tromper) donc fonde l'évidence scientifique à son tour. C'est parce que les deux « évidences » (l'évidence scientifique de l'objet et l'évidence métaphysique de l'être) ne sont pas du même ordre que l'évidence métaphysique peut finalement et sans aucun cercle vicieux garantir à son tour l'évidence scientifique, comme l'a fait voir de nos jours, notamment, M. Ferdinand Alquié. On voit donc le primat de la Métaphysique chez Descartes. La lecture des *Méditations* depuis le doute radical de la Première jusqu'à la réhabilitation relative de la connaissance sensible dans la Sixième permettra de suivre pas à pas l'itinéraire de cette pensée toujours vivante qui demeure un modèle incomparable non seulement de rigueur philosophique mais aussi d'exercice spirituel ; un exercice qui vise non seulement à convaincre le lecteur, mais aussi à le persuader en dissolvant avec patience toutes les résistances que notre être charnel et sensible, plein de préventions, ne cesse d'opposer au progrès d'une pure pensée.

André Vergez

Biographie de Descartes

(1596-1650)

1. L'enfance (1596-1606)

C'est le 31 mars 1596, dans le village de La Haye, aux confins de la Touraine et du Poitou, que naît René Descartes. Son père, Joachim, est conseiller au Parlement de Bretagne. Jeanne, sa mère, meurt en 1597. De cette première enfance, sa grand–mère et sa nourrice furent les seules figures féminines.

2. Le collège de La Flèche (1606-1614)

Descartes y entre en 1606 et y poursuivra son apprentissage jusqu'en 1614.

Premier apprentissage des hommes, d'abord. Le collège de La Flèche est alors « une des plus célèbres écoles de l'Europe ». Descartes, bien que bénéficiant d'un régime privilégié du fait de sa santé fragile, n'en découvre pas moins la variété des caractères et des us qu'offre ce rassemblement de jeunes gens venus de toute la France.

Apprentissage intellectuel, surtout. Comme mainte institution d'enseignement de cette première moitié de siècle agitée, le collège de La Flèche est dirigé par les Jésuites. Leur compagnie constitue le véritable fer de lance du profond mouvement de reprise en main des esprits qui s'effectue alors : bouleversée par l'immense révolution des consciences qu'a représenté la Réforme protestante, l'Europe catholique se ressaisit. C'est l'époque de la Contre-Réforme.

Là, le jeune Descartes étudie les langues et les textes anciens, l'histoire, la poésie, l'art de l'éloquence, mais aussi la théologie et la philosophie – celle d'Aristote, telle que l'a interprétée saint Thomas. Il se livre également à ces joutes oratoires qu'on appelle les « disputes ».

Enfin et surtout, il découvre les mathématiques, qu'il apprend déjà à envisager sous un double angle :

– *Un angle pratique*. L'enseignement des mathématiques vise alors essentiellement à former des ingénieurs, des militaires – arpentage, hydrographie, topographie, science des eaux et des fontaines en sont les applications naturelles – ou à donner des bases de théorie musicale – le premier traité de Descartes, l'*Abrégé de musique,* sera aussi un travail mathématique.

– *Un angle philosophique.* Il faut mentionner ici l'importance de Clavius, mathématicien allemand et organisateur de l'enseignement scientifique dans les collèges jésuites, pour qui les mathématiques fournissent « aux philosophes des exemples de démonstrations solides » car elles « n'admettent non seulement aucune erreur, mais rien même qui soit probable », vérité à laquelle Descartes restera fidèle tout au long de son itinéraire philosophique.

Après une année d'études à la faculté de Poitiers, au terme de laquelle il est reçu licencié en droit civil et en droit canon, il renonce à la carrière juridique.

3. Le livre du monde (1614-1619)

Descartes a 21 ans. Le « conseil de son génie » le pousse à voyager, à connaître le monde pour y « recueillir diverses expériences ». Il s'engage dans l'armée de Maurice de Nassau et part pour Breda, aux Pays-Bas (alors appelés Provinces-Unies). De la vie militaire, il espère ces « expériences » auxquelles il aspire. Les armées de cette époque sont le plus souvent d'incohérents assemblages de troupes mercenaires levées par les princes selon les besoins de la politique : on y rencontre toutes les nationalités, on y parle toutes les langues et les hommes s'y révèlent tels qu'en eux-mêmes.

• Naissance d'une ambition : « une œuvre infinie »

Les hasards de la guerre lui réservent pourtant des découvertes autrement décisives. Les Pays-Bas et l'Espagne ont conclu une trêve et le jeune homme se voit condamné à l'inaction de la vie de garnison. C'est alors qu'il fait la connaissance d'Isaac Beeckmann, qui devient son ami et le restera jusqu'à leur rupture en 1630. Avec lui, Descartes étudie les mathématiques et, plus particulièrement, leur lien avec la physique : préoccupation essentielle chez tous les aventuriers de l'esprit qui partout en Europe cherchent alors les voies d'une nouvelle science et abandonnent peu à peu le naturalisme magique et la physique qualitative aristotélicienne que leur a légués la Renaissance. En ce morne hiver 1618-1619, Descartes se livre donc à d'intenses travaux mathématiques.

Printemps et été 1619 : Descartes voyage. Il se rend au Danemark, en Allemagne et effectue des recherches sur les Rose-Croix[1], comme lui en quête du savoir total et dont on parle beaucoup alors. L'Europe connaît les premières secousses de la guerre de Trente Ans. Descartes décide de s'engager dans l'armée catholique du duc de Bavière et, en route pour la rejoindre, se voit contraint, l'hiver arrivant, de s'arrêter dans la région d'Ulm et de demeurer « tout le jour enfermé seul dans un poêle[2] ».

1. Société secrète, apparue à Tübingen (Allemagne) au début du XVIIe siècle, ayant pour emblème une rose rouge fixée au centre d'une croix, symbole d'une parfaite connaissance des mystères de la nature.
2. Pièce chauffée par un poêle.

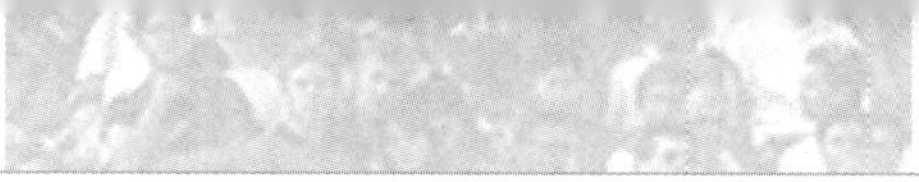

- **Les trois songes**

Il s'est remis aux mathématiques. Dans ce « poêle », au soir du 10 novembre 1619, « plein d'enthousiasme », il croit être « en train de trouver les fondements de la [*ou* d'une] science admirable[1] ». Au cours de la nuit qui suit, il fait trois songes, qu'il considère comme « venus d'en haut ». Il en retire la conviction qu'il lui faut poursuivre la voie dans laquelle il s'est engagé. Moment capital : désormais il s'agira pour lui de « porter au plus haut point ce qu'il trouvait en soi de plus fort et susceptible de génération[2] ». Il a 23 ans.

4. Voyages et recherches (1620–1628)

On sait très peu de choses sur les déplacements de Descartes jusqu'au printemps 1622, époque à laquelle il s'installe à Paris. En septembre 1623, il part pour l'Italie – peut-être y rencontre-t-il Galilée – et, en mai 1625, il est de retour en France. Désormais, et jusqu'en 1628, il restera à Paris. C'est sans doute à cette époque que Descartes lit Kepler[3]. Il s'intéresse à l'optique, effectue des recherches sur la réfraction de la lumière et fait tailler des verres de lunettes pour l'observation astronomique. Enfin, durant l'hiver 1628, il rédige ses *Regulae ad directionem ingenii* (*Règles pour la direction de l'esprit en la recherche de la vérité*), où il affirme sa croyance en l'unité des sciences et sa confiance en une raison bien dirigée.

À Paris, Descartes fait la connaissance du père Mersenne, cet homme étonnant pour qui les mathématiques « amènent l'entendement à la vérité » et « le transportent à la contemplation des choses abstraites, intellectuelles et divines », cet animateur infatigable autour duquel se réunissent, place Royale (l'actuelle place des Vosges), tous les esprits épris de science mais aussi engagés dans la lutte contre le libertinage érudit et l'athéisme protéiforme qui menace la religion. Marin Mersenne accueille Descartes et devient son ami, partageant ses préoccupations et l'encourageant dans ses travaux. Une fois ce dernier en Hollande, il sera son correspondant privilégié.

Durant ces années, Descartes voit également le cardinal de Bérulle, qui, frappé par la vigueur et la rigueur d'esprit de son interlocuteur, l'incite à se consacrer totalement à la philosophie. Aussi, l'homme qui, à l'entrée de l'automne 1628, se prépare à quitter la France pour Amsterdam n'est-il plus un inconnu. Il n'a rien publié à ce jour, mais sa réputation de mathématicien est solide.

1. *Cogitationes privatae*, X, 216, traduction française. Pour une analyse plus complète des trois songes, nous renvoyons le lecteur à celle qu'en donne Mme Geneviève Rodis-Lewis dans *L'Œuvre de Descartes*, Paris, 1971, t. 1, pp. 43-55.
2. Paul Valéry, *Les Pages immortelles de Descartes*, Paris, 1941, p. 63.
3. L'astronome allemand Johannes Kepler (1571-1630) a montré que les planètes qui gravitent autour du Soleil suivent une orbite elliptique (et non circulaire, comme on le croyait alors).

5. La Hollande (1628-1644)

Amsterdam, donc. Mais aussi Leyde, Deventer, Utrecht, etc. : Descartes ne cessera de changer de résidence suivant les nécessités de ses travaux. La Hollande, c'est le calme, la paix et la solitude dont Descartes a besoin pour poursuivre son « aventure ».

Octobre 1634 : Descartes rencontre Hélène Jans, dont il aura une fille, Francine. Née le 19 juillet 1635, elle mourra cinq ans plus tard, le 7 septembre 1640.

Juin 1637 : Parution, à Leyde, sans nom d'auteur, du *Discours de la méthode,* suivi de trois essais scientifiques : la *Dioptrique,* les *Météores* et la *Géométrie.*

Très vite un débat s'engage autour des textes de Descartes. Gassendi et Hobbes y participent. Mersenne est leur intermédiaire : il transmet les critiques dont le philosophe est l'objet. Les unes portent sur les essais, elles sont d'ordre scientifique. Les autres, plus fondamentales, mettent en cause la religion de Descartes. Durant cette période, qui va de 1637 à 1644, Descartes s'emploiera à répondre à ces attaques.

En 1640, il a achevé la rédaction de ses *Méditations métaphysiques,* ouvrage écrit en latin à l'intention des « plus forts esprits » – parmi lesquels Hobbes, Gassendi, Arnauld, les théologiens.

1641 : Parution de l'édition latine des *Méditations,* accompagnée de six séries d'objections et des réponses de Descartes.

1642 : Seconde édition des *Méditations,* à laquelle est ajoutée une septième série d'objections suivie des réponses de Descartes.

1643 : *Lettre à Voet* (en latin). Recteur de l'université d'Utrecht, où l'enseignement de la philosophie cartésienne vient d'être interdit, Voet accuse l'auteur du *Discours* d'athéisme.

En 1644, c'est son système du savoir qu'expose Descartes en publiant ses *Principia philosophiae* (*Principes de la philosophie*) dédiés à la princesse Élisabeth de Bohême, avec qui il entretiendra une correspondance suivie jusqu'à la fin de sa vie.

6. Le désenchantement (1644-1650)

Au cours des six années qu'il lui reste à vivre, Descartes effectuera trois voyages en France : en 1644, pour régler la succession de son père, décédé en 1640, puis en 1647 et en 1648, avec l'espoir d'obtenir une pension du roi et de s'installer définitivement en France. À Paris, il s'entretient avec Pascal, dont il conteste la thèse de l'existence du vide.

De ses séjours en France – le dernier sera écourté par les débuts de la Fronde –, il garde un souvenir amer. Amertume d'autant plus vive que le philosophe accepte mal l'accueil – indifférence ou incompréhension – que reçoivent ses livres.

Durant cette période, Descartes travaille à une « description des fonctions de l'animal et de l'homme » – « la conservation de la santé a été de tout temps le but principal de mes études » –, écrit-il alors au marquis de Newcastle.

1648 : Accusé de pélagianisme (doctrine hérétique niant le péché originel) par Regius, son ancien disciple, il publie ses *Notae in programma quoddam* (*Remarques sur un placard*). Il reçoit Frans Burman. L'*Entretien avec Burman* ne sera retrouvé qu'à la fin du XIXe siècle.

1649 : Parution du traité des *Passions de l'âme.*

Les lettres de Descartes de cette époque sont particulièrement importantes car elles sont d'un homme qui, malgré les publications de 1648 et 1649, ne croit plus aux livres pour faire entendre sa voix – déjà, dans le *Discours,* ne disait-il pas « haïr le métier de faire des livres » ? On retiendra surtout ses lettres à Mesland, où il expose sa conception de la liberté, ainsi que sa correspondance avec Élisabeth, Chanut et Christine de Suède sur la morale.

En septembre 1649, après maintes hésitations, le philosophe répondant à l'invitation de la reine Christine, part pour la Suède. Fin janvier, il tombe malade. Le 10 février, raconte Baillet[1], il dit à son valet : « Ah ! mon cher Schluter, c'est pour le coup qu'il faut partir. » Le lendemain, « à quatre heures du matin, âgé de cinquante-trois ans, dix mois et onze jours », meurt René Descartes.

Descartes à sa table de travail, gravure anonyme du XVIIe siècle.

On peut voir la solitude du philosophe et l'intérêt qu'il porte aux sciences de la nature.

1. Adrien Baillet, *La Vie de M. Descartes*, Horthemels, Paris, 1691.

Repères chronologiques

Vie de Descartes

1596 Naissance de René Descartes, le 31 mars, à La Haye (Touraine).

1597 Mort de la mère de Descartes.

1618 Engagement dans l'armée hollandaise.

1619 Voyage au Danemark et en Allemagne. Descartes a, en rêve, la révélation de l'unité de la science.

1620 Engagé dans l'armée du duc de Bavière, Descartes assiste à la bataille de la Montagne Blanche.

1628 Descartes s'installe en Hollande pour vingt ans.

1631 Descartes invente la géométrie algébrique.

1633 Descartes renonce à publier son *Traité du monde*, et s'installe à Amsterdam en décembre.

Littérature, sciences, philosophie

1596 Kepler, *Prodromus dissertationum […] de admirabili proportione orbium coelestium.*

1615 Harvey découvre la circulation du sang.

1618 Kepler découvre la troisième loi sur le mouvement des planètes.

1619 Kepler, *Harmonices mundi.*

1620 Bacon, *Novum Organum.*

1629 Harvey, *De motu cordis.*

1632 Galilée, *Dialogues sur les deux grands systèmes du monde.*

1633 Mersenne, *Traité des mouvements.*

Événements historiques

1596 Henri IV règne en France (depuis 1594).

1615 Renvoi des États généraux. Les juifs sont chassés de France.
1617 Concini est assassiné. Le catholicisme est interdit en Suède.
1618 Début de la guerre de Trente Ans.

1619 Vanini est brûlé vif à Toulouse.

1620 Révolte de Marie de Médicis : traité d'Angers. Défaite des Tchèques à la Montagne Blanche : répression contre la Réforme.
1628 Pétition des Droits.

1629 Édit de grâce d'Alès. Campagne de Richelieu en Piémont.

1631 Bataille de Breitenfeld.

1632 Colonie anglaise du Maryland.
1633 Condamnation à Rome des *Dialogues* de Galilée, le 23 juin. L'Inquisition le contraint à abjurer ses théories concernant l'héliocentrisme.

Œuvres de Descartes

1618 Rédaction de l'*Abrégé de musique.*

1628 Rédaction des *Règles utiles et claires pour la direction de l'esprit* (posth., 1701).

Vie de Descartes

1640 Mort de sa fille et de son père.

1642 Contacts avec la princesse Élisabeth.
1644 Séjour en France.

1647 Voyage à Paris, où il rencontre Pascal. Début de sa correspondance avec Christine de Suède.

1648 Polémique à Leyde : Descartes est accusé de pélagianisme. Il retourne en France, où il se réconcilie avec Gassendi et se brouille avec Régius (mathématicien). Entretiens avec Burman.
1649 Descartes se rend en Suède, auprès de la reine Christine.

1650 Mort de Descartes à Stockholm, le 11 février.

Littérature, sciences, philosophie

1637 Fondation de la Société des solitaires de Port-Royal.

1640 Jansénius, *Augustinus.*
1641 Condamnation de l'*Augustinus* de Jansénius.

1644 Torricelli invente le baromètre : il découvre la pesanteur de l'air.

1647 Gassendi, *De vita Epicuri.* Pascal, *Expériences nouvelles touchant le vide.*

1648 Expérience de Pascal au Puy-de-Dôme : la hauteur du liquide est proportionnelle à la pression de l'atmosphère. Mort de Mersenne.

1649 Gassendi : *Animadversiones.*

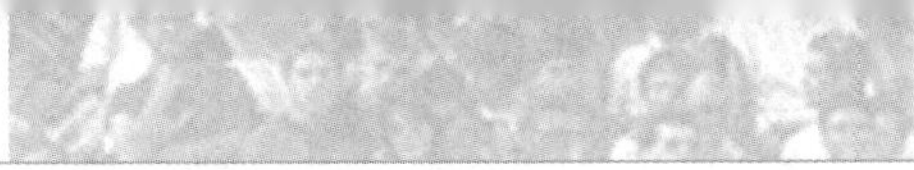

Repères chronologiques

Événements historiques

1637 Révolte des « Croquants » du Limousin. Révolte de l'Écosse contre Charles Ier.

1640 Prise d'Arras par la France.

1641 Complot du comte de Soissons. Alliance franco-portugaise. Début des négociations de paix entre la France et l'Empire.

1642 Mort de Richelieu.

1644 Cromwell prend York.

1647 Cromwell s'empare de Londres. Fuite de Charles Ier en Écosse : il est livré au Parlement par les Écossais.

1648 Fin de la guerre de Trente Ans. Fronde parlementaire.

1649 Siège de Paris (la Fronde). Révolte de Turenne. Procès et exécution de Charles Ier.

1650 Fronde nobiliaire contre Mazarin. Arrestation de Condé. Bataille de Rethel. Cromwell envahit l'Écosse : bataille de Dunbar.

Œuvres de Descartes

1637 Publication anonyme du *Discours de la méthode*. La *Dioptrique*, les *Météores*, la *Géométrie*.

1641 Première édition des *Méditations métaphysiques*, en latin.

1642 Deuxième édition des *Méditations métaphysiques*.

1644 Traduction latine du *Discours de la méthode*. Publication des *Principes de la philosophie*, en latin.

1649 Publication des *Passions de l'âme*.

Avant de commencer la lecture

Brève histoire de l'œuvre

1629 : premières réflexions métaphysiques de Descartes

Descartes a été préoccupé de métaphysique bien avant d'écrire les *Méditations* (1641) et bien avant d'écrire le *Discours de la méthode* (1637).

En 1629 Descartes est en Hollande, dans une petite ville perdue, Franeker, où il vit dans la solitude la plus complète. Il n'écrit quasiment à personne et, sans bibliothèque – Descartes n'a apporté en Hollande que la Bible et la *Somme théologique* de Thomas d'Aquin –, il compose un petit traité de métaphysique. Cet ouvrage qu'il abandonnera à l'été 1629 pour se consacrer à l'optique est cependant le point de départ de ses travaux métaphysiques ultérieurs.

Descartes y fait référence dans sa correspondance avec le R. P. Mersenne. Dans une lettre du 15 avril 1630, il lui écrit qu'il a trouvé « *comment on peut démontrer les vérités métaphysiques d'une façon qui est plus évidente que les démonstrations de la géométrie* ». Et il ajoute : « *les neuf premiers mois que j'ai été en ce pays je n'ai travaillé à autre chose* ». Dans une autre lettre, datée du 25 novembre 1630, Descartes fait encore allusion à ce travail : « *je ne dis pas que quelque jour je n'achevasse un petit traité de Métaphysique lequel j'ai commencé étant en Frise* ». Enfin, dans une lettre datée de mars 1637, Descartes écrit : « *Il y a environ huit ans j'ai écrit en latin un commencement de Métaphysique* » où tout ce qui touche au problème de l'âme « *substance distincte du corps* » et à « *la démonstration de l'existence de Dieu* » est « *déduit assez au long* ».

Cette correspondance nous ramène toujours à l'année 1629 qui est vraiment le point de départ des réflexions métaphysiques de Descartes. Toutefois à cette époque [1630], Descartes ne souhaite pas publier sa métaphysique « que je n'aie vu premièrement comment la physique sera reçue ». D'abord la physique, ensuite la métaphysique.

Certains historiens de la philosophie discutent pour savoir si la métaphysique de Descartes n'était qu'une ruse pour faire accepter sa physique. Le texte de 1629 n'étant pas parvenu jusqu'à nous, il est difficile de trancher. Toutefois, il est certain que Descartes s'est intéressé à la métaphysique très tôt, avant même de publier des ouvrages traitant spécifiquement de problèmes métaphysiques.

1637 – 1641 : du *Discours de la méthode* aux *Méditations métaphysiques*

En raison de la condamnation de Galilée par l'Église en 1633 pour son livre intitulé *Dialogues sur les deux principaux systèmes du monde, celui de Ptolémée et celui de Copernic,* où Galilée défend l'héliocentrisme[1], Descartes renonce à publier son *Traité du monde.* Il se décide en 1637 à publier trois petits extraits de son œuvre scientifique : la *Dioptrique,* les *Météores,* la *Géométrie.* Ces extraits sont accompagnés d'une préface : le *Discours de la méthode.* Ce *Discours de la méthode* est une autobiographie intellectuelle mais sa quatrième partie est une réflexion métaphysique : Descartes y démontre rapidement que l'âme est indépendante du corps et que l'existence de Dieu se prouve *a priori* comme un théorème.

Dans le *Discours,* Descartes ne présentait qu'un aperçu de sa métaphysique. Conscient des insuffisances et du caractère trop rapide des courtes pages de métaphysique présentes dans le *Discours,* il se décide à les développer quelques années plus tard, et rédige les *Méditations métaphysiques,* qui seront publiées d'abord en latin en 1641, puis en français en 1647. Le texte latin était destiné au public savant, et le texte français au grand public. Si Descartes a d'abord publié son texte en latin, c'est sans doute parce qu'il cherchait une protection de la part des théologiens avant de le livrer à un public plus large. Mais les *Méditations* ne sont pas un livre réservé aux savants, puisque seulement six ans plus tard, elles sont traduites en français.

Les objections et réponses

Dès la rédaction des *Méditations,* Descartes a souhaité accompagner son texte de jugements de théologiens et de philosophes sur sa métaphysique. Il confie donc au R. P. Mersenne le soin de contacter divers savants (Hobbes et Gassendi par exemple) pour leur soumettre une copie des *Méditations.* L'objectif de Descartes est de présenter son texte accompagné des objections qui lui auront été faites et de ses propres réponses à ces objections afin de mieux persuader le lecteur de la vérité de sa métaphysique. C'est donc une véritable discussion critique qu'il entend livrer aux lecteurs, en ne leur cachant pas les critiques, les réserves faites sur sa métaphysique, et en essayant lui-même d'y répondre. « [...] *je répondrai aux objections qui m'ont été faites par des personnes d'esprit et de doctrine, à qui j'avais envoyé mes Méditations pour être examinées avant que de les mettre sous la presse ; car ils m'en ont fait un si grand nombre et de si différentes, que j'ose bien me promettre qu'il sera difficile à un autre d'en proposer aucunes qui soient de conséquence, qui n'aient point été touchées.* »[2] Le lecteur, ayant en main tous les éléments

1. L'héliocentrisme est une théorie astronomique qui affirme que le Soleil est le centre du système solaire, et que la Terre tourne autour du Soleil, et non l'inverse comme le croyait le géocentrisme.
2. *Méditations,* préface, p. 49.

du débat, pourra ainsi en toute liberté former son propre jugement sur les *Méditations*.

En se proposant de répondre aux objections qui peuvent être faites à son livre, Descartes entend non pas rectifier sa position, mais mieux expliquer encore ses raisons et pouvoir ainsi mieux convaincre.

Ce procédé utilisé par Descartes de publier ensemble son texte et les objections qui lui ont été faites mérite d'être relevé. Au lieu d'ignorer les éventuelles critiques, Descartes a choisi l'attitude inverse : il n'a pas cherché à les cacher aux lecteurs. Mais au contraire il les livre et s'engage lui-même dans le débat en essayant de se justifier et de répondre à ces critiques. Mais Descartes a été déçu par les objections qui lui ont été faites, et demande vite au R. P. Mersenne de cesser de chercher des interlocuteurs. Le texte des *Méditations* sera donc publié accompagné de six objections et réponses[1].

Le Philosophe *de Rembrandt. Musée du Louvre. Ce philosophe, tel Descartes, médite dans la solitude à la lumière d'une grande fenêtre qui pourrait figurer la lumière de l'Être.*

1. Vous trouverez dans les **Documents Autour de l'œuvre**, p. 156 et suivantes, les extraits de ces objections et réponses.

Problématiques essentielles

Il est impossible de dissocier les thèses métaphysiques de Descartes de la méthode qu'il a employée pour les découvrir. En effet, ce qu'il reproche à la science de son époque, c'est d'être fondée sur des principes incertains, de ne pas avoir une méthode permettant d'être assuré de la vérité de ses idées. La métaphysique cartésienne offre de nouveaux fondements à la science et ces fondements ne sont solides que parce qu'ils ont été découverts de façon méthodique.

La métaphysique de Descartes est donc moins un système qu'un exercice de la pensée. Si on la sépare de la méthode utilisée pour l'élaborer, elle s'effondre, devenant dogmatique, arbitraire.

C'est pourquoi nous proposons, avant la lecture du texte intégral des *Méditations métaphysiques*, d'expliquer l'originalité de la méthode cartésienne. Une fois seulement que la méthode est comprise, assimilée, il est possible de comprendre les thèses métaphysiques de Descartes, en refaisant avec lui le chemin qu'il a suivi pour les découvrir.

Pourquoi méditer ?

« *Je ne conseillerai jamais à personne de le lire [mon livre], sinon ceux qui voudront avec moi méditer sérieusement.* » (p. 48)

1. Qu'est-ce que méditer ?

Le titre de l'ouvrage de Descartes qui expose sa métaphysique s'intitule *Méditations métaphysiques* et non pas, par exemple, « Somme métaphysique », « Système de métaphysique » ou « Principes de métaphysique ». Et ce livre est constitué non pas de chapitres ou de parties, mais de six méditations. Le terme « méditation » est donc utilisé non seulement comme titre du livre mais aussi pour distinguer ses différentes parties. Il n'est peut-être pas inutile de réfléchir au sens de ce mot ; cela nous apportera sans doute quelque lumière sur le sens de la démarche de Descartes.

Il convient tout d'abord de remarquer que la méditation est une action, c'est un acte de la pensée. Elle exige donc un sujet, celui qui médite. Il n'y a pas de méditation sans sujet méditant. Une méditation n'est donc pas seulement un résultat, la conclusion d'une réflexion. Il faut comprendre dans ce terme également l'effort, la méthode employée pour parvenir au résultat. Une méditation métaphysique n'est pas une thèse métaphysique, c'est l'acte de réfléchir sur un problème de métaphysique et de parvenir, si possible, à un résultat : une thèse métaphysique. Dans cet ouvrage, Descartes ne nous livre donc pas seulement sa métaphysique, mais aussi la méthode par laquelle il l'a découverte.

La méditation est une forme de la réflexion, mais elle s'en distingue toutefois. Une méditation est une réflexion qui approfondit longuement un sujet. Dans le terme de méditation, une certaine durée est incluse, on ne médite pas en cinq minutes. Il ne suffit pas d'avoir compris : on ne s'arrête pas de méditer une fois que l'on a trouvé la solution au problème posé. Mais la méditation s'abîme dans un long temps, elle se comprend comme un effort, comme une attention de l'esprit qui se prolonge dans le temps. Ainsi Descartes conseillait de passer une journée sur chaque méditation, non pas de lire le livre d'une seule traite, en quelques heures, mais de consacrer au moins une semaine entière à la lecture de son livre. Et même, il insistait pour que le lecteur médite pendant plusieurs semaines la première méditation : *« Je voudrais que les lecteurs n'employassent pas seulement le peu de temps qu'il faut pour la lire* [la première méditation], *mais quelques mois, ou du moins quelques semaines, à considérer les choses dont elle traite, auparavant que de passer outre ; car ainsi je ne doute point qu'ils ne fissent bien mieux leur profit de la lecture du reste. »* [1] La méditation ne se termine donc pas une fois la solution trouvée, une fois le problème compris. Ceci signifie qu'elle implique quelque chose de plus que la simple réflexion : une conversion du sujet qui médite. On ne médite pas en vue de devenir savant, mais en vue de devenir sage.

2. La méditation comme exercice

La méditation se distingue ainsi radicalement de la recherche scientifique, et peut être en revanche rapprochée de l'exercice spirituel. Cet écart entre méditation et recherche scientifique se comprend par la nature même des objets auxquels elles s'appliquent. La recherche scientifique cherche une connaissance des objets, des choses ; la méditation ne porte pas sur l'objet mais sur le problème de l'être. L'être, à la différence de l'objet, ne peut pas être « com-pris ». On ne peut pas l'enfermer dans des catégories de connaissance. Il n'est pas un objet d'expérience manipulable, il s'expérimente, il nécessite de la part du sujet une réflexion vécue, un investissement absolu dans sa recherche. Méditer, c'est adopter une attitude de conscience en vue à la fois de l'acquisition d'un savoir et d'une transformation de soi. Ces deux aspects de la méditation ne peuvent ni ne doivent être distingués l'un de l'autre : je ne comprendrai jamais l'affirmation de l'existence de Dieu si je reste un observateur extérieur.[2]

C'est pourquoi la méditation peut être assimilée à un exercice spirituel. Méditer vient du latin *meditari*, « s'exercer ». Il s'agit d'un exercice de la

1. *Secondes Réponses*, GF-Flammarion, p. 234.
2. Voir **Grandes thèses** : L'existence de Dieu, p. 130.

pensée, d'une ascèse. La méditation est un mot du vocabulaire religieux : le sujet médite en vue de détacher son esprit des sens, de rompre avec les préjugés de l'homme du commun pour se tourner tout entier vers Dieu, pour ne s'occuper que de Dieu. Cet exercice de l'âme exige un effort qui doit être longuement répété : on ne se défait pas facilement de ses habitudes de penser. De plus, cet exercice doit être construit et suivre des règles : la méditation exige une discipline de l'esprit. Il ne s'agit pas de laisser son esprit vagabonder ; au contraire, il doit être guidé dans son effort : on ne médite pas n'importe comment. À cet égard, il convient de remarquer que les *Méditations métaphysiques* sont séparées en six méditations présentées comme six journées différentes. Chaque méditation traite d'un seul sujet (la première méditation traite du doute, la seconde de l'existence de soi comme chose pensante, etc.). Pour passer à la méditation suivante, il faut avoir achevé le travail sur soi auquel invite la méditation précédente.

« Parce qu'il est malaisé de se défaire si promptement d'une opinion à laquelle on s'est accoutumé de longue main, il sera bon que je m'arrête un peu à cet endroit, afin que par la longueur de ma méditation j'imprime plus profondément en ma mémoire cette nouvelle connaissance. »[1] Cet ordre et cette lenteur de la démarche méditative visent à éviter la précipitation : toute connaissance nouvelle ne doit pas rester extérieure à celui qui l'acquiert, mais elle doit le transformer. Ce n'est pas seulement une connaissance de plus que j'ajoute au nombre de celles que je peux déjà avoir : je ne la possède pas, c'est elle qui doit me posséder. Le lecteur doit pouvoir faire sien à chaque fois le nouvel exercice proposé. Cet exercice spirituel est donc une expérience à laquelle le lecteur participe en tant qu'acteur. Il ne s'agit pas d'une expérience subjective, personnelle, qui concernerait seulement Descartes et que ce dernier raconterait comme un récit autobiographique. C'est une expérience en droit valable pour tous, et c'est la raison pour laquelle Descartes invite chacun de ses lecteurs à refaire pour lui-même cette expérience : « [...] *j'exposerai premièrement dans ces Méditations les mêmes pensées par lesquelles je me persuade être parvenu à une certaine et évidente connaissance de la vérité, afin de voir si, par les mêmes raisons qui m'ont persuadé, je pourrai aussi en persuader d'autres »*[2].

3. L'utilisation du « je »

En comprenant la méditation comme un exercice spirituel, il est possible de comprendre le sens de l'emploi de la première personne du singulier par Descartes.

Dans les *Méditations métaphysiques*, Descartes parle à la première personne, mais ce n'est pas un « je » autobiographique comme dans le *Discours*

1. Méditation seconde, p. 67.
2. Préface, pp. 48-49.

de la méthode. Certes il y a quelque chose de personnel, d'intime ; Descartes se décrit : « [...] *je suis ici, assis auprès du feu, vêtu d'une robe de chambre, ayant ce papier entre les mains* »[1]. Mais il ne s'agit pas d'un « je » individuel. Ce « je » est seulement un sujet, non pas l'individu Descartes, mais un sujet humain. Ce n'est donc personne en particulier. C'est un « je » désincarné, métaphysique. À partir de la mise en doute radicale de la première méditation, ce sujet est privé de son corps (celui-ci ne lui sera rendu qu'à la sixième méditation, à la fin de l'itinéraire spirituel). Le sujet est donc dénué de toutes particularités qui le distingueraient d'un autre sujet : c'est seulement un sujet qui pense. Ce « je » est donc tout autant celui de Descartes que celui de tout lecteur des *Méditations métaphysiques.* « *Le " Je " employé dans les* Méditations *est en fait un " Tu " qui s'adresse au lecteur.* »[2] En utilisant la première personne du singulier, Descartes ne se raconte pas, il invite le lecteur à refaire le même itinéraire spirituel. Le « je » est celui de tout sujet méditant. C'est donc à la fois un « je » personnel, le mien, en tant que lecteur des *Méditations,* et un « je » universel, celui de tous ceux qui refont le même exercice spirituel. Et en livrant au début du livre quelques éléments personnels, Descartes ne fait qu'inciter le lecteur à se lancer lui aussi dans l'aventure. Il l'invite à méditer lui aussi, en se détachant de sa contingence. Descartes était assis au coin du feu, moi, lecteur, je suis en classe, dans une bibliothèque, peu importe. L'expérience spirituelle qu'a découverte Descartes, je peux la vivre moi aussi.

Commencer par douter

Voir **Première Méditation**.

« *[...] je m'appliquerai sérieusement et avec liberté à détruire généralement toutes mes anciennes opinions.* » (p. 53)

1. Le doute comme point de départ

Le premier exercice de méditation est l'apprentissage du doute. Pour pouvoir méditer, il convient de se retirer à l'écart de l'agitation du monde. Pour commencer à méditer, il faut d'abord mettre en question le monde, prendre ses distances avec ses croyances habituelles. Si l'on est absolument certain de toutes ses opinions, il est impossible d'y réfléchir. La réflexion ne peut naître que d'un soupçon : ce que l'on pense n'est peut-être pas vrai, ou du moins pose problème. Celui qui ne se pose aucune question sur ce qu'il est, sur la liberté qu'il possède, comment pourrait-il y réfléchir ? Il n'y verrait

1. Première Méditation, p. 54.
2. Pierre Hadot, *Qu'est-ce que la philosophie antique ?*, « Folio / Essais », Gallimard, p. 396.

tout simplement aucun intérêt. La première étape consiste donc à briser notre adhérence à nos opinions. Il faut se délivrer de ses préjugés – tout ce qui a été admis sans avoir passé l'épreuve du jugement. Il s'agit de mettre sa certitude à l'épreuve. Ce que je crois vrai, est-ce bien vrai ?

Le doute introduit ainsi une dualité : il me détache de mes certitudes antérieures. Je ne fais plus un avec ma croyance à partir du moment où je la remets en question. Cette dualité à laquelle conduit le doute est exprimée dans l'étymologie latine du mot *dubitare,* le préfixe « *dub* » exprimant le double. Le doute brise l'unité du sujet, mais pour pouvoir se dédoubler ainsi, il va falloir faire preuve de duplicité, ruser avec soi-même.

2. Un doute illimité

Cet apprentissage du doute que nous propose Descartes dans la *Première Méditation* est progressif. Le doute va d'abord concerner les objets des sens, puis les objets de la raison, afin d'aboutir à un doute généralisé, absolu. Tous les domaines de l'être sont affectés par le doute, aucun ne sort indemne de cette remise en question. L'univers entier bascule. Descartes fait le pari de tenter cette mise à l'épreuve. Mieux vaut douter de tout que croire quelque chose d'incertain. Il s'agit donc d'une expérience, mais il est impossible de savoir à l'avance quel sera son résultat. La démarche du doute est autonome ; certes Descartes choisit volontairement de douter, mais il a décidé de se livrer tout entier au doute. Afin d'en finir avec l'incertitude, il faut accepter de pousser le doute le plus loin possible. Ceci signifie que l'on ignore où le doute va nous mener, et il faut accepter le risque de ne pas en sortir.

Il ne s'agit donc pas d'un doute calculateur, maîtrisé, orienté vers la fondation de la science. Descartes ne doute pas en savant mais en philosophe. De ce fait, le doute de la *Première Méditation* doit être distingué du doute du *Discours de la méthode.*

Dans le *Discours,* Descartes doute en savant ; son objectif est d'éliminer les erreurs des sens pour pouvoir fonder la science. Son doute est donc méthodique, limité.

Parce que les sens sont parfois trompeurs, Descartes va douter que les choses soient telles que les sens nous les présentent : *« [...] à cause que nos sens nous trompent quelquefois, je voulus supposer qu'il n'y avait aucune chose qui fût telle qu'ils nous la font imaginer. »*[1] Dans le *Discours,* Descartes met entre parenthèses les qualités sensibles révélées par nos sens, mais cette mise entre parenthèses a pour objectif de fonder une physique mathématique.

Parce que des hommes font des démonstrations fausses, Descartes va douter de ses propres démonstrations : *« [...] parce qu'il y a des hommes qui se méprennent en raisonnant, même touchant les plus simples matières de géométrie, et y font des paralogismes, jugeant que j'étais sujet à faillir, autant qu'un*

1. *Discours de la méthode,* Quatrième partie.

autre, je rejetai comme fausses toutes les raisons que j'avais prises auparavant pour démonstrations. »[1] Le doute est un précepte de méthode : il faut éviter de se précipiter, de juger trop vite.

Mais ni les objets des sens ni la raison ne sont eux-mêmes atteints par le doute. C'est un doute de savant, pas un doute de sceptique. Il s'agit d'un doute de l'entendement, pas d'un doute de la volonté : le doute est ainsi circonscrit et limité par les règles de la morale provisoire définies précédemment dans la Troisième Partie. Le doute du *Discours* concerne seulement les objets de connaissance et la façon de les connaître, il ne concerne pas l'existence même du monde.

En revanche, dans les *Méditations*, il s'agit d'un doute de la volonté. Et parce que la volonté humaine est infinie, ce doute sera lui-même infini. Il s'agit de douter que quelque chose existe, qu'il y a de l'être. Si je doute de mes sens, ce n'est pas seulement parce qu'ils me trompent mais parce qu'ils me font croire que quelque chose existe. Le doute concerne l'existence même des objets révélés par la science. La conscience du réel familier se trouble, le monde me devient étranger. Et la raison elle aussi est troublée : je doute que $2+3=5$. Le doute conduit ainsi à une crise de la connaissance : il concerne non seulement les connaissances de l'homme mais aussi la possibilité de connaître de l'homme. « *[...] que sais-je s'il* [Dieu] *n'a point fait que je me trompe aussi toutes les fois que je fais l'addition de deux et de trois, ou que je nombre les côtés d'un carré, ou que je juge de quelque chose encore plus facile, si l'on se peut imaginer rien de plus facile que cela.* »[2] En supposant que Dieu est trompeur, Descartes remet en cause les idées claires et distinctes[3] : c'est l'évidence elle-même qui est troublée. Les idées claires et distinctes sont devenues douteuses ; la clarté et la distinction ne peuvent plus être un critère de vérité.

3. Les artifices du doute

Mais pour pouvoir douter de tout, il ne suffit pas de le vouloir et d'avoir des raisons de douter, il faut s'en convaincre. La radicalité du doute exige autre chose que des raisons : du fait qu'il bouleverse tout le connu, j'oppose des résistances à ce doute, je refuse d'y croire. Il ne suffit donc pas de donner des arguments justifiant intellectuellement le doute, il faut encore donner des arguments pour surmonter mes résistances, pour me convaincre. Ainsi l'erreur des sens est un argument suffisant pour douter du sensible, mais pour s'en convaincre, il faut encore l'argument du fou et du rêve. De même l'hypothèse du Dieu trompeur est une raison suffisante pour douter des vérités intelligibles, mais pour en être convaincu, il faut ajouter l'hypothèse du malin génie. Le malin génie n'est pas un argument, une raison, c'est un moyen pour douter durablement.

---

1. *Discours de la méthode*, Quatrième partie.
2. Première Méditation, p. 56.
3. Voir **Concepts clés** : les idées, p. 118.

« C'est pourquoi je pense que je ne ferai pas mal si, prenant de propos délibéré un sentiment contraire, je me trompe moi-même, et si je feins pour quelque temps [...]. »[1]

« Je supposerai donc, [...] *qu'un certain mauvais génie, non moins rusé et trompeur que puissant, a employé toute son industrie à me tromper* [...]. »[2]

Cette intervention du malin génie a pour objectif de convaincre le sujet qu'il lui faut douter de tout et lève les obstacles psychologiques que le sujet dresse contre le doute. Ce n'est donc pas un argument rationnel mais une ruse inventée par la volonté de douter de Descartes. Il fortifie sa volonté de douter en créant une volonté de mensonge, mais c'est une pure fiction. Cette supercherie s'intègre dans l'économie du doute comme exercice : elle seule permet de maintenir la radicalité du doute en interdisant à ma raison d'adhérer au probable.

À la fin de la Première Méditation, Descartes réussit ainsi à mettre en doute tous les champs du réel. *« Je suppose donc que toutes les choses que je vois sont fausses ; je me persuade que rien n'a jamais été de tout ce que ma mémoire remplie de mensonges me représente ; je pense n'avoir aucun sens ; je crois que le corps, la figure, l'étendue, le mouvement et le lieu ne sont que des fictions de mon esprit. »*[3]

4. Une limite au doute

Toutefois, l'entreprise de Descartes doit être limitée sur un point. Descartes met en doute la possibilité de connaître de la raison, mais il ne met pas en doute la raison elle-même. *« Mais quoi ! ce sont des fous, et je ne serais pas moins extravagant si je me réglais sur leurs exemples. »*[4] Descartes écarte l'hypothèse de la folie. En effet la folie est une déraison. Or si je déraisonne, je ne pourrai jamais atteindre la vérité, mon doute ne sera pas plus crédible que mes fausses opinions. La folie est donc une menace qui porte sur le sujet en tant qu'être rationnel ; cette menace rendant vaine le projet de Descartes, il la rejette. Mais cela signifie que son doute demeure un doute rationnel, un doute conforme à la raison et à ses exigences.

5. Évaluation du doute

Il nous reste à nous demander quelle orientation le doute donne à la démarche métaphysique de Descartes.

Étant radical, le doute révèle la liberté infinie de l'homme. L'homme peut douter de tout : il peut rejeter à la fois son expérience du monde et ses

1. Première Méditation, p. 57.
2. *Ibid.*
3. Méditation seconde, p. 59.
4. Première Méditation, p. 54.

connaissances. Le doute ne laisse subsister qu'un sujet libre de douter, mais qui ne peut plus attendre la certitude que de lui-même. Celle-ci ne lui sera pas donnée de l'extérieur, il faut qu'il se la donne.

Mais le doute révèle également la finitude du sujet : s'il peut résister au malin génie, ne pas se laisser abuser par ses supercheries, en revanche il ne peut plus rien affirmer. « [...] *et si, par ce moyen, il n'est pas en mon pouvoir de parvenir à la connaissance d'aucune vérité, à tout le moins il est en ma puissance de suspendre mon jugement.* »[1] C'est la seule chose que je puisse faire face au malin génie : m'abstenir de tout jugement. « *Qu'est-ce donc qui pourra être estimé véritable ? Peut-être rien autre chose, sinon qu'il n'y a rien au monde de certain.* »[2] Le malin génie semble me condamner au scepticisme : pour éviter d'être trompé, la seule possibilité est de suspendre mon jugement.

Par conséquent je ne pourrai dépasser le doute qu'au sein même du doute. La certitude ne pourra surgir que du doute lui-même. Pour qu'une vérité puisse résister au doute il faudra que sa certitude s'affirme dans l'exercice du doute, faute de quoi il existera toujours une raison d'en douter. En effet les raisons de douter sont extérieures au contenu de mes certitudes ; c'est pourquoi elles peuvent les mettre en question. Mais si une certitude s'affirme pendant que je doute, comment pourrai-je la soumettre elle aussi au doute ?

Si la vérité ne peut plus surgir qu'à partir du doute, il faudra avoir douté soi-même pour être convaincu. Cette démarche nous révèle l'exigence de méditation à laquelle Descartes invite ses lecteurs. Le lecteur ne pourra adhérer aux évidences découvertes par Descartes que si lui aussi a sérieusement douté. Et c'est peut-être faute de ne pas avoir assez douté qu'il résistera aux preuves avancées par Descartes. La démarche métaphysique est une recherche personnelle : il ne suffit pas que Descartes ait douté pour nous, nous ne pouvons pas nous satisfaire de ses conclusions si nous ne reprenons pas à notre compte le doute par lequel il a dû passer.

Quel est l'ordre de la découverte ?

« *J'estime les* [les lecteurs] *devoir ici avertir qu'ayant tâché de ne rien écrire dans tout ce traité dont je n'eusse des démonstrations très exactes, je me suis vu obligé de suivre un ordre semblable à celui dont se servent les géomètres, qui est d'avancer premièrement toutes les choses desquelles dépend la proposition que l'on cherche, avant que d'en rien conclure.* »[3]

1. Première Méditation, p. 58.
2. Méditation seconde, p. 59.
3. Abrégé, p. 50.

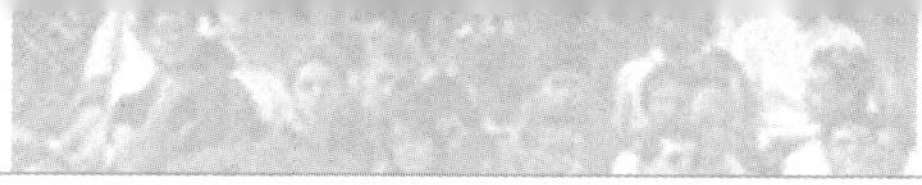

1. L'ordre de la méditation métaphysique est l'ordre des géomètres

Le cheminement des *Méditations métaphysiques* est orienté selon l'ordre des raisons, ordre nécessaire à la démarche métaphysique. On ne peut pas sauter un chapitre, lire le dernier chapitre en premier sans se condamner nécessairement à ne rien comprendre. Pour avoir accès à la connaissance métaphysique, il faut suivre la voie tracée par Descartes dont l'ordre ne peut pas être modifié. On ne peut pas comprendre que l'affirmation de mon existence en tant qu'être pensant soit une évidence sans être d'abord passé par l'épreuve du doute ; de même, on ne peut pas comprendre la possibilité de la science sans avoir d'abord été convaincu par les preuves de l'existence de Dieu. La recherche métaphysique ne peut pas, comme la recherche scientifique, découvrir ses objets par des voies diverses ; car la connaissance métaphysique exige un ordre de découverte toujours identique (il faut d'abord douter avant de pouvoir prendre conscience de son existence comme d'une évidence, et il faut avoir franchi ces deux étapes pour pouvoir démontrer l'existence de Dieu). Cet ordre de la découverte métaphysique est exigé par la nature même de l'homme. L'homme ne peut découvrir ce qu'il est qu'en se confrontant d'abord au monde (à l'existence du monde et à la connaissance qu'il en a) puis en se définissant par rapport à son créateur, Dieu.

Dans la découverte métaphysique est donc incluse une temporalité, mais ce n'est pas un temps historique ou autobiographique comme dans le *Discours de la méthode* ; c'est un temps nécessaire, universel car c'est celui de la raison.

Mais quel est donc cet ordre des raisons, ordre des géomètres ? *« L'ordre consiste en cela seulement, que les choses qui sont proposées les premières doivent être connues sans l'aide des suivantes, et que les suivantes doivent après être disposées de telle façon, qu'elles soient démontrées par les seules choses qui précèdent. »*[1] Nul besoin d'avoir des connaissances particulières pour suivre les démonstrations de Descartes. Tout un chacun peut comprendre son raisonnement, pourvu qu'il ne brise pas le mouvement des démonstrations. D'ailleurs Descartes a rejeté toutes ses anciennes connaissances au début de la Première Méditation parce qu'elles n'étaient pas fondées de façon satisfaisante. Tout présupposé est écarté, il s'agit simplement de se laisser guider par sa lumière naturelle, la raison. Mais la raison doit se contraindre à respecter le seul ordre permettant de maintenir la pensée dans l'évidence. Si Descartes est si attaché à l'ordre des raisons, c'est tout d'abord parce que pour lui le critère de la vérité est l'évidence. Or il n'est possible de reconnaître l'évidence d'une idée que si on peut la concevoir clairement et distinctement, c'est-à-dire si rien en elle ne demeure d'inconnu, d'incompris,

1. Secondes Réponses.

de confus. Il faut que je ne puisse absolument pas la remettre en doute. Par conséquent, une idée qui exigerait pour être comprise une autre idée doit être étudiée après celle-ci. Parce que Descartes va d'évidence en évidence, il est indispensable que sa recherche suive l'ordre des raisons, sans lequel ses démonstrations n'auraient plus rien d'évident. Il y a donc une hiérarchie des évidences qui doit être respectée : certaines idées sont plus évidentes que d'autres, donc doivent être étudiées en premier. Ainsi l'évidence de l'existence de l'âme est plus évidente que les évidences mathématiques ($2+3=5$), car c'est en doutant que je sais que j'existe. Savoir que j'existe n'exige aucune autre idée antérieure ; en revanche, savoir que $2+3=5$ exige de savoir que Dieu ne me trompe pas.

2. Quelle méthode adopter pour suivre l'ordre des raisons ?

Il existe deux façons possibles de démontrer qui respectent l'ordre des raisons : l'analyse et la synthèse. Dans les *Méditations*, Descartes a choisi de suivre la voie de l'analyse. « *L'analyse montre la vraie voie par laquelle la chose a été méthodiquement inventée, et fait voir comment les effets dépendent des causes.* »[1] L'analyse explicite la méthode par laquelle l'idée a été trouvée et démontrée. Elle montre comment on a pu accéder à l'évidence par une chaîne de propositions. En revanche, la synthèse va de propositions certaines à d'autres propositions qui en sont la conséquence nécessaire. La synthèse commence par des définitions, des postulats et des axiomes qui sont autant de propositions évidentes. C'est pourquoi cette méthode est moins satisfaisante en métaphysique que l'analyse car elle exige que le lecteur conçoive clairement et distinctement ces premières notions ; or c'est précisément ces premières notions qui sont difficiles à saisir car elles exigent d'être détachées des préjugés des sens.

Descartes a donc préféré la méthode analytique qui permet au lecteur de refaire lui-même le chemin de la découverte. Le choix de l'analyse est ainsi justifié par des préoccupations d'ordre pédagogique – il faut que le lecteur puisse être convaincu –, mais aussi par l'objet même de la recherche – la connaissance métaphysique. Il faut offrir au lecteur la possibilité de méditer.[2] Il ne s'agit donc pas de donner seulement au lecteur le résultat de la réflexion mais de lui permettre de refaire lui-même la démarche, seule façon de le convaincre : « [...] *si le lecteur la veut suivre* [la méthode analytique], *et jeter les yeux soigneusement sur tout ce qu'elle contient, il n'entendra pas moins parfaitement la chose ainsi démontrée, et ne la rendra pas moins sienne, que si lui-même l'avait inventée*[3]. »

1. Secondes Réponses.
2. Voir **Problématiques essentielles** : Pourquoi méditer ?, p. 17.
3. Secondes Réponses.

Suivre l'ordre des raisons par la voie de l'analyse c'est inviter le lecteur à accomplir de nouveau pour lui-même la réflexion métaphysique. Le choix de cette méthode par Descartes est donc inséparable de son projet : il cherche à la fois à démontrer et à persuader. « *Ce qui a été la cause pourquoi j'ai plutôt écrit des Méditations que des disputes ou des questions, comme font les philosophes, ou bien des théorèmes, comme les géomètres, afin de témoigner par là que je n'ai écrit que pour ceux qui se voudront donner la peine de méditer avec moi sérieusement et considérer les choses avec attention.* »[1]

Le statut épistémologique de Dieu

« [...] *la certitude et la vérité de toute science dépend de la seule connaissance du vrai Dieu, en sorte qu'avant que je le connusse je ne pouvais savoir parfaitement aucune autre chose.* »[2]

1. Dieu, créateur de la vérité

La démarche métaphysique de Descartes dans les *Méditations* est tout entière orientée par l'idée que Dieu a créé librement non seulement le monde mais aussi les vérités logiques et mathématiques. Dieu a été « *aussi libre de faire qu'il ne fût pas vrai que toutes les lignes tirées du centre à la circonférence fussent égales comme de ne pas créer le monde* ».[3] Cette idée n'est pas exprimée explicitement dans les *Méditations*, on la trouve seulement dans les *Réponses aux Objections* et dans la correspondance de Descartes.

Descartes affirme que Dieu n'a pas seulement créé les existences (les hommes, les plantes, les animaux...) mais qu'il a aussi créé les essences (les lois physiques, les vérités logiques et mathématiques). Et cette création est libre et arbitraire. Dieu a décidé que $2+2=4$, que la somme des angles du triangle euclidien vaut deux droits, mais il aurait aussi bien pu décider que $2+2=3$ ou que $2+2=5$. Deux points essentiels sont à retenir dans cette idée : d'une part Dieu a créé les vérités éternelles, et d'autre part cette création est parfaitement libre. Dieu n'a pas été contraint de respecter les règles de la logique, il a créé ces règles et l'a fait selon « son bon plaisir ».

« *Les vérités mathématiques lesquelles vous nommez éternelles ont été établies de Dieu et en dépendent entièrement aussi bien que tout le reste des créatures. C'est en effet parler de Dieu comme d'un Jupiter ou d'un Saturme et l'assujettir au Styx et aux destinées que de dire que ces vérités sont indépendantes de lui. Ne craignez point je vous prie d'assurer et de publier partout que*

1. Secondes Réponses.
2. Méditation cinquième, p. 99.
3. Lettre à Mersenne, 27 mai 1630.

c'est Dieu qui a établi ces lois en la nature ainsi qu'un roi établit des lois en son royaume. »[1] Les lois physiques, les vérités logiques et mathématiques ont été instaurées par un libre décret de Dieu. Dieu a décidé souverainement, avec autorité, quelles devaient être ces lois, elles ne se sont pas imposées à lui. Autrement dit Dieu n'est pas contraint, dans ses décisions, de respecter les règles de la rationalité, sa volonté n'étant pas soumise à la raison. Les règles du raisonnement ne préexistent pas aux décisions de Dieu, elles sont créées par Dieu, ce sont des créatures de Dieu, qui sont dans sa dépendance comme toutes les autres créatures. Dieu aurait donc pu faire qu'elles fussent autres. *« Il a été libre et indifférent à Dieu de faire qu'il ne fut pas vrai que les trois angles d'un triangle fussent égaux à deux droits ou généralement que les contradictoires ne peuvent être vrais ensemble. »*[2] Il n'y a donc pas de vérités, d'idées présentes en Dieu qui dirigeraient la création ; Dieu a tout inventé.

Ainsi se creuse un abîme entre Dieu et les hommes : pour nous, les règles de la logique sont nécessaires, nous ne pouvons pas penser sans elles ; mais pour Dieu, elles ne le sont pas. Dieu a voulu qu'elles soient nécessaires pour nous ; pour lui, elles ne peuvent pas l'être, ayant été créées par lui. Dieu n'a été porté par aucune nécessité à vouloir telle vérité plutôt que telle autre. Il est la source de la nécessité, mais n'y est pas lui-même assujetti. Ce qui est nécessaire pour nous ne l'est pas pour Dieu. Dieu est placé au-dessus des lois de la connaissance. *« Et encore que Dieu ait voulu que quelques vérités fussent nécessaires ce n'est pas à dire qu'il les ait nécessairement voulues car c'est tout autre chose de vouloir qu'elles fussent nécessaires et de le vouloir nécessairement ou d'être nécessité à le vouloir. »*[3]

Ces vérités éternelles, créées librement par Dieu, n'en demeurent pas moins entièrement accessibles à notre raison. Elles respectent parfaitement la rationalité. Et les vérités auxquelles nous conduisent les démonstrations mathématiques sont pour nous évidentes. Mais c'est parce que Dieu nous a créés aptes à connaître rationnellement. Du fait que Dieu a créé les vérités logiques et mathématiques par un acte de pure liberté, il ne faut pas conclure que ces vérités sont irrationnelles, mais que Dieu a créé les règles de la rationalité.

Et si ces vérités sont désormais éternelles, c'est parce que Dieu a voulu qu'elles fussent telles, invariables, afin de nous permettre une connaissance certaine et assurée. Ces vérités sont éternelles parce que Dieu les maintient constamment dans l'existence, de même qu'il maintient en permanence l'univers tout entier. À la théorie de la libre création des vérités éternelles s'ajoute la théorie de la création continuée. Sans le soutien de Dieu, la création tout entière ne pourrait subsister : *« L'idée par laquelle maintenant il le conserve* [le monde] *est la même que celle par laquelle il l'a créé. »*[4] Les vérités logiques et

1. Lettre à Mersenne, 15 avril 1630.
2. Lettre à Mesland, 1644.
3. Sixièmes Réponses.
4. *Discours de la méthode,* Cinquième partie.

mathématiques, les lois de la physique (la loi de la chute des corps par exemple) sont donc non seulement créées librement par Dieu, mais elles ne perdurent que parce que Dieu le veut bien. Dieu apparaît donc aux yeux de Descartes comme le créateur permanent de toute vérité.

2. Les conséquences pour la connaissance humaine

Quelles conséquences Descartes va-t-il alors être obligé de tirer de sa théorie de la libre création par Dieu des vérités éternelles concernant la possibilité de connaître de l'homme ?

Dieu apparaît comme la source de la vérité, il est le garant des vérités qu'il a établies, et donc le fondement de toute science, de toute métaphysique. L'esprit humain n'est pas la mesure de la vérité, cette mesure lui est imposée par Dieu, et l'homme ne peut que reconnaître l'évidence de la vérité qui s'impose à lui. Pour trouver le fondement de la science, il faudra donc remonter jusqu'à Dieu.

Concrètement, qu'est-ce que cela implique dans le processus d'acquisition de connaissances, et plus précisément dans la démarche métaphysique ? Descartes souligne que l'objectif de son entreprise de méditation est de trouver des fondements fermes et assurés pour les sciences. Si toutes les vérités dépendent de Dieu, comment est-il possible de trouver ces fondements pour les sciences ?

• La première conséquence de la libre création divine des vérités éternelles concerne le doute. Descartes va pouvoir douter des vérités mathématiques parce que Dieu a pu vouloir nous tromper. Ces vérités étant créées par Dieu de façon gratuite et contingente, il a pu s'amuser à les créer fausses. « [...] *que sais-je s'il n'a point fait que je me trompe aussi toutes les fois que je fais l'addition de deux et de trois, ou que je nombre les côtés d'un carré* »[1]. Dieu a parfaitement pu « truquer » mes évidences, puisqu'elles sont ses créations. On ne peut comprendre l'argument du Dieu trompeur que du fait que Dieu crée arbitrairement les vérités mathématiques.

• La seconde conséquence concerne la vérité de mes connaissances. La vérité dépendant de Dieu, il va falloir s'assurer de la véracité de Dieu pour être assuré de la vérité des idées mathématiques. Tant que je ne sais pas si Dieu est trompeur, et crée de fausses vérités, ou s'il est vérace, et crée de réelles vérités, je ne peux que douter de ce qui me semble le plus évident, comme le principe de non-contradiction ou comme les règles de l'addition. Pour sortir du doute concernant mes connaissances mathématiques et physiques, il me faudra d'abord être certain de la véracité de Dieu, et donc essayer de déterminer ce que nous pouvons connaître de Dieu. C'est la raison pour laquelle, pour Descartes, un athée ne peut pas être géomètre, car

1. Première Méditation, p. 56.

il ne pourra pas être assuré de ses connaissances. Il faut d'abord connaître Dieu, fondement de toute science, pour « *acquérir une science parfaite touchant une infinité de choses* »[1].

Il ne faut pas en conclure que la mathématique et la physique sont sous la tutelle de la théologie. Au contraire, la mathématique et la physique sont des sciences autonomes qui peuvent et doivent être connues par des méthodes qui leur sont spécifiques. Il est absurde de vouloir expliquer les phénomènes physiques en ayant recours aux miracles, à la providence divine. En revanche, la mathématique et la physique ne se fondent pas elles-mêmes. Elles ne se suffisent pas à elles-mêmes pour se justifier au niveau métaphysique. Le monde que je connais par la science n'est peut-être pas un monde réel, c'est peut-être une fable, la fable de mon esprit. Les vérités que j'obtiens par des démonstrations mathématiques sont peut-être elles aussi des illusions de mon esprit. Je ne suis assuré de l'adéquation de mes connaissances à la réalité, donc de leur vérité, que parce que Dieu lui-même est vérace. Dieu est donc à la fois la norme et la limite de la science. C'est la véracité de Dieu qui fonde la vérité de mes connaissances, et parce que les lois physiques, les vérités logiques et mathématiques sont créées par Dieu, toute ma connaissance est dans la dépendance de Dieu. La connaissance scientifique n'épuise pas tout le domaine du connaissable ; au-delà des vérités mathématiques, il existe une autre vérité, celle de Dieu.

Ainsi, pour dépasser une vérité subjective, celle du *cogito*, il est nécessaire d'atteindre Dieu.

Dans l'entreprise métaphysique de Descartes, Dieu occupe donc la place centrale. En doutant de la véracité de Dieu, je vais pouvoir étendre mon doute jusqu'aux vérités mathématiques, pourtant reconnues par Descartes comme les plus évidentes. Et je ne pourrai fonder la science physique et la mathématique qu'à partir de l'existence de Dieu et de sa véracité. Toute ma connaissance est donc suspendue à la détermination de Dieu : selon l'idée que j'ai de Dieu, ma connaissance sera possible ou non.

1. Méditation cinquième, p. 99.

Résumé - Guide de lecture

Adresse aux lecteurs de la Sorbonne

- Descartes justifie son entreprise vis-à-vis de la théologie : il se propose de fonder rationnellement l'existence de Dieu et l'immortalité de l'âme.
- Il demande aux théologiens leur approbation.

Préface de l'auteur aux lecteurs

- Descartes situe les *Méditations* par rapport au *Discours de la méthode* : les *Méditations* sont un approfondissement de sa métaphysique, présentée de façon très succincte dans la quatrième partie du *Discours.*
- Il répond à deux objections faites à sa métaphysique, l'une concernant le fait que l'âme est une chose qui pense, l'autre concernant les preuves de l'existence de Dieu.
- Il donne au lecteur des indications de lecture : il l'invite à méditer personnellement chaque Méditation et à lire les objections et réponses[1].

Abrégé des six méditations suivantes

C'est plus une justification qu'un résumé des *Méditations.* Descartes expose l'utilité et l'intérêt de sa démarche et explique l'ordre qu'il a suivi pour exposer ses thèses métaphysiques.

Première Méditation :

des choses que l'on peut révoquer en doute

1. Constat de la fausseté de certaine opinions

Décision de se défaire de ses opinions et de rechercher des fondements solides pour les sciences.

- **Méthode** : il faut critiquer les fondements de ses opinions : c'est un doute méthodique.

1. Dans cette édition, nous avons choisi de ne pas présenter l'intégralité des Objections et Réponses. Vous en trouverez des extraits dans les Documents, **Autour de l'œuvre**, p. 156.

- Quels sont ces fondements ? Les sens. Or les sens sont parfois trompeurs, donc décision de douter de toutes les informations venant des sens. C'est un doute hyperbolique.

2. Douter de l'existence des objets sensibles

- **Argument de la folie**, rejeté par Descartes.
- **Argument du rêve** : comment distinguer le sommeil de la veille ?
- **Objection** : Nos rêves sont des copies des choses réelles. L'imagination invente des êtres inexistants en composant des éléments simples qui, eux, existent. Conséquence : il est possible de douter des sciences telles que la physique, l'astronomie, la médecine, mais il est pour l'instant impossible de douter des mathématiques.

3. Douter des essences mathématiques

- L'argument du rêve est inopérant pour les essences mathématiques.
- **Argument du Dieu trompeur.** Mais c'est contraire à la bonté de Dieu, et cet argument n'est pas assez convaincant.
- Décision de se tromper soi-même avec l'**hypothèse du malin génie**. C'est un doute volontaire.
- Le doute est radical, absolu (rien ne lui échappe).

Méditation seconde :

de la nature de l'esprit humain,
et qu'il est plus aisé à connaître que le corps

1. Comment sortir du doute ?

- Doutant de tout, est-ce qu'il n'y a pas quelque chose qui résiste au doute ?
- L'exercice même du doute prouve que moi, qui doute, j'existe.
- Mon existence est la première vérité claire et distincte, indubitable.

2. Que suis-je ?

- Je ne suis pas mon corps, son existence étant mise en doute.
- Suis-je mon âme ? Mais quelle est-elle ? Elle est réduite à la pensée, seule faculté qui résiste au doute, le doute étant un exercice de la pensée.
- Je suis donc une chose qui pense.

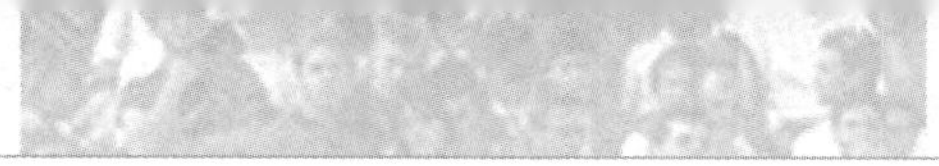

3. Qu'est-ce qu'une chose qui pense ?

- C'est une chose qui doute, qui conçoit, qui affirme ou nie, qui veut ou ne veut pas, qui imagine et qui sent.
- Les facultés – l'entendement, la volonté, l'imagination et la faculté de sentir – dépendent seulement du sujet (je peux imaginer quelque chose sans que ce quelque chose existe).
- **Objection** : difficulté à se persuader que l'âme est plus facile à connaître que les objets des sens.

4. Un détour : l'étude du morceau de cire, un objet sensible

- Comment est-ce que je le connais ?
  – pas par mes sens (l'aspect extérieur de la cire est variable) ;
  – pas par mon imagination (impossible d'imaginer tous les aspects de la cire) ;
  – seulement par mon jugement (je conçois qu'un morceau de cire est quelque chose d'étendu, de flexible et de variable).
- L'affirmation « il y a de la cire » n'est pas une perception, c'est un jugement qui suppose l'existence de mon esprit. Même si je me trompe, et que la cire n'existe pas, mon esprit, lui, existe.
- L'étude du morceau de cire réaffirme mon existence en tant que chose pensante. Mon esprit est premier dans l'ordre de la connaissance par rapport aux choses matérielles, donc il est plus aisé à connaître.

Méditation troisième :

de Dieu ; qu'il existe

1. Après l'étude du sujet connaissant, il faut étudier les objets de la connaissance

- Seule chose qui résiste au doute : la certitude que j'existe en tant qu'esprit.
- Mes idées renvoient seulement à l'existence de mon esprit.
- **Problème** : comment déterminer si ces idées sont vraies ? Il faut pouvoir lever le doute, donc prouver l'existence de Dieu et prouver qu'il n'est pas trompeur.

2. Étude de mes pensées

- **Classification** : mes pensées sont soit des idées – comme les images des choses –, soit des jugements, soit des volontés.
- Mes idées et mes volontés ne sont pas en elles-mêmes fausses si on ne les rapporte pas à autre chose. Seuls mes jugements peuvent être faux car ils rapportent mes idées à des objets extérieurs et affirment qu'elles y sont conformes.

3. D'où viennent mes idées ?

- **Trois types d'idées** :
  - les idées innées, nées avec moi ;
  - les idées adventices, produites par quelque chose d'extérieur ;
  - les idées factices, inventées par moi.
- **Problème concernant les idées adventices** : pourquoi seraient-elles vraies, conformes à des objets extérieurs ?
- Les idées adventices me sont enseignées par la nature, indépendamment de ma volonté. Mais mes sens peuvent me tromper (le soleil n'est pas tel que je le vois).
- L'origine des idées ne peut pas être une preuve de leur vérité, donc abandon de cette recherche.

4. Étude du contenu de mes idées

- Elles peuvent représenter des substances, des accidents, ou Dieu.
- Le principe de causalité s'applique aux idées : la source du contenu de chaque idée doit avoir au moins autant de réalité que l'idée.
- Toutes mes idées peuvent venir seulement de moi, donc elles ne prouvent pas l'existence d'autre chose que moi.
- Une seule idée peut peut-être ne pas venir de moi, l'idée de Dieu.

5. Examen de l'idée de Dieu

- *Première preuve de l'existence de Dieu : étude de l'idée d'infini.*

L'idée d'infini est une idée primitive, elle n'est pas la négation du fini.

– **Preuve** : si je doute, c'est que j'ai conscience d'un manque, donc que j'ai l'idée de plus parfait que moi, être fini.

– **Objection** : l'idée d'infini pourrait être le résultat d'une synthèse de toutes les perfections que j'ai en puissance.

– **Réponse** : mais ma perfection augmente par degré, tandis que la perfection de Dieu est actuelle.

L'idée d'infini vient de Dieu, donc Dieu existe.

• *Seconde preuve : étude de la cause de mon existence.*

– Suis-je moi-même la cause de mon existence ? Non, car :
je me serais donné toutes les perfections que je conçois ;
et il faudrait que je me conserve dans l'existence à chaque instant ;
or je n'ai pas cette idée en moi.

– Suis-je créé par un autre être fini ? Non, suivant la même argumentation. De plus il faudrait que cet être puisse me conserver actuellement.

Donc seul Dieu peut être la cause de mon existence en tant qu'être fini, et la cause de la présence en moi de l'idée d'infini.

• Dieu étant un être absolument parfait, il ne peut pas être trompeur. Donc rejet de l'hypothèse d'un Dieu trompeur.

• Je ne suis plus seul à exister, Dieu aussi existe.

Méditation quatrième :

du vrai et du faux

1. À partir de l'idée de Dieu, il est possible de découvrir un chemin pour la connaissance

• Dieu n'est pas trompeur.

• Ma faculté de juger n'est pas trompeuse puisqu'elle vient de Dieu.

• **Problème** : je me trompe cependant souvent.

2. Comment expliquer que je me trompe ?

• *Première explication : l'erreur est la marque de mon imperfection.*

L'erreur est un défaut.

Parce que je suis un être fini, imparfait, un milieu entre Dieu et le néant, je peux me tromper.

Problème : l'erreur n'est pas seulement un défaut, c'est aussi une privation, la négation de quelque chose que je devrais avoir.

Ne pas accuser Dieu, car il est impossible de comprendre ses intentions.

• *Seconde explication : l'erreur vient de la combinaison de l'entendement fini et de la volonté infinie.*

– **Étude de l'entendement** : c'est une faculté de connaissance qui se contente de concevoir des idées sans rien affirmer ou nier (sans dire « c'est vrai ou faux »).

L'entendement n'est pas cause de l'erreur car il n'indique pas que les idées correspondent à la réalité. L'entendement étant limité interdit seulement de pouvoir tout connaître.

– **Étude de la volonté** : c'est le libre arbitre. Par ma volonté, illimitée, je suis à l'image de Dieu.

Donc la volonté n'est pas non plus cause de l'erreur.

– L'erreur est donc due à l'usage que je fais de ma volonté devant les idées que propose l'entendement. La volonté étant plus étendue que l'entendement, je peux affirmer ou nier quelque chose que je ne conçois pas clairement.

3. Comment éviter l'erreur ?

- Ne pas se plaindre de Dieu : il ne m'a pas condamné à l'erreur, il est possible de l'éviter.
- **Méthode** : la connaissance de l'entendement doit être antérieure à la décision de la volonté. Il faut suspendre son jugement tant que les idées ne sont pas encore claires et distinctes. C'est une invitation à pratiquer le doute méthodique.

Méditation cinquième :

de l'essence des choses matérielles ;
et derechef, de Dieu ; qu'il existe

1. Étude des choses matérielles

- Avant de considérer le problème de leur existence, il faut étudier les idées qu'on en a. Sont-elles distinctes ou confuses ?
- Examen de l'idée d'étendue divisible : c'est une idée claire et distincte à partir de laquelle sont formées les idées mathématiques.
- Les idées mathématiques sont des idées innées, elles sont vraies car conçues clairement et distinctement.
- Si elles sont vraies, elles existent : ce sont des essences géométriques.

2. Application de ces conclusions à l'idée de Dieu pour démontrer son existence

- **Examen de l'idée de Dieu** : Dieu est un être absolument parfait. L'existence éternelle étant une perfection, elle appartient à l'idée de Dieu, donc Dieu existe. On peut donc conclure de l'idée de Dieu à son existence nécessaire.

- **Objection** : la pensée n'impose aucune nécessité. Ce n'est pas parce que je pense quelque chose que cette chose existe.
- Mais dans le cas de Dieu, c'est l'idée de Dieu elle-même qui impose l'existence de Dieu. Il n'est pas en ma liberté de concevoir un dieu sans existence.
- **Remarque** : ce raisonnement nous déroute car on ne peut pas conclure de l'idée d'un être fini son existence, mais il s'agit ici de l'idée d'un être infini.

3. Conséquence de l'existence nécessaire de Dieu

- Il est possible d'acquérir une science mathématique.
- Dieu garantit la vérité de mes idées claires et distinctes.
- La connaissance de Dieu et de sa bonté permet seule de lever le doute concernant les idées mathématiques.

Méditation sixième :

de l'existence des choses matérielles ;
et de la réelle distinction qui est entre l'âme
et le corps de l'homme

1. Comment prouver l'existence des objets matériels ?

- Du fait que les idées géométriques sont claires et distinctes, on peut poser l'existence des corps comme possible.
- Distinction entre l'imagination et l'entendement : avec l'entendement, l'esprit se concentre en lui-même ; avec l'imagination, il se tourne vers les corps. L'exercice de l'imagination suppose l'existence de corps extérieurs. On peut donc poser leur existence comme probable, mais non comme nécessaire.
- Se tourner vers la faculté de sentir dans le but de prouver l'existence des objets matériels.

2. Peut-on connaître quelque chose par les sens ?

- Récapitulation des anciennes croyances, antérieures au doute : les idées viennent des sens (c'est une position empiriste).
- Rappel des raisons incitant à douter des sens : les sens sont parfois trompeurs ; comment distinguer le rêve de la réalité ; Dieu peut être trompeur.
- Désormais, connaissant mon esprit et Dieu, il est possible de lever au moins partiellement le doute portant sur la connaissance sensible : toutes mes idées claires et distinctes correspondent à des objets produits par Dieu.

- Étude des idées claires et distinctes concernant les objets extérieurs : j'ai une idée de mon âme séparée de mon corps. Certaines de mes facultés se rapportent au corps (l'imagination, le mouvement, la sensation).
- Une inclination me pousse à croire que mes idées sensibles viennent de corps extérieurs. Si Dieu n'est pas trompeur, ces corps existent. Cependant, seules les idées claires et distinctes sont vraies.

3. Examen de ce que la nature m'enseigne

- Quelles idées peuvent être tirées de la nature ? J'ai un corps ; mon âme et mon corps sont unis concrètement ; d'autres corps existent.
- La nature m'apprend ce qui est utile ou nuisible. Les connaissances sensibles sont à distinguer des connaissances scientifiques, connaissables par l'entendement seul.
- **Problème** : la nature me trompe parfois sur ces connaissances utiles. Comment expliquer que l'homme soit trompé par ses sens ?
- Explication par l'union de l'âme et du corps, deux substances distinctes. Possibilité d'erreur d'interprétation du fait que le corps est une substance étendue et divisible.
- Les erreurs des sens sont accidentelles, elles concernent un dérèglement du corps. Il est donc possible de les éviter en étant attentif. Mais, le plus souvent, la vie n'attend pas ; il faut se décider avant d'avoir procédé à un examen approfondi.

Schéma expliquant la démarche cartésienne

- **Décision méthodologique :** Douter de tout (objets des sens et idées mathématiques).
- **Subterfuge utilisé :** un malin génie fait exprès que je me trompe sans cesse.

- **Qu'est-ce qui résiste au doute ?** Deux vérités claires et distinctes :
  – j'existe comme chose pensante ;
  – Dieu existe et est vérace.

Dieu n'étant pas trompeur, il est le garant de la vérité de mes idées claires et distinctes.

- **Conséquence :** la science est possible.
  – les idées mathématiques sont vraies ;
  – le monde matériel existe et il est possible de le connaître ;
  – mon âme et mon corps sont deux substances distinctes qui sont concrètement unies.

- **Constat :** certaines de mes opinions sont fausses
- **Conséquence :** incertitude concernant la vérité de mes connaissances ; la science n'a donc plus de fondement assuré.

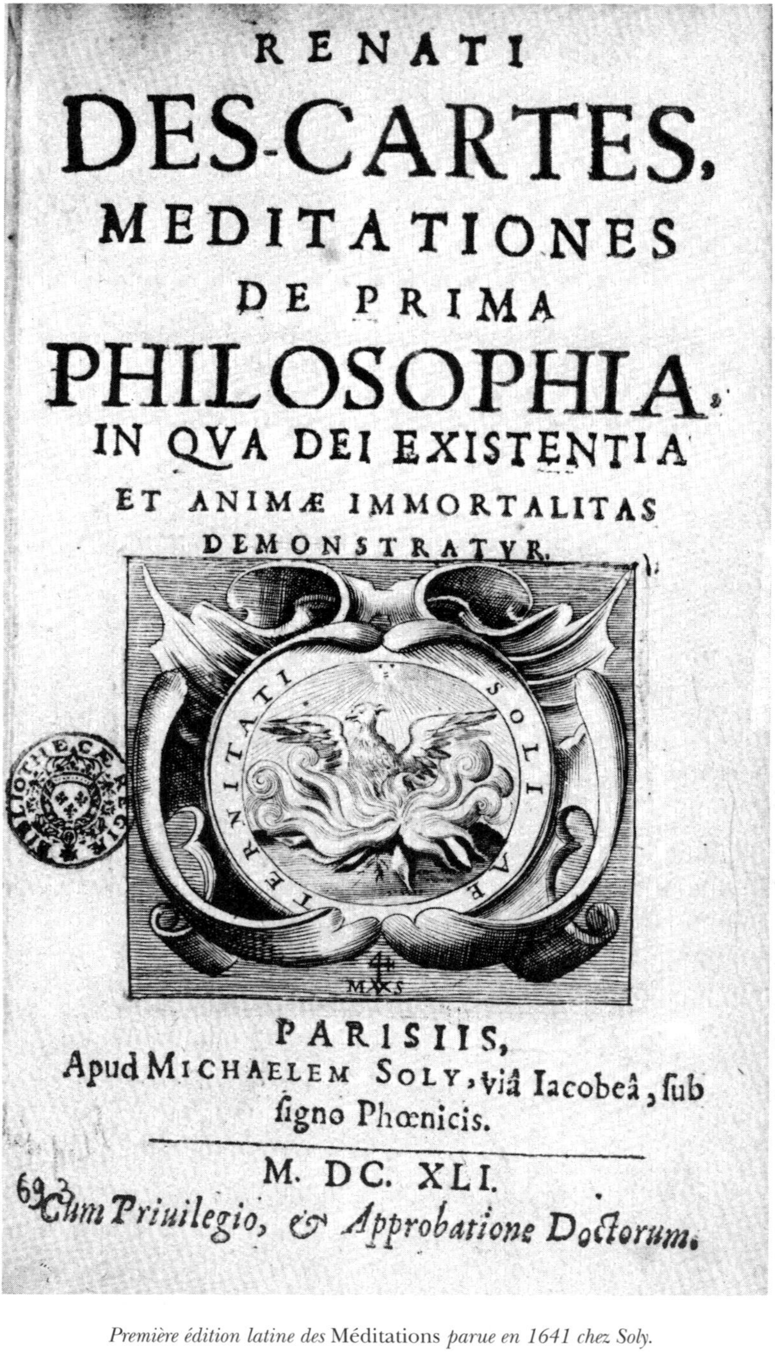

RENATI
DES-CARTES,
MEDITATIONES
DE PRIMA
PHILOSOPHIA,
IN QVA DEI EXISTENTIA
ET ANIMÆ IMMORTALITAS
DEMONSTRATVR.

PARISIIS,
Apud MICHAELEM SOLY, viâ Iacobeâ, ſub
ſigno Phœnicis.

M. DC. XLI.

Cum Priuilegio, & Approbatione Doctorum.

Première édition latine des Méditations *parue en 1641 chez Soly.*

Méditations métaphysiques

touchant la première philosophie dans laquelle l'existence de Dieu et la distinction réelle entre l'âme et le corps de l'homme sont démontrées

René DESCARTES

Traduction
La traduction est celle du duc de Luynes,
revue par Descartes pour l'édition de 1647.

À MESSIEURS LES DOYENS ET DOCTEURS DE LA SACRÉE FACULTÉ DE THÉOLOGIE DE PARIS [1]

MESSIEURS,

La raison qui me porte à vous présenter cet ouvrage est si juste, et quand vous en connaîtrez le dessein, je m'assure que vous en aurez aussi une si juste de le prendre en votre protection, que je pense ne pouvoir mieux faire, pour vous le rendre en quelque sorte recommandable, que de vous dire en peu de mots ce que je m'y suis proposé. J'ai toujours estimé que les deux questions de Dieu et de l'âme étaient les principales de celles qui doivent plutôt être démontrées par les raisons de la philosophie que de la théologie ; car, bien qu'il nous suffise, à nous autres qui sommes fidèles, de croire par la foi qu'il y a un Dieu, et que l'âme humaine ne meurt point avec le corps, certainement il ne semble pas possible de pouvoir jamais persuader aux infidèles aucune religion, ni quasi même aucune vertu morale, si premièrement on ne leur prouve ces deux choses par raison naturelle : et d'autant qu'on propose souvent en cette vie de plus grandes récompenses pour les vices que pour les vertus, peu de personnes préféreraient le juste à l'utile, si elles n'étaient retenues ni par la crainte de Dieu, ni par l'attente d'une autre vie : et quoiqu'il soit absolument vrai qu'il faut croire qu'il y a un Dieu, parce qu'il est ainsi enseigné dans les Saintes Écritures, et d'autre part qu'il faut croire les Saintes Écritures, parce qu'elles tiennent de Dieu (la raison de cela est que la foi étant un don de Dieu, celui-là même qui donne la grâce pour faire croire les autres choses la peut aussi donner pour faire croire qu'il existe), on ne saurait néanmoins proposer cela aux infidèles, qui pourraient s'imaginer que l'on commettrait en ceci la faute que les logiciens nomment un cercle[2].

Et de vrai j'ai pris garde que vous autres, messieurs, avec tous les théologiens, n'assuriez pas seulement que l'existence de Dieu se peut prouver par raison naturelle, mais aussi que l'on infère de la Sainte Écriture que

1. L'approbation officielle des Docteurs en théologie de la Sorbonne ne sera, en fait, jamais obtenue par Descartes.

2. La foi suffit au croyant fidèle et, suivant le *Discours de la Méthode,* le chemin du ciel « n'est pas moins ouvert aux plus ignorants qu'aux plus doctes », les vérités révélées étant, de toute façon, « au-dessus de notre intelligence ». Mais la simple affirmation de l'existence et de la Perfection du Dieu créateur, ainsi que l'indépendance de l'âme par rapport au corps sont, pour Descartes, des vérités métaphysiques accessibles à la raison humaine et qu'il se fait fort de démontrer. Descartes ne s'adresse pas aux seuls chrétiens mais à tous les hommes. C'est même une idée cartésienne fondamentale que l'intelligence est commune à tous, quels que soient leur langage, leur religion et leur culture.

sa connaissance est beaucoup plus claire que celle que l'on a de plusieurs choses créées, et qu'en effet elle est si facile que ceux qui ne l'ont point sont coupables, comme il paraît par ces paroles de la Sagesse, chap. XIII, où il est dit que *leur ignorance n'est point pardonnable ; car si leur esprit a pénétré si avant dans la connaissance des choses du monde, comment est-il possible qu'ils n'en aient point reconnu plus facilement le souverain Seigneur ?* et aux Romains, chap. I, il est dit qu'ils sont *inexcusables* ; et encore au même endroit, par ces paroles, *Ce qui est connu de Dieu est manifeste dans eux,* il semble que nous soyons avertis que tout ce qui se peut savoir de Dieu peut être montré par des raisons qu'il n'est pas besoin de tirer d'ailleurs que de nous-mêmes, et de la simple considération de la nature de notre esprit. C'est pourquoi j'ai cru qu'il ne serait pas contre le devoir d'un philosophe si je faisais voir ici comment et par quelle voie nous pouvons, sans sortir de nous-mêmes, connaître Dieu plus facilement et plus certainement que nous ne connaissons les choses du monde.

Et pour ce qui regarde l'âme, quoique plusieurs aient cru qu'il n'est pas aisé d'en connaître la nature, et que quelques-uns aient même osé dire que les raisons humaines nous persuadaient qu'elle mourait avec le corps, et qu'il n'y avait que la seule foi qui nous enseignât le contraire, néanmoins, d'autant que le concile de Latran, tenu sous Léon X, en la session 8, les condamne, et qu'il ordonne expressément aux philosophes chrétiens de répondre à leurs arguments et d'employer toutes les forces de leur esprit pour faire connaître la vérité, j'ai bien osé l'entreprendre dans cet écrit. De plus, sachant que la principale raison qui fait que plusieurs impies ne veulent point croire qu'il y a un Dieu, et que l'âme humaine est distincte du corps, est qu'il disent que personne jusqu'ici n'a pu démontrer ces deux choses, quoique je ne sois point de leur opinion, mais qu'au contraire je tienne que la plupart des raisons qui ont été apportées par tant de grands personnages touchant ces deux questions sont autant de démonstrations quand elles sont bien entendues, et qu'il soit presque impossible d'en inventer de nouvelles si est-ce que je crois qu'on ne saurait rien faire de plus utile en la philosophie que d'en rechercher une fois avec soin les meilleures, et les disposer en un ordre si clair et si exact qu'il soit constant désormais à tout le monde que ce sont de véritables démonstrations[1], et enfin, d'autant que plusieurs personnes[2] ont désiré cela de moi, qui ont connaissance que j'ai cultivé une certaine méthode pour résoudre toutes sortes de difficultés dans les sciences, méthode qui de vrai n'est pas nouvelle, n'y ayant rien de plus ancien que la vérité, mais de laquelle ils savent que je me suis servi assez heureusement en d'autres rencontres, j'ai pensé qu'il était de mon devoir d'en faire aussi l'épreuve sur une matière si importante.

Or j'ai travaillé de tout mon possible pour comprendre dans ce traité tout ce que j'ai pu découvrir par son moyen. Ce n'est pas que j'aie ici ramassé toutes les diverses raisons qu'on pourrait alléguer pour servir de preuve à un si grand sujet ; car je n'ai jamais cru que cela fût nécessaire, sinon lorsqu'il n'y en a aucune qui soit certaine ; mais seulement j'ai traité les premières et principales d'une telle manière, que j'ose bien les proposer pour de très évidentes et très certaines démonstrations. Et je dirai de plus qu'elles sont telles, que je ne pense pas qu'il y ait aucune voie par où l'esprit humain en puisse jamais découvrir de meilleures ; car l'importance du sujet et la gloire de Dieu, à laquelle tout ceci se rapporte, me contraignent de parler ici un peu plus librement de moi que je n'ai de coutume. Néanmoins, quelque certitude et évidence que je trouve en mes raisons, je ne puis pas me persuader que tout le monde soit capable de les entendre. Mais tout ainsi que dans la géométrie il y en a plusieurs qui nous ont été laissées par Archimède, par Apollonius, par Pappus et par plusieurs autres, qui sont reçues de tout le monde pour très certaines et très évidentes parce qu'elles ne contiennent rien qui, considéré séparément, ne soit très facile à connaître, et que partout les choses qui suivent ont une exacte liaison et dépendance avec celles qui les précèdent ; néanmoins, parce qu'elles sont un peu longues et qu'elles demandent un esprit tout entier, elles ne sont comprises et entendues que de fort peu de personnes ; de même, encore que j'estime que celles dont je me sers ici égalent ou même surpassent en certitude et évidence les démonstrations de géométrie, j'appréhende néanmoins qu'elles ne puissent pas être assez suffisamment entendues de plusieurs, tant parce qu'elles sont aussi un peu longues et dépendantes les unes des autres, que principalement parce qu'elles demandent un esprit entièrement libre de tous préjugés, et qui se puisse aisé-

1. Descartes reconnaît ici que bien avant lui d'autres ont démontré « qu'il y a un Dieu et que l'âme humaine est distincte du corps ». Mais l'entreprise cartésienne est nouvelle en ceci que l'ordre sera si clair et si exact que l'approbation du lecteur ne pourra lui être refusée. La métaphysique, comme la science, est affaire de méthode. Voir **Problématiques essentielles** : Quel est l'ordre de la découverte ?, p. 24.

2. Et par exemple Pierre de Bérulle, fondateur de l'Oratoire, que Descartes a rencontré à Paris en 1628. Le cardinal de Bérulle fit à Descartes un devoir de conscience de publier au plus tôt sa philosophie. Comme écrit le premier biographe de Descartes, l'abbé Baillet : « l'impression que les exhortations de ce pieux cardinal firent sur M. Descartes, se trouvant jointes à ce que son naturel et sa raison lui dictaient depuis longtemps, acheva de le déterminer ».

ment détacher du commerce des sens. Et, à dire vrai, il ne s'en trouve pas tant dans le monde qui soient propres pour les spéculations de la métaphysique que pour celles de la géométrie. Et, de plus, il y a encore cette différence que dans la géométrie, chacun étant prévenu de cette opinion qu'il ne s'y avance rien dont on n'ait une démonstration certaine, ceux qui n'y sont pas entièrement versés pèchent bien plus souvent en approuvant de fausses démonstrations, pour faire croire qu'ils les entendent, qu'en réfutant les véritables. Il n'en est pas de même dans la philosophie, où chacun croyant que tout y est problématique, peu de personnes s'adonnent à la recherche de la vérité ; et même beaucoup, se voulant acquérir la réputation d'esprits forts, ne s'étudient à autre chose qu'à combattre avec arrogance les vérités les plus apparentes[1].

C'est pourquoi, messieurs, quelque force que puissent avoir mes raisons, parce qu'elles appartiennent à la philosophie, je n'espère pas qu'elles fassent un grand effet sur les esprits, si vous ne les prenez en votre protection. Mais l'estime que tout le monde fait de votre compagnie étant si grande et le nom de Sorbonne d'une telle autorité que non seulement en ce qui concerne la foi, après les sacrés conciles, on n'a jamais tant déféré au jugement d'aucune autre compagnie, mais aussi en ce qui regarde l'humaine philosophie, chacun croyant qu'il n'est pas possible de trouver ailleurs plus de solidité et de connaissance, ni plus de prudence et d'intégrité pour donner son jugement, je ne doute point, si vous daignez prendre tant de soin de cet écrit que de vouloir premièrement le corriger (car ayant connaissance non seulement de mon infirmité, mais aussi de mon ignorance, je n'oserais pas assurer qu'il n'y ait aucunes erreurs), puis après y ajouter les choses qui y manquent, achever celles qui ne sont pas parfaites, et prendre vous mêmes la peine de donner une explication plus ample à celles qui en ont besoin, ou du moins de m'en avertir afin que j'y travaille[2] ; et enfin, après que les raisons par lesquelles je prouve qu'il y a un Dieu et que l'âme humaine diffère d'avec le corps auront été portées jusques à ce point de clarté et d'évidence où je m'assure qu'on les peut conduire, qu'elles devront être tenues pour de très exactes démonstrations, si vous daignez les autoriser de votre approbation et rendre un témoignage public de leur vérité et certitude, je ne doute point, dis-je, qu'après cela

1. En droit, les démonstrations métaphysiques sont au moins aussi certaines que celles de la géométrie. Mais, en fait, la métaphysique n'est « comprise et entendue » que de fort peu de gens. Car elle suppose un esprit « entièrement libre de préjugés » et qui soit « détaché du commerce des sens ». Voir **Problématiques essentielles** : Pourquoi méditer ?, p. 17.

2. À vrai dire, le manuscrit que Descartes avait adressé au R. P. Mersenne pour être soumis à l'approbation des théologiens de la Sorbonne était déjà accompagné des Premières Objections, celles de Caterus, un prêtre hollandais, avec les réponses de Descartes. Voir **Brève histoire de l'œuvre**, p. 14.

toutes les erreurs et fausses opinions qui ont jamais été touchant ces deux questions ne soient bientôt effacées de l'esprit des hommes. Car la vérité fera que tous les doctes et gens d'esprit souscriront à votre jugement et votre autorité, que les athées, qui sont pour l'ordinaire plus arrogants que doctes et judicieux, se dépouilleront de leur esprit de contradiction, ou que peut-être ils défendront eux-mêmes les raisons qu'ils verront être reçues par toutes les personnes d'esprit pour des démonstrations, de peur de paraître n'en avoir pas l'intelligence ; et enfin tous les autres se rendront aisément à tant de témoignages, et il n'y aura plus personne qui ose douter de l'existence de Dieu, et de la distinction réelle et véritable de l'âme humaine avec le corps.

C'est à vous maintenant à juger du fruit qui reviendrait de cette créance si elle était une fois bien établie, vous qui voyez les désordres que son doute produit ; mais je n'aurais pas ici bonne grâce de recommander davantage la cause de Dieu et de la religion à ceux qui en ont toujours été les plus fermes colonnes.

PRÉFACE

J'ai déjà touché ces deux questions de Dieu et de l'âme humaine dans le Discours français que je mis en lumière en l'année 1637, touchant la méthode pour bien conduire sa raison et chercher la vérité dans les sciences, non pas à dessein d'en traiter alors à fond, mais seulement comme en passant, afin d'apprendre, par le jugement qu'on en ferait de quelle sorte j'en devrais traiter par après ; car elles m'ont toujours semblé être d'une telle importance que je jugeais qu'il était à propos d'en parler plus d'une fois ; et le chemin que je tiens pour les expliquer est si peu battu et si éloigné de la route ordinaire, que je n'ai pas cru qu'il fût utile de le montrer en français et dans un discours qui pût être lu de tout le monde, de peur que les faibles esprits ne crussent qu'il leur fût permis de tenter cette voie[1].

Or, ayant prié dans ce *Discours de la méthode* tous ceux qui auraient trouvé dans mes écrits quelque chose digne de censure de me faire la faveur de m'en avertir, on

1. Descartes évoque ici le *Discours de la Méthode* (1637), ouvrage écrit en français afin qu'il puisse être lu par tout public et « même par les femmes ». La métaphysique occupe la IVe partie du *Discours*. C'est une analyse cependant assez incomplète. Voir **Brève histoire de l'œuvre**, p. 14.

ne m'a rien objecté de remarquable que deux choses sur ce que j'avais dit touchant ces deux questions, auxquelles je veux répondre ici en peu de mots avant que d'entreprendre leur explication plus exacte.

La première est qu'il ne s'ensuit pas de ce que l'esprit humain, faisant réflexion sur soi-même, ne se connaît être autre chose qu'une chose qui pense, que sa nature ou son essence ne soit seulement que de penser ; en telle sorte que ce mot *seulement* exclue toutes les autres choses qu'on pourrait peut-être aussi dire appartenir à la nature de l'âme.

À laquelle objection je réponds que ce n'a point aussi été en ce lieu-là mon intention de les exclure selon l'ordre de la vérité de la chose (de laquelle je ne traitais pas alors), mais seulement selon l'ordre de ma pensée[1], si bien que mon sens était que je ne connaissais rien que je susse appartenir à mon essence, sinon que j'étais une chose qui pense, ou une chose qui a en soi la faculté de penser. Or je ferai voir ci-après comment, de ce que je ne connais rien autre chose qui appartienne à mon essence, il s'ensuit qu'il n'y a aussi rien autre chose qui en effet lui appartienne.

La seconde est qu'il ne s'ensuit pas, de ce que j'ai en moi l'idée d'une chose plus parfaite que je ne suis, que cette idée soit plus parfaite que moi, et beaucoup moins que ce qui est représenté par cette idée existe.

Mais je réponds que dans ce mot d'*idée* il y a ici de l'équivoque ; car, ou il peut être pris matériellement pour une opération de mon entendement, et en ce sens on ne peut pas dire qu'elle soit plus parfaite que moi ; ou il peut être pris objectivement pour la chose qui est représentée par cette opération, laquelle, quoiqu'on ne suppose point qu'elle existe hors de mon entendement, peut néanmoins être plus parfaite que moi, à raison de mon essence. Or, dans la suite de ce traité, je ferai voir plus amplement comment de cela seulement que j'ai en moi l'idée d'une chose plus parfaite que moi, il s'ensuit que cette chose existe véritablement[2].

De plus, j'ai vu aussi deux autres écrits assez amples sur cette matière, mais qui ne combattaient pas tant mes raisons que mes conclusions, et ce par des arguments tirés des lieux communs des athées. Mais parce que ces sortes d'arguments ne peuvent faire aucune impression dans l'esprit de ceux qui entendront bien mes rai-

1. Voir **Problématiques essentielles** : Quel est l'ordre de la découverte ?, p. 24.

2. Cette brève remarque fait allusion, à la fois, semble-t-il, à la preuve de Dieu contenue dans la troisième Méditation et à la preuve *a priori* de la cinquième. Voir **Grandes thèses** : L'existence de Dieu, p. 130.

sons, et que les jugements de plusieurs sont si faibles et si peu raisonnables qu'ils se laissent bien plus souvent persuader par les premières opinions qu'ils auront eues d'une chose, pour fausses et éloignées de la raison qu'elles puissent être, que par une solide et véritable, mais postérieurement entendue, réfutation de leurs opinions, je ne veux point ici y répondre, de peur d'être premièrement obligé de les rapporter.

Je dirai seulement en général que tout ce que disent les athées pour combattre l'existence de Dieu dépend toujours, ou de ce que l'on feint dans Dieu des affections humaines, ou de ce qu'on attribue à nos esprits tant de force et de sagesse que nous avons bien la présomption de vouloir déterminer et comprendre ce que Dieu peut et doit faire ; de sorte que tout ce qu'ils disent ne nous donnera aucune difficulté, pourvu seulement que nous nous ressouvenions que nous devons considérer nos esprits comme des choses finies et limitées, et Dieu comme un être infini et incompréhensible[1].

Maintenant, après avoir suffisamment reconnu les sentiments des hommes, j'entreprends derechef de traiter de Dieu et de l'âme humaine, et ensemble de jeter les fondements de la philosophie première ; mais sans en attendre aucune louange du vulgaire, ni espérer que mon livre soit vu de plusieurs. Au contraire, je ne conseillerai jamais à personne de le lire, sinon ceux qui voudront avec moi méditer sérieusement, et qui pourront détacher leur esprit du commerce des sens et le délivrer entièrement de toutes sortes de préjugés, lesquels je ne sais que trop être en fort petit nombre. Mais pour ceux qui, sans se soucier beaucoup de l'ordre et de la liaison de mes raisons, s'amuseront à épiloguer sur chacune des parties comme font plusieurs, ceux-là, dis-je, ne feront pas grand profit de la lecture de ce traité ; et bien que peut-être ils trouvent occasion de pointiller en plusieurs lieux, à grand'peine pourront-ils objecter rien de pressant, ou qui soit digne de réponse.

Et d'autant que je ne promets pas aux autres de les satisfaire de prime abord, et que je ne présume pas tant de moi que de croire pouvoir prévoir tout ce qui pourra faire de la difficulté à chacun, j'exposerai premièrement dans ces Méditations les mêmes pensées par lesquelles je me persuade être parvenu à une certaine et évidente connaissance de la vérité, afin de voir si, par les

1. Ceux qui nient Dieu se le représentent le plus souvent à l'image de l'homme. C'est l'anthropomorphisme. Voltaire dira : « On prétend que Dieu a fait l'homme à son image. L'homme le lui a bien rendu. » Descartes pense qu'on peut démontrer l'existence de Dieu mais qu'on ne saurait « comprendre » Dieu parce qu'il est tout-puissant et infini.

mêmes raisons qui m'ont persuadé, je pourrai aussi en persuader d'autres ; et après cela je répondrai aux objections qui m'ont été faites par des personnes d'esprit et de doctrine, à qui j'avais envoyé mes Méditations pour être examinées avant que de les mettre sous la presse ; car ils m'en ont fait un si grand nombre et de si différentes, que j'ose bien me promettre qu'il sera difficile à un autre d'en proposer aucunes qui soient de conséquence, qui n'aient point été touchées[1].

C'est pourquoi je supplie ceux qui désireront lire ces Méditations, de n'en former aucun jugement que premièrement ils ne se soient donné la peine de lire toutes ces objections, et les réponses que j'y ai faites.

1. Voir **Brève histoire de l'œuvre**, p. 14.

ABRÉGÉ DES SIX MÉDITATIONS SUIVANTES[2]

2. Il s'agit moins d'un résumé des *Méditations* que d'une justification par Descartes de sa démarche.

Dans la première, je mets en avant les raisons pour lesquelles nous pouvons douter généralement de toutes choses, et particulièrement des choses matérielles, au moins tant que nous n'aurons point d'autres fondements dans les sciences que ceux que nous avons eus jusqu'à présent. Or, bien que l'utilité d'un doute si général ne paraisse pas d'abord, elle est toutefois en cela très grande, qu'il nous délivre de toutes sortes de préjugés, et nous prépare un chemin très facile pour accoutumer notre esprit à se détacher des sens, et enfin en ce qu'il fait qu'il n'est pas possible que nous puissions jamais plus douter des choses que nous découvrirons par après être véritables[3].

3. Voir **Problématiques essentielles** : Commencer par douter, p. 20.

Dans la seconde, l'esprit qui, usant de sa propre liberté, suppose que toutes les choses ne sont point, de l'existence desquelles il a le moindre doute, reconnaît qu'il est absolument impossible que cependant il n'existe pas lui-même. Ce qui est aussi d'une très grande utilité, d'autant que par ce moyen il fait aisément distinction des choses qui lui appartiennent, c'est-à-dire à la nature intellectuelle, et de celles qui appartiennent au corps.

Mais parce qu'il peut arriver que quelques-uns attendront de moi en ce lieu-là des raisons pour prouver l'immortalité de l'âme, j'estime les devoir ici avertir qu'ayant tâché de ne rien écrire dans tout ce traité dont je n'eusse des démonstrations très exactes, je me suis vu obligé de suivre un ordre semblable à celui dont se servent les géomètres, qui est d'avancer premièrement toutes les choses desquelles dépend la proposition que l'on cherche, avant que d'en rien conclure[1].

Or la première et principale chose qui est requise pour bien connaître l'immortalité de l'âme est d'en former une conception claire et nette, et entièrement distincte de toutes les conceptions que l'on peut avoir du corps, ce qui a été fait en ce lieu-là. Il est requis, outre cela, de savoir que toutes les choses que nous concevons clairement et distinctement sont vraies, de la façon que nous les concevons, ce qui n'a pu être prouvé avant la quatrième Méditation. De plus, il faut avoir une conception distincte de la nature corporelle, laquelle se forme partie dans cette seconde, et partie dans la cinquième et la sixième Méditation. Et enfin l'on doit conclure de tout cela que les choses que l'on conçoit clairement et distinctement être des substances diverses, ainsi que l'on conçoit l'esprit et le corps, sont en effet des substances réellement distinctes les unes des autres, et c'est ce que l'on conclut dans la sixième Méditation ; ce qui se confirme encore dans cette même Méditation de ce que nous ne concevons aucun corps que comme divisible, au lieu que l'esprit ou l'âme de l'homme ne se peut concevoir que comme indivisible ; car en effet nous ne saurions concevoir la moitié d'aucune âme, comme nous pouvons faire du plus petit de tous les corps, en sorte que l'on reconnaît que leurs natures ne sont pas seulement diverses, mais même en quelque façon contraires. Or je n'ai pas traité plus avant de cette matière dans cet écrit, tant parce que cela suffit pour montrer assez clairement que de la corruption du corps la mort de l'âme ne s'ensuit pas, et ainsi pour donner aux hommes l'espérance d'une seconde vie après la mort, comme aussi que les prémisses desquelles on peut conclure l'immortalité de l'âme dépendent de l'explication de toute la physique : premièrement, pour savoir que généralement toutes les substances, c'est-à-dire toutes les choses qui ne peuvent exister sans être créées de Dieu, sont de leur nature incorruptibles, et qu'elles ne peuvent jamais cesser d'être, si Dieu même, en leur

1. Voir **Problématiques essentielles** : Quel est l'ordre de la découverte ?, p. 24.

déniant son concours, ne les réduit au néant, et ensuite pour remarquer que le corps pris en général est une substance, c'est pourquoi aussi il ne périt point ; mais que le corps humain, en tant qu'il diffère des autres corps, n'est composé que d'une certaine configuration de membres et d'autres semblables accidents là où l'âme humaine n'est point ainsi composée d'aucuns accidents, mais est une pure substance. Car encore que tous ses accidents se changent, par exemple encore qu'elle conçoive de certaines choses, qu'elle en veuille d'autres et qu'elle en sente d'autres, etc., l'âme pourtant ne devient point autre, au lieu que le corps humain devient une autre chose, de cela seul que la figure de quelques-unes de ses parties se trouve changée : d'où il s'ensuit que le corps humain peut bien facilement périr, mais que l'esprit ou l'âme de l'homme (ce que je ne distingue point) est immortelle de sa nature[1].

Dans la troisième Méditation, j'ai, ce me semble, expliqué assez au long le principal argument dont je me sers pour prouver l'existence de Dieu. Mais néanmoins, parce que je n'ai point voulu me servir en ce lieu-là d'aucunes comparaisons tirées des choses corporelles, afin d'éloigner autant que je pourrais les esprits des lecteurs de l'usage et du commerce des sens, peut-être y est-il resté beaucoup d'obscurités (lesquelles, comme j'espère, seront entièrement éclaircies dans les réponses que j'ai faites aux objections qui m'ont depuis été proposées), comme entre autres celle-ci : Comment l'idée d'un être souverainement parfait, laquelle se trouve en nous, contient tant de réalité objective, c'est-à-dire participe par représentation à tant de degrés d'être et de perfection qu'elle doit venir d'une cause souverainement parfaite ; ce que j'ai éclairci dans ces réponses par la comparaison d'une machine fort ingénieuse et artificielle dont l'idée se rencontre dans l'esprit de quelque ouvrier ; car, comme l'artifice objectif de cette idée doit avoir quelque cause, savoir est : ou la science de cet ouvrier, ou celle de quelque autre de qui il ait reçu cette idée, de même il est impossible que l'idée de Dieu, qui est en nous, n'ait pas Dieu même pour sa cause.

Dans la quatrième, il est prouvé que toutes les choses que nous concevons fort clairement et fort distinctement sont toutes vraies, et ensemble est expliqué en

1. Le problème de l'immortalité de l'âme n'est pas expressément traité dans les *Méditations*. Descartes dégage ici, après coup (car l'Abrégé a été écrit après les *Méditations*), la philosophie de ce problème : si la matière dans son ensemble est une substance (dont l'essence est l'étendue), le corps humain, qui change sans cesse, n'est qu'une configuration d'accidents et est donc périssable. L'esprit humain reste toujours substance pensante, quelle que soit la diversité de ses pensées. L'esprit humain est donc en principe incorruptible et immortel (en principe, puisque Dieu qui l'a créé pourrait, mais pourrait seul, l'anéantir).

quoi consiste la nature de l'erreur ou fausseté ; ce qui doit nécessairement être su, tant pour confirmer les vérités précédentes que pour mieux entendre celles qui suivent. Mais cependant il est à remarquer que je ne traite nullement en ce lieu-là du péché[1], c'est-à-dire de l'erreur qui se commet dans la poursuite du bien et du mal, mais seulement de celle qui arrive dans le jugement et le discernement du vrai et du faux, et que je n'entends point y parler des choses qui appartiennent à la foi ou à la conduite de la vie, mais seulement de celles qui regardent les vérités spéculatives, et qui peuvent être connues par l'aide de la seule lumière naturelle.

Dans la cinquième Méditation, outre que la nature corporelle prise en général y est expliquée, l'essence de Dieu y est encore démontrée par une nouvelle raison, dans laquelle néanmoins peut-être s'en rencontrera-t-il aussi quelques difficultés ; mais on en verra la solution dans les réponses aux objections qui m'ont été faites, et de plus je fais voir de quelle façon il est véritable que, de la certitude même des démonstrations géométriques, dépend la connaissance de Dieu.

Enfin dans la sixième, je distingue l'action de l'entendement d'avec celle de l'imagination[2] ; les marques de cette distinction y sont décrites, j'y montre que l'âme de l'homme est réellement distincte du corps, et toutefois qu'elle lui est si étroitement conjointe et unie qu'elle ne compose que comme une même chose avec lui[3]. Toutes les erreurs qui procèdent des sens y sont exposées, avec les moyens de les éviter ; et enfin j'y apporte toutes les raisons desquelles on peut conclure l'existence des choses matérielles : non que je les juge fort utiles pour prouver ce qu'elles prouvent, à savoir, qu'il y a un monde, que les hommes ont des corps, et autres choses semblables qui n'ont jamais été mises en doute par aucun homme de bon sens ; mais parce qu'en les considérant de près l'on vient à connaître qu'elle ne sont pas si fermes ni si évidentes que celles qui nous conduisent à la connaissance de Dieu et de notre âme, en sorte que celles-ci sont les plus certaines et les plus évidentes qui puissent tomber en la connaissance de l'esprit humain, et c'est tout ce que j'ai eu dessein de prouver dans ces six Méditations ; ce qui fait que j'omets ici beaucoup d'autres questions dont j'ai aussi parlé par occasion dans ce traité.

1. Est-ce si sûr ? Le théologien Arnauld, dans les Quatrièmes Objections, avait remarqué : « Les choses que dit Descartes touchant la cause de l'erreur souffriraient de très grandes objections si on les étendait aussi à ce qui regarde la poursuite du bien et du mal. » Descartes répond à Arnauld (tout comme dans la brève remarque de l'Abrégé) : « Dans la quatrième Méditation, je n'ai parlé que de l'erreur qui se commet dans le discernement du vrai et du faux et non pas de celle qui arrive dans la poursuite du bien et du mal. » Voir **Grandes thèses** : L'erreur, conséquence de la liberté, p. 138.

2. Voir **Concepts clés** : l'imagination, p. 123.

3. Voir **Grandes thèses** : L'union de l'âme et du corps, p. 142.

MÉDITATIONS TOUCHANT LA PHILOSOPHIE PREMIÈRE

dans lesquelles on prouve clairement l'existence de Dieu et la distinction réelle entre l'âme et le corps de l'homme.

PREMIÈRE MÉDITATION

DES CHOSES QUE L'ON PEUT RÉVOQUER EN DOUTE

Il y a déjà quelque temps que je me suis aperçu que, dès mes premières années, j'ai reçu quantité de fausses opinions pour véritables, et que ce que j'ai depuis fondé sur des principes si mal assurés ne saurait être que fort douteux et incertain ; et dès lors j'ai bien jugé qu'il me fallait entreprendre sérieusement une fois dans ma vie de me défaire de toutes les opinions que j'avais reçues auparavant en ma créance, et commencer tout de nouveau dès les fondements, si je voulais établir quelque chose de ferme et de constant dans les sciences[1]. Mais cette entreprise me semblant être fort grande, j'ai attendu que j'eusse atteint un âge qui fût si mûr que je n'en pusse espérer d'autre après lui auquel je fusse plus propre à l'exécuter ; ce qui m'a fait différer si longtemps que désormais je croirais commettre une faute, si j'employais encore à délibérer le temps qui me reste pour agir. Aujourd'hui donc que, fort à propos pour ce dessein, j'ai délivré mon esprit de toutes sortes de soins, que par bonheur je ne me sens agité d'aucunes passions, et que je me suis procuré un repos assuré dans une paisible solitude[2], je m'appliquerai sérieusement et avec liberté[3] à détruire généralement toutes mes anciennes opinions. Or, pour cet effet, il ne sera pas nécessaire que je montre qu'elles sont toutes fausses, de quoi peut-être je ne viendrais jamais à bout. Mais, d'autant que la raison me persuade déjà que je ne dois pas moins soigneusement m'empêcher de donner créance aux choses qui ne sont pas entièrement certaines et indubitables qu'à celles qui me paraissent mani-

1. On voit que le doute cartésien a pour but de fonder une connaissance. Ce n'est pas le doute sceptique qui termine par un échec l'aventure du savoir. Voir **Problématiques essentielles** : Commencer par douter, p. 20.

2. Il s'agit de la Hollande où Descartes a le bonheur de se sentir seul (« tous les gens, dit-il à Guez de Balzac, ne s'occupent ici que de commerce, sauf moi ») et où il s'estime en parfaite sécurité (la présence très visible de l'armée et de la police paraît le rassurer pleinement).

3. Avec liberté : le doute cartésien est une décision délibérée. Descartes, qui a décidé de révoquer en doute ses anciennes opinions, va chercher tous les arguments (les plus classiques et d'autres plus audacieux) pour accomplir cette entreprise héroïque.

festement être fausses, ce me sera assez pour les rejeter toutes, si je puis trouver en chacune quelque raison de douter[1]. Et pour cela il ne sera pas aussi besoin que je les examine chacune en particulier, ce qui serait d'un travail infini ; mais, parce que la ruine des fondements entraîne nécessairement avec soi tout le reste de l'édifice, je m'attaquerai d'abord aux principes sur lesquels toutes mes anciennes opinions étaient appuyées.

Tout ce que j'ai reçu jusqu'à présent pour le plus vrai et assuré, je l'ai appris des sens ou par les sens ; or j'ai quelquefois éprouvé que ces sens étaient trompeurs, et il est de la prudence de ne se fier jamais entièrement à ceux qui nous ont une fois trompés.

Mais peut-être qu'encore que les sens nous trompent quelquefois touchant des choses fort peu sensibles et fort éloignées, il s'en rencontre néanmoins beaucoup d'autres desquelles on ne peut pas raisonnablement douter, quoique nous les connaissions par leur moyen, par exemple, que je suis ici, assis auprès du feu, vêtu d'une robe de chambre, ayant ce papier entre les mains, et autres choses de cette nature[2]. Et comment est-ce que je pourrais nier que ces mains et ce corps soient à moi ? si ce n'est peut-être que je me compare à certains insensés, de qui le cerveau est tellement troublé et offusqué par les noires vapeurs de la bile, qu'ils assurent constamment qu'ils sont des rois, lorsqu'ils sont très pauvres ; qu'ils sont vêtus d'or et de pourpre, lorsqu'ils sont tout nus, ou qui s'imaginent être des cruches ou avoir un corps de verre. Mais quoi ! ce sont des fous, et je ne serais pas moins extravagant si je me réglais sur leurs exemples.

Toutefois j'ai ici à considérer que je suis homme, et par conséquent que j'ai coutume de dormir et de me représenter en mes songes les mêmes choses, ou quelquefois de moins vraisemblables que ces insensés lorsqu'ils veillent. Combien de fois m'est-il arrivé de songer la nuit que j'étais en ce lieu, que j'étais habillé, que j'étais auprès du feu, quoique je fusse tout nu dedans mon lit ? Il me semble bien à présent que ce n'est point avec des yeux endormis que je regarde ce papier ; que cette tête que je branle n'est point assoupie ; que c'est avec dessein et de propos délibéré que j'étends cette main et que je la sens : ce qui arrive dans le sommeil ne semble point si clair ni si distinct que tout ceci. Mais en y pensant soigneusement, je me ressouviens d'avoir souvent été trompé en dormant

1. Voir **Problématiques essentielles** : Commencer par douter, p. 20.

2. Descartes va donc révoquer en doute le témoignage de ses sens dans leur ensemble : il s'agit de douter non seulement de ce qui est raisonnablement douteux mais douter aussi de ce qui semble manifeste à ma vue et à mon toucher. Le doute, dès à présent, devient hyperbolique. Voir **Problématiques essentielles** : Commencer par douter, p. 20.

par de semblables illusions ; et en m'arrêtant sur cette pensée, je vois si manifestement qu'il n'y a point d'indices certains par où l'on puisse distinguer nettement la veille d'avec le sommeil, que j'en suis tout étonné[1] ; et mon étonnement est tel qu'il est presque capable de me persuader que je dors.

Supposons donc maintenant que nous sommes endormis, et que toutes ces particularités, à savoir que nous ouvrons les yeux, que nous branlons la tête, que nous étendons les mains, et choses semblables, ne sont que de fausses illusions ; et pensons que peut-être nos mains ni tout notre corps ne sont pas tels que nous les voyons. Toutefois il faut au moins avouer que les choses qui nous sont représentées dans le sommeil sont comme des tableaux et des peintures qui ne peuvent être formés qu'à la ressemblance de quelque chose de réel et de véritable, et qu'ainsi, pour le moins, ces choses générales, à savoir des yeux, une tête, des mains et tout un corps, ne sont pas choses imaginaires, mais réelles et existantes. Car de vrai les peintres, lors même qu'ils s'étudient avec le plus d'artifice à représenter des sirènes et des satyres par des figures bizarres et extraordinaires, ne peuvent toutefois leur donner des formes et des natures entièrement nouvelles, mais font seulement un certain mélange et composition des membres de divers animaux ; ou bien si peut-être leur imagination est assez extravagante pour inventer quelque chose de si nouveau que jamais on n'ait rien vu de semblable, et qu'ainsi leur ouvrage représente une chose purement feinte et absolument fausse, certes à tout le moins les couleurs dont ils les composent doivent-elles être véritables[2].

Et par la même raison, encore que ces choses générales, à savoir un corps, des yeux, une tête, des mains, et autres semblables, pussent être imaginaires, toutefois il faut nécessairement avouer qu'il y en a au moins quelques autres encore plus simples et plus universelles qui sont vraies et existantes, du mélange desquelles, ni plus ni moins que celui de quelques véritables couleurs, toutes ces images des choses qui résident en notre pensée, soit vraies et réelles, soit feintes et fantastiques, sont formées.

De ce genre de choses est la nature corporelle en général et son étendue, ensemble la figure des choses étendues, leur quantité ou grandeur, et leur nombre, comme aussi le lieu où elles sont, le temps qui mesure

1. Le mot « étonner » a un sens très fort au XVIIe siècle : frapper de stupeur.

2. Ceci est un argument contre le doute : on peut aisément douter de ce qui est *composé* (soit par l'imagination d'un artiste soit par la construction d'un savant). Mais les éléments *simples* donnés à ma représentation ne s'imposent-il pas à moi malgré moi ?

leur durée, et autres semblables. C'est pourquoi peut-être que de là nous ne conclurons pas mal si nous disons que la physique, l'astronomie, la médecine, et toutes les autres sciences qui dépendent de la considération des choses composées, sont fort douteuses et incertaines, mais que l'arithmétique, la géométrie, et les autres sciences de cette nature qui ne traitent que de choses fort simples et fort générales, sans se mettre beaucoup en peine si elles sont dans la nature ou si elles n'y sont pas, contiennent quelque chose de certain et d'indubitable ; car soit que je veille ou que je dorme, deux et trois joints ensemble formeront toujours le nombre de cinq et le carré n'aura jamais plus de quatre côtés ; et il ne semble pas possible que des vérités si claires et si apparentes puissent être soupçonnées d'aucune fausseté ou d'incertitude[1].

Toutefois il y a longtemps que j'ai dans mon esprit une certaine opinion qu'il y a un Dieu qui peut tout, et par qui j'ai été fait et créé tel que je suis. Or que sais-je s'il n'a point fait qu'il n'y ait aucune terre, aucun ciel, aucun corps étendu, aucune figure, aucune grandeur, aucun lieu, et que néanmoins j'aie les sentiments de toutes ces choses, et que tout cela ne me semble point exister autrement que je le vois ? Et même, comme je juge quelquefois que les autres se trompent dans les choses qu'ils pensent le mieux savoir, que sais-je s'il n'a point fait que je me trompe aussi toutes les fois que je fais l'addition de deux et de trois, ou que je nombre les côtés d'un carré, ou que je juge de quelque chose encore plus facile, si l'on se peut imaginer rien de plus facile que cela[2]. Mais peut-être que Dieu n'a pas voulu que je fusse déçu de la sorte, car il est dit souverainement bon. Toutefois si cela répugnait à sa bonté de m'avoir fait tel que je me trompasse toujours, cela semblerait aussi lui être contraire de permettre que je me trompe quelquefois, et néanmoins je ne puis douter qu'il ne le permette. Il y aura peut-être ici des personnes qui aimeraient mieux nier l'existence d'un Dieu si puissant, que de croire que toutes les autres choses sont incertaines. Mais ne leur résistons pas pour le présent, et supposons en leur faveur que tout ce qui est dit ici d'un Dieu soit une fable ; toutefois, de quelque façon qu'ils supposent que je sois parvenu à l'état et à l'être que je possède, soit qu'ils l'attribuent à quelque destin ou fatalité, soit qu'ils le réfèrent au hasard, soit qu'ils veuillent que ce soit par une continuelle suite et liaison des choses,

1. Tandis que je doute de mes sens, ou de toutes les sciences « qui dépendent de la considération de choses composées », les « natures simples », saisies intuitivement par mon entendement, paraissent provisoirement résister au doute. L'argument du rêve nocturne est ici inopérant. Pour douter des essences mathématiques les plus simples, claires et distinctes à mon esprit, il va falloir trouver autre chose. Voir **Problématiques essentielles** : Commencer par douter, p. 20.

2. Ceci est l'argument du Dieu trompeur. Voir **Problématiques essentielles** : Commencer par douter, p. 20 ; Le statut épistémologique de Dieu, p. 27.

ou enfin par quelque autre manière ; puisque faillir et se tromper est une imperfection, d'autant moins puissant sera l'auteur qu'ils assigneront à mon origine, d'autant plus sera-t-il probable que je suis tellement imparfait que je me trompe toujours. Auxquelles raisons je n'ai certes rien à répondre ; mais enfin je suis contraint d'avouer qu'il n'y a rien de tout ce que je croyais autrefois être véritable dont je ne puisse en quelque façon douter ; et non point par inconsidération ou légèreté, mais pour des raisons très fortes et mûrement considérées ; de sorte que désormais je ne dois pas moins soigneusement m'empêcher d'y donner créance qu'à ce qui serait manifestement faux, si je veux trouver quelque chose de certain et d'assuré dans les sciences.

Mais il ne suffit pas d'avoir fait ces remarques, il faut encore que je prenne soin de m'en souvenir[1], car ces anciennes et ordinaires opinions me reviennent encore souvent en la pensée, le long et familier usage qu'elles ont eu avec moi leur donnant droit d'occuper mon esprit contre mon gré, et de se rendre presque maîtresses de ma créance ; et je ne me désaccoutumerai jamais de leur déférer, et de prendre confiance en elles tant que je les considérerai telles qu'elles sont en effet, c'est-à-dire en quelque façon douteuses, comme je viens de montrer, et toutefois fort probables, en sorte que l'on a beaucoup plus de raison de les croire que de les nier. C'est pourquoi je pense que je ne ferai pas mal si, prenant de propos délibéré un sentiment contraire, je me trompe moi-même, et si je feins pour quelque temps que toutes ces opinions sont entièrement fausses et imaginaires jusqu'à ce qu'enfin, ayant tellement balancé mes anciens et mes nouveaux préjugés qu'ils ne puissent faire pencher mon avis plus d'un côté que d'un autre, mon jugement ne soit plus désormais maîtrisé par de mauvais usages, et détourné du droit chemin qui le peut conduire à la connaissance de la vérité. Car je suis assuré qu'il ne peut y avoir de péril ni d'erreur en cette voie, et que je ne saurais aujourd'hui trop accorder à ma défiance, puisqu'il n'est pas maintenant question d'agir, mais seulement de méditer et de connaître.

Je supposerai donc, non pas que Dieu, qui est très bon et qui est la souveraine source de vérité, mais qu'un certain mauvais génie, non moins rusé et trompeur que puissant, a employé toute son industrie à me tromper,

1. L'argument métaphysique du Dieu trompeur ne soutient le doute que brièvement. Toute la difficulté consiste, non à douter l'éclair d'un instant mais à maintenir le doute. Voir **Problématiques essentielles** : Pourquoi méditer ?, p. 17 ; Commencer par douter, p. 20.

je penserai que le ciel, l'air, la terre, les couleurs, les figures, les sons, et toutes les autres choses extérieures, ne sont rien que des illusions et rêveries dont il s'est servi pour tendre des pièges à ma crédulité ; je me considérerai moi-même comme n'ayant point de mains, point d'yeux, point de chair, point de sang ; comme n'ayant aucun sens, mais croyant faussement avoir toutes ces choses, je demeurerai obstinément attaché à cette pensée[1], et si, par ce moyen, il n'est pas en mon pouvoir de parvenir à la connaissance d'aucune vérité, à tout le moins il est en ma puissance de suspendre mon jugement. C'est pourquoi je prendrai garde soigneusement de ne recevoir en ma croyance aucune fausseté, et préparerai si bien mon esprit à toutes les ruses de ce grand trompeur, que, pour puissant et rusé qu'il soit, il ne me pourra jamais rien imposer.

Mais ce dessein est pénible et laborieux, et une certaine paresse m'entraîne insensiblement dans le train de ma vie ordinaire, et tout de même qu'un esclave qui jouissait dans le sommeil d'une liberté imaginaire, lorsqu'il commence à soupçonner que sa liberté n'est qu'un songe, craint de se réveiller, et conspire avec ces illusions agréables pour en être plus longtemps abusé, ainsi je retombe insensiblement de moi-même dans mes anciennes opinions, et j'appréhende de me réveiller de cet assoupissement, de peur que les veilles laborieuses qui auraient à succéder à la tranquillité de ce repos, au lieu de m'apporter quelque jour et quelque lumière dans la connaissance de la vérité, ne fussent pas suffisantes pour éclaircir toutes les ténèbres des difficultés qui viennent d'être agitées[2].

1. Contre le préjugé de la crédulité, il faut adopter un contre-préjugé. Il s'agit de m'obstiner dans ma négation de tout ce à quoi j'ai cru. Voir **Problématiques essentielles** : Commencer par douter, p. 20.

2. Voir **Problématiques essentielles** : Pourquoi méditer ?, p. 17.

MÉDITATION SECONDE

DE LA NATURE DE L'ESPRIT HUMAIN, ET QU'IL EST PLUS AISÉ A CONNAÎTRE QUE LE CORPS

La méditation que je fis hier[3] m'a rempli l'esprit de tant de doutes, qu'il n'est plus désormais en ma puissance de les oublier. Et cependant je ne vois pas de quelle façon je les pourrai résoudre, et comme si tout à coup j'étais tombé dans une eau très profonde, je suis tellement surpris que je ne puis ni assurer mes pieds dans le fond, ni

3. Voir **Problématiques essentielles** : Pourquoi méditer ?, p. 17.

nager pour me soutenir au-dessus. Je m'efforcerai néanmoins, et suivrai derechef la même voie où j'étais entré hier, en m'éloignant de tout ce en quoi je pourrai imaginer le moindre doute, tout de même que si je connaissais que cela fût absolument faux[1], et je continuerai toujours dans ce chemin jusqu'à ce que j'ai rencontré quelque chose de certain, ou du moins, si je ne puis autre chose, jusqu'à ce que j'ai appris certainement qu'il n'y a rien au monde de certain. Archimède, pour tirer le globe terrestre de sa place et le transporter en un autre lieu, ne demandait rien qu'un point qui fût ferme et immobile : ainsi j'aurai droit de concevoir de hautes espérances si je suis assez heureux pour trouver seulement une chose qui soit certaine et indubitable[2].

Je suppose donc que toutes les choses que je vois sont fausses ; je me persuade que rien n'a jamais été de tout ce que ma mémoire remplie de mensonges me représente ; je pense n'avoir aucun sens ; je crois que le corps, la figure, l'étendue, le mouvement et le lieu ne sont que des fictions de mon esprit. Qu'est-ce donc qui pourra être estimé véritable ? Peut-être rien autre chose, sinon qu'il n'y a rien au monde de certain.

Mais que sais-je s'il n'y a point quelque autre chose différente de celles que je viens de juger incertaines, de laquelle on ne puisse avoir le moindre doute ? N'y a-t-il point quelque Dieu ou quelque autre puissance qui me met en esprit ces pensées ? Cela n'est pas nécessaire, car peut-être que je suis capable de les produire de moi-même. Moi donc à tout le moins ne suis-je point quelque chose ? Mais j'ai déjà nié que j'eusse aucun sens ni aucun corps ; j'hésite néanmoins, car que s'ensuit-il de là ? Suis-je tellement dépendant du corps et des sens que je ne puisse être sans eux ? Mais je me suis persuadé qu'il n'y avait rien du tout dans le monde, qu'il n'y avait aucun ciel, aucune terre, aucuns esprits ni aucuns corps ; ne me suis-je donc pas aussi persuadé que je n'étais point ? Tant s'en faut ; j'étais sans doute, si je me suis persuadé ou seulement si j'ai pensé quelque chose. Mais il y a un je ne sais quel trompeur très puissant et très rusé qui emploie route son industrie à me tromper toujours. Il n'y a donc point de doute que je suis, s'il me trompe ; et qu'il me trompe tant qu'il voudra, il ne saura jamais faire que je ne sois rien tant que je penserai être quelque chose[3]. De sorte qu'après y avoir bien pensé et avoir soigneusement exa-

1. Descartes poursuit sa première Méditation au début de la seconde.

2. Le doute cartésien est sans concession, pour que la première vérité, qui éventuellement pourrait être le fruit de la méditation, soit une vérité absolue, certaine, qu'elle soit en quelque sorte à la mesure du doute hyperbolique dont elle triompherait.

3. Voir **Grandes thèses** : Je pense, je suis, p. 125.

miné toutes choses, enfin il faut conclure, et tenir pour constant que cette proposition : je suis, j'existe, est nécessairement vraie, toutes les fois que je la prononce ou que je la conçois en mon esprit[1].

Mais je ne connais pas encore assez clairement quel je suis, moi qui suis certain que je suis ; de sorte que désormais il faut que je prenne soigneusement garde de ne prendre pas imprudemment quelque autre chose pour moi, et ainsi de ne me point méprendre dans cette connaissance que je soutiens être plus certaine et plus évidente que toutes celles que j'ai eues auparavant. C'est pourquoi je considérerai maintenant tout de nouveau ce que je croyais être avant que j'entrasse dans ces dernières pensées, et de mes anciennes opinions je retrancherai tout ce qui peut être tant soit peu combattu par les raisons que j'ai tantôt alléguées, en sorte qu'il ne demeure précisément que cela seul qui est entièrement certain et indubitable. Qu'est-ce donc que j'ai cru être ci-devant ? Sans difficulté, j'ai pensé que j'étais un homme. Mais qu'est-ce qu'un homme ? Dirai-je que c'est un animal raisonnable[2] ? Non, certes car il me faudrait par après rechercher ce que c'est qu'animal, et ce que c'est que raisonnable ; et ainsi d'une seule question je tomberais insensiblement en une infinité d'autres plus difficiles et plus embarrassées ; et je ne voudrais pas abuser du peu de temps et de loisir qui me reste, en l'employant à démêler de semblables difficultés. Mais je m'arrêterai plutôt à considérer ici les pensées qui naissaient ci-devant d'elles-mêmes en mon esprit, et qui ne m'étaient inspirées que de ma seule nature, lorsque je m'appliquais à la considération de mon être. Je me considérais premièrement comme ayant un visage, des mains, des bras, et toute cette machine composée d'os et de chair, telle qu'elle paraît en un cadavre, laquelle je désignais par le nom de corps. Je considérais, outre cela, que je me nourrissais, que je marchais, que je sentais et que je pensais, et je rapportais toutes ces actions à l'âme[3], mais je ne m'arrêtais point à penser ce que c'était que cette âme, ou bien, si je m'y arrêtais, je m'imaginais qu'elle était quelque chose d'extrêmement rare et subtil, comme un vent, une flamme ou un air très délié, qui était insinué et répandu dans mes plus grossières parties[4]. Pour ce qui était du corps, je ne doutais nullement de sa nature ; mais je pensais la connaître fort distinctement ; et si je l'eusse voulu expliquer suivant

1. Voir **Grandes thèses** : Je pense, je suis, p. 125.

2. Animal raisonnable. C'était la définition des philosophes scolastiques qui définissaient l'homme par le « genre » : animal et la « différence spécifique » : raisonnable. Mais cette définition, ainsi que toute la science scolastique, a été précipitée dans le néant par le doute volontaire.

3. Pour les scolastiques, l'âme n'est pas seulement l'esprit, le principe de la pensée, mais aussi le principe de la vie (l'âme se nourrit). Descartes purifiera cette notion et préférera le terme de *mens* (esprit) au terme d'*anima* (âme, principe de la vie).

4. C'est là une imagination matérialiste de l'âme. Le doute méthodique a pour fonction de « détacher l'esprit des sens » et de réduire ces imaginations concrètes, sans rapport avec la vérité.

les notions que j'en avais alors, je l'eusse décrite en cette sorte : Par le corps, j'entends tout ce qui peut être terminé par quelque figure, qui peut être compris en quelque lieu, et remplir un espace en telle sorte que tout autre corps en soit exclu ; qui peut être senti, ou par l'attouchement, ou par la vue, ou par l'ouïe, ou par le goût, ou par l'odorat ; qui peut être mû en plusieurs façons, non pas à la vérité par lui-même, mais par quelque chose d'étranger duquel il soit touché, et dont il reçoive l'impression ; car d'avoir la puissance de se mouvoir de soi-même, comme aussi de sentir ou de penser, je ne croyais nullement que cela appartînt à la nature du corps ; au contraire, je m'étonnais plutôt de voir que de semblables facultés se rencontraient en quelques-uns.

Mais moi, qui suis-je, maintenant que je suppose qu'il y a un certain génie qui est extrêmement puissant, et, si j'ose le dire, malicieux et rusé, qui emploie toutes ses forces et toute son industrie à me tromper[1] ? Puis-je assurer que j'ai la moindre chose de toutes celles que j'ai dit naguère appartenir à la nature du corps ? Je m'arrête à penser avec attention, je passe et repasse toutes ces choses en mon esprit, et je n'en rencontre aucune que je puisse dire être en moi ; il n'est pas besoin que je m'arrête à les dénombrer. Passons donc aux attributs de l'âme, et voyons s'il y en a quelqu'un qui soit en moi. Les premiers sont de me nourrir et de marcher ; mais s'il est vrai que je n'ai point de corps, il est vrai aussi que je ne puis marcher ni me nourrir. Un autre est de sentir ; mais on ne peut aussi sentir sans le corps, outre que j'ai pensé sentir autrefois plusieurs choses pendant le sommeil, que j'ai reconnu à mon réveil n'avoir point en effet senties. Un autre est de penser, et je trouve ici que la pensée est un attribut qui m'appartient ; elle seule ne peut être détachée de moi. Je suis, j'existe, cela est certain ; mais combien de temps ? autant de temps que je pense ; car peut-être même qu'il se pourrait faire, si je cessais totalement de penser, que je cesserais en même temps tout à fait d'être. Je n'admets maintenant rien qui ne soit nécessairement vrai ; je ne suis donc, précisément parlant, qu'une chose qui pense, c'est-à-dire un esprit, un entendement ou une raison, qui sont des termes dont la signification m'était auparavant inconnue. Or je suis une chose vraie et vraiment existante ; mais quelle chose ? Je l'ai dit : une chose qui pense[2]. Et quoi davantage ? J'exciterai mon

1. Je suis, j'existe, mais qui suis-je ? Il s'agit de préciser l'essence du *Je pensant*. On voit qu'à ce niveau, les techniques du doute (et par exemple la fiction du malin génie) se maintiennent pour analyser l'essence de la chose pensante et la réduire à ce qu'elle a d'indubitable.

2. L'âme ou, plus exactement, l'esprit, la pensée, est *plus facile à connaître que le corps*. Voir **Grandes thèses** : L'union de l'âme et du corps, p. 142.

imagination pour voir si je ne suis point encore quelque chose de plus. Je ne suis point cet assemblage de membres que l'on appelle le corps humain ; je ne suis point un air délié et pénétrant répandu dans tous ces membres ; je ne suis point un vent, un souffle, une vapeur, ni rien de tout ce que je puis feindre et m'imaginer, puisque j'ai supposé que tout cela n'était rien, et que, sans changer cette supposition, je trouve que je ne laisse pas d'être certain que je suis quelque chose.

Mais peut-être est-il vrai que ces mêmes choses-là que je suppose n'être point, parce qu'elles me sont inconnues, ne sont point en effet différentes de moi, que je connais. Je n'en sais rien ; je ne dispute pas maintenant de cela ; je ne puis donner mon jugement que des choses qui me sont connues ; je connais que j'existe, et je cherche quel je suis, moi que je connais être. Or il est très certain que la connaissance de mon être, ainsi précisément pris, ne dépend point des choses dont l'existence ne m'est pas encore connue[1] ; par conséquent elle ne dépend d'aucunes de celles que je puis feindre par mon imagination. Et même ces termes de feindre et d'imaginer m'avertissent de mon erreur ; car je feindrais en effet si je m'imaginais être quelque chose, puisque imaginer n'est rien autre chose que contempler la figure ou l'image d'une chose corporelle ; or, je sais déjà certainement que je suis, et que tout ensemble il se peut faire que toutes ces images, et généralement toutes les choses se rapportant à la nature du corps, ne soient que des songes ou des chimères. Ensuite de quoi je vois clairement que j'ai aussi peu de raison en disant : « J'exciterai mon imagination pour connaître plus distinctement quel je suis », que si je disais : « Je suis maintenant éveillé, et j'aperçois quelque chose de réel et de véritable ; mais, parce que je ne l'aperçois pas encore assez nettement, je m'endormirai tout exprès, afin que mes songes me représentent cela même avec plus de vérité et d'évidence. » Et, partant, je connais manifestement que rien de tout ce que je puis comprendre par le moyen de l'imagination n'appartient à cette connaissance que j'ai de moi-même, et qu'il est besoin de rappeler et détourner son esprit de cette façon de concevoir, afin qu'il puisse lui-même connaître bien distinctement sa nature.

Mais qu'est-ce donc que je suis ? une chose qui pense. Qu'est-ce qu'une chose qui pense ? c'est une chose

1. Descartes nous invite à respecter l'ordre des raisons : je ne puis en toute rigueur faire dépendre ce que désormais je connais avec certitude (je suis une chose qui pense) d'autres notions, ou opinions, qui ont été précipitées dans le néant par le doute méthodique. Voir **Problématiques essentielles** : Quel est l'ordre de la découverte ?, p. 24.

qui doute, qui entend, « qui conçoit », qui affirme, qui nie, qui veut, qui ne veut pas, qui imagine aussi, et qui sent[1]. Certes, ce n'est pas peu si toutes ces choses appartiennent à ma nature. Mais pourquoi n'y appartiendraient-elles pas ? Ne suis-je pas celui-là même qui maintenant doute presque de tout, qui néanmoins entend et conçoit certaines choses, qui affirme celles-là seules être véritables, qui nie toutes les autres, qui veut et désire d'en connaître davantage, qui ne veut pas être trompé, qui imagine beaucoup de choses, même quelquefois en dépit que j'en aie, et qui en sent aussi beaucoup, comme par l'entremise des organes du corps ? Y a-t-il rien de tout cela qui ne soit aussi véritable qu'il est certain que je suis et que j'existe, quand même je dormirais toujours, et que celui qui m'a donné l'être se servirait de toute son industrie pour m'abuser ? Y a-t-il aussi aucun de ces attributs qui puisse être distingué de ma pensée, ou qu'on puisse dire être séparé de moi-même ? Car il est de soi si évident que c'est moi qui doute, qui entends et qui désire, qu'il n'est pas ici besoin de rien ajouter pour l'expliquer. Et j'ai aussi certainement la puissance d'imaginer ; car, encore qu'il puisse arriver (comme j'ai supposé auparavant) que les choses que j'imagine ne soient pas vraies, néanmoins cette puissance d'imaginer ne laisse pas d'être réellement en moi, et fait partie de ma pensée. Enfin, je suis le même qui sens, c'est-à-dire qui aperçoit certaines choses comme par les organes des sens, puisqu'en effet je vois de la lumière, j'entends du bruit, je sens de la chaleur. Mais l'on me dira que ces apparences-là sont fausses, et que je dors. Qu'il soit ainsi ; toutefois, à tout le moins, il est très certain qu'il me semble que je vois de la lumière, que j'entends du bruit, et que je sens de la chaleur ; cela ne peut être faux : et c'est proprement ce qui en moi s'appelle sentir ; et cela précisément n'est rien autre chose que penser. D'où je commence à connaître quel je suis avec un peu plus de clarté et de distinction que ci-devant.

Mais néanmoins il me semble encore et je ne puis m'empêcher de croire que les choses corporelles dont les images se forment par la pensée, qui tombent sous les sens, et que les sens même examinent, ne soient beaucoup plus distinctement connues que cette je ne sais quelle partie de moi-même qui ne tombe point sous l'imagination, quoique en effet cela soit bien étrange de dire que je connaisse et comprenne plus distinctement des

1. Descartes ne réintroduit nullement ici une prétendue vérité de mes imaginations et de mes sensations. La suite l'explique clairement : même si toutes mes imaginations sont chimériques et mes sensations trompeuses, il reste que j'ai conscience d'imaginer et de sentir. C'est cette conscience subjective que décrit ici Descartes, sans porter de jugement (encore) sur la validité de ses objets. Voir **Grandes thèses** : Je pense, je suis, p. 125.

choses dont l'existence me paraît douteuse, qui me sont inconnues et qui ne m'appartiennent point, que celles de la vérité desquelles je suis persuadé, qui me sont connues et qui appartiennent à ma propre nature, en un mot que moi-même. Mais je vois bien ce que c'est : mon esprit est un vagabond qui se plaît à m'égarer, et qui ne saurait encore souffrir qu'on le retienne dans les justes bornes de la vérité[1]. Lâchons-lui donc encore une fois la bride, et, lui donnant toute sorte de liberté, permettons-lui de considérer les objets qui lui paraissent au-dehors, afin que, venant ci-après à la retirer doucement et à propos, et à l'arrêter sur la considération de son être et des choses qu'il trouve en lui, il se laisse après cela plus facilement régler et conduire.

Considérons donc maintenant les choses que l'on estime vulgairement être les plus faciles de toutes à connaître, et que l'on croit aussi être le plus distinctement connues, c'est à savoir les corps que nous touchons et que nous voyons : non pas à la vérité les corps en général, car ces notions générales sont d'ordinaire un peu plus confuses ; mais considérons-en un en particulier[2]. Prenons par exemple ce morceau de cire ; il vient tout fraîchement d'être tiré de la ruche, il n'a pas encore perdu la douceur du miel qu'il contenait, il retient encore quelque chose de l'odeur des fleurs dont il a été recueilli, sa couleur, sa figure, sa grandeur, sont apparentes ; il est dur, il est froid, il est maniable ; et si vous frappez dessus, il rendra quelque son. Enfin, toutes les choses qui peuvent distinctement faire connaître un corps se rencontrent en celui-ci. Mais voici que pendant que je parle on l'approche du feu ; ce qui y restait de saveur s'exhale, l'odeur s'évapore, sa couleur se change, sa figure se perd, sa grandeur augmente, il devient liquide, il s'échauffe, à peine le peut-on manier ; et quoique l'on frappe dessus, il ne rendra plus aucun son. La même cire demeure-t-elle encore après ce changement ? Il faut avouer qu'elle demeure : personne n'en doute, personne ne juge autrement. Qu'est-ce donc que l'on connaissait en ce morceau de cire avec tant de distinction ? Certes ce ne peut être rien de tout ce que j'y ai remarqué par l'entremise des sens, puisque toutes les choses qui tombaient sous le goût, sous l'odorat, sous la vue, sous l'attouchement et sous l'ouïe, se trouvent changées, et que cependant la même cire demeure. Peut-être était-ce ce que je pense maintenant, à

1. Remarque d'ordre psychologique : mon esprit a de la peine à se plier à la rigueur des raisons, il peut difficilement rompre avec ses préjugés et ses imaginations.

2. Ici, c'est un véritable retour en arrière. Convaincu peut-être par l'ordre cartésien des raisons, l'esprit du lecteur n'est pas pour autant persuadé. Il continue à croire en l'existence des objets sensibles. C'est la raison pour laquelle Descartes revient à une de ces choses matérielles « que l'on estime vulgairement être les plus faciles de toutes à connaître ».

savoir que cette cire n'était pas ni cette douceur de miel ni cette agréable odeur de fleurs, ni cette blancheur, ni cette figure, ni ce son, mais seulement un corps qui un peu auparavant me paraissait sensible sous ces formes, et qui maintenant se fait sentir sous d'autres. Mais qu'est-ce, précisément parlant, que j'imagine lorsque je le conçois en cette sorte ? Considérons-le attentivement, et retranchant toutes les choses qui n'appartiennent point à la cire, voyons ce qui reste. Certes il ne demeure rien que quelque chose d'étendu, de flexible et de muable. Or, qu'est-ce que cela, flexible et muable[1] ? N'est-ce pas que j'imagine que cette cire, étant ronde, est capable de devenir carrée, et de passer du carré en une figure triangulaire ? Non certes, ce n'est pas cela, puisque je la conçois capable de recevoir une infinité de semblables changements ; et je ne saurais néanmoins parcourir cette infinité par mon imagination, et par conséquent cette conception que j'ai de la cire ne s'accomplit pas par la faculté d'imaginer. Qu'est-ce maintenant que cette extension ? N'est-elle pas aussi inconnue ? car elle devient plus grande quand la cire se fond, plus grande quand elle bout, et plus grande encore quand la chaleur augmente, et je ne concevrais pas clairement et selon la vérité ce que c'est que de la cire, si je ne pensais que même ce morceau que nous considérons est capable de recevoir plus de variétés selon l'extension que je n'en ai jamais imaginé. Il faut donc demeurer d'accord que je ne saurais pas même comprendre par l'imagination ce que c'est que ce morceau de cire, et qu'il n'y a que mon entendement seul qui le comprenne. Je dis ce morceau de cire en particulier, car pour la cire en général, il est encore plus évident. Mais quel est ce morceau de cire qui ne peut être compris que par l'entendement ou par l'esprit ? Certes, c'est le même que je vois, que je touche, que j'imagine, et enfin c'est le même que j'ai toujours cru que c'était au commencement. Or, ce qui est ici grandement à remarquer, c'est que sa perception n'est point une vision, ni un attouchement, ni une imagination, et ne l'a jamais été, quoiqu'il le semblât ainsi auparavant ; mais seulement une inspection de l'esprit, laquelle peut être imparfaite et confuse, comme elle était auparavant, ou bien claire et distincte[2], comme elle est à présent, selon que mon attention se porte plus ou moins aux choses qui sont en elle, et dont elle est composée[3].

1. La distinction des qualités premières (l'étendue) et des qualités secondes (odeur, chaleur, couleur) est classique. Mais Descartes ne veut pas dire ici que l'étendue existe. À ce moment Descartes doute toujours de l'existence du monde extérieur. Ce que Descartes entend signifier c'est que mon entendement seul (et non pas mon imagination ni mes sensations) définit l'objet matériel comme un objet étendu. Mon entendement seul comprend ce que peut être un objet matériel.

2. Voir **Concepts clés** : les idées, p. 118.

3. Ce passage fait l'objet d'une explication détaillée. Voir **Commentaire d'extrait** : La perception du morceau de cire est une inspection de l'esprit, p. 152.

Cependant je ne me saurais trop étonner quand je considère combien mon esprit a de faiblesse et de pente qui le porte insensiblement dans l'erreur. Car encore que sans parler je considère tout cela en moi-même, les paroles toutefois m'arrêtent, et je suis presque déçu par les termes du langage ordinaire ; car nous disons que nous voyons la même cire, si elle est présente, et non pas que nous jugeons que c'est la même, de ce qu'elle a même couleur et même figure : d'où je voudrais presque conclure que l'on connaît la cire par la vision des yeux, et non par la seule inspection de l'esprit[1], si par hasard je ne regardais d'une fenêtre des hommes qui passent dans la rue, à la vue desquels je ne manque pas de dire que je vois des hommes, tout de même que je dis que je vois de la cire ; et cependant que vois-je de cette fenêtre, sinon des chapeaux et des manteaux qui pourraient couvrir des machines artificielles qui ne se remueraient que par ressorts ? Mais je juge que ce sont des hommes, et ainsi je comprends par la seule puissance de juger, qui réside en mon esprit, ce que je croyais de mes yeux[2].

Un homme qui tâche d'élever sa connaissance au-delà du commun doit avoir honte de tirer des occasions de douter des formes de parler que le vulgaire a inventées ; j'aime mieux passer outre, et considérer si je concevais avec plus d'évidence et de perfection ce que c'était que de la cire lorsque je l'ai d'abord aperçue, et que j'ai cru la connaître par le moyen des sens extérieurs, ou à tout le moins par le sens commun, ainsi qu'ils appellent, c'est-à-dire par la faculté imaginative[3], que je ne la conçois à présent, après avoir plus soigneusement examiné ce qu'elle est, et de quelle façon elle peut être connue. Certes il serait ridicule de mettre cela en doute, car qu'y avait-il dans cette première perception qui fût distinct ? qu'y avait-il qui ne semblât pouvoir tomber en même sorte dans le sens du moindre des animaux ? Mais quand je distingue la cire d'avec ses formes extérieures, et que, tout de même que si je lui avais ôté ses vêtements, je la considère toute nue, il est certain que, bien qu'il se puisse encore rencontrer quelque erreur dans mon jugement, je ne la puis néanmoins concevoir de cette sorte sans un esprit humain[4].

Mais enfin que dirai-je de cet esprit, c'est-à-dire de moi-même ? car jusques ici je n'admets en moi rien autre chose que l'esprit. Quoi donc ! moi qui semble

1. L'affirmation : ceci est de la cire, renvoie non à un objet matériel encore douteux, mais à une « inspection de l'esprit ». La seule chose certaine est que je pense et que je juge.

2. De la même façon, je ne vois pas des hommes qui passent mais je vois des chapeaux et des manteaux. L'affirmation, vraie ou fausse, que des hommes passent n'est pas une perception, c'est un jugement de mon esprit.

3. Tandis que le « bon sens » dans le *Discours de la méthode* paraissait s'identifier à la raison, à la lumière naturelle, ici, le sens commun n'est plus que « la faculté imaginative ».

4. L'affirmation : il y a de la cire, prouve seulement – que ce jugement soit vrai ou faux – la présence de l'esprit humain. Il s'agit toujours et seulement d'affirmer la présence du *cogito*.

concevoir avec tant de netteté et de distinction ce morceau de cire, ne me connais-je pas moi-même, non seulement avec bien plus de vérité et de certitude, mais encore avec beaucoup plus de distinction et de netteté ? car si je juge que la cire est ou existe de ce que je la vois, certes il suit bien plus évidemment que je suis ou que j'existe moi-même de ce que je la vois : car il se peut faire que ce que je la vois ne soit pas en effet de la cire, il peut se faire aussi que je n'aie pas même des yeux pour voir aucune chose ; mais il ne peut se faire que lorsque je la vois, ou, ce que je ne distingue point, lorsque je pense voir, que moi qui pense ne sois quelque chose. De même, si je juge que la cire existe de ce que je la touche, il s'ensuivra encore la même chose, à savoir que je suis ; et si je le juge de ce que mon imagination ou quelque autre cause que ce soit me le persuade, je conclurai toujours la même chose. Et ce que j'ai remarqué ici de la cire se peut appliquer à toutes les autres choses qui me sont extérieures et qui se rencontrent hors de moi. Et, de plus, si la notion ou perception de la cire m'a semblé plus nette et plus distincte après que non seulement la vue ou le toucher, mais encore beaucoup d'autres causes, me l'ont rendue plus manifeste, avec combien plus d'évidence, de distinction et de netteté faut-il avouer que je me connais à présent moi-même, puisque toutes les raisons qui servent à connaître et concevoir la nature de la cire, ou de quelque autre corps que ce soit, prouvent beaucoup mieux la nature de mon esprit ; et il se rencontre encore tant d'autres choses en l'esprit même qui peuvent contribuer à l'éclaircissement de sa nature, que celles qui dépendent du corps, comme celles-ci, ne méritent quasi pas d'être mises en compte.

Mais enfin me voici insensiblement revenu où je voulais ; car, puisque c'est une chose qui m'est à présent manifeste que les corps mêmes ne sont pas proprement connus par les sens ou par la faculté d'imaginer, mais par le seul entendement, et qu'ils ne sont pas connus de ce qu'ils sont vus ou touchés, mais seulement de ce qu'ils sont entendus, ou bien compris par la pensée, je vois clairement qu'il n'y a rien qui me soit plus facile à connaître que mon esprit[1]. Mais parce qu'il est malaisé de se défaire si promptement d'une opinion à laquelle on s'est accoutumé de longue main, il sera bon que je m'arrête un peu en cet endroit, afin que par la longueur de ma méditation j'imprime plus profondément en ma mémoire cette nouvelle connaissance.

1. Voir **Grandes thèses** : L'union de l'âme et du corps, p. 142.

MÉDITATION TROISIÈME

DE DIEU ; QU'IL EXISTE

Je fermerai maintenant les yeux, je boucherai mes oreilles, je détournerai tous mes sens, j'effacerai même de ma pensée toutes les images des choses corporelles[1] ou du moins, parce qu'à peine cela se peut-il faire, je les réputerai comme vaines et comme fausses ; et ainsi m'entretenant seulement moi-même, et considérant mon intérieur, je tâcherai de me rendre peu à peu plus connu et plus familier à moi-même. Je suis une chose qui pense, c'est-à-dire qui doute, qui affirme, qui nie, qui connaît peu de choses, qui en ignore beaucoup, qui aime, qui hait, qui veut, qui ne veut pas, qui imagine aussi, et qui sent ; car, ainsi que j'ai remarqué ci-devant, quoique les choses que je sens et que j'imagine ne soient peut-être rien du tout hors de moi « et en elles-mêmes », je suis néanmoins assuré que ces façons de penser que j'appelle sentiments et imaginations, en tant seulement qu'elles sont des façons de penser, résident et se rencontrent certainement en moi. Et dans ce peu que je viens de dire, je crois avoir rapporté tout ce que je sais véritablement, ou du moins tout ce que jusques ici j'ai remarqué que je savais. Maintenant, pour tâcher d'étendre ma connaissance plus avant, j'userai de circonspection, et considérerai avec soin si je ne pourrai point encore découvrir en moi quelques autres choses que je n'aie point encore jusques ici aperçues. Je suis assuré que je suis une chose qui pense ; mais ne sais-je donc pas aussi ce qui est requis pour me rendre certain de quelque chose ? Certes, dans cette première connaissance il n'y a rien qui m'assure de la vérité que la claire et distincte perception de ce que je dis, laquelle, de vrai, ne serait pas suffisante pour m'assurer que ce que je dis est vrai, s'il pouvait jamais arriver qu'une chose que je concevrais ainsi clairement et distinctement se trouvât fausse ; et, partant, il me semble que déjà je puis établir pour règle générale que toutes les choses que nous concevons fort clairement et fort distinctement sont toutes vraies.

1. La pratique du doute se poursuit encore au sein même de la Méditation troisième. Voir **Problématiques essentielles** : Pourquoi méditer ?, p. 17.

Toutefois j'ai reçu et admis ci-devant plusieurs choses comme très certaines et très manifestes, lesquelles néanmoins j'ai reconnu par après être douteuses et incertaines. Quelles étaient donc ces choses-là ? C'était la terre, le ciel, les astres, et toutes les autres choses que j'apercevais par l'entremise de mes sens. Or qu'est-ce que je concevais clairement et distinctement en elles ? Certes rien autre chose, sinon que les idées ou les pensées de ces choses-là se présentaient à mon esprit[1]. Et encore à présent je ne nie pas que ces idées ne se rencontrent en moi. Mais il y avait encore une autre chose que j'assurais, et qu'à cause de l'habitude que j'avais à la croire je pensais apercevoir très clairement, quoique véritablement je ne l'aperçusse point, à savoir qu'il y avait des choses hors de moi d'où procédaient ces idées, et auxquelles elles étaient tout à fait semblables ; et c'était en cela que je me trompais ; ou si peut-être je jugeais selon la vérité, ce n'était aucune connaissance que j'eusse qui fût cause de la vérité de mon jugement.

Mais lorsque je considérais quelque chose de fort simple et de fort facile touchant l'arithmétique et la géométrie, par exemple que deux et trois joints ensemble produisent le nombre de cinq, et autres choses semblables, ne les concevais-je pas au moins assez clairement pour assurer qu'elles étaient vraies ? Certes si j'ai jugé depuis qu'on pouvait douter de ces choses, ce n'a point été pour autre raison que parce qu'il me venait en l'esprit que peut-être quelque Dieu avait pu me donner une telle nature que je me trompasse même touchant les choses qui me semblent les plus manifestes. Or toutes les fois que cette opinion ci-devant conçue de la souveraine puissance d'un Dieu se présente à ma pensée, je suis contraint d'avouer qu'il lui est facile, s'il le veut, de faire en sorte que je m'abuse même dans les choses que je crois connaître avec une évidence très grande ; et au contraire, toutes les fois que je me tourne vers les choses que je pense concevoir clairement, je suis tellement persuadé par elles, que de moi-même je me laisse emporter à ces paroles : Me trompe qui pourra, si est-ce qu'il ne saurait jamais faire que je ne sois rien, tandis que je penserai être quelque chose, ou que quelque jour il soit vrai que je n'aie jamais été, étant vrai maintenant que je suis, ou bien que deux et trois joints ensemble fassent plus ni moins que cinq, ou choses semblables, que je vois clairement ne pouvoir être d'autre façon que je les conçois.

1. Le mot « idée » est pris ici non pas dans le sens platonicien de modèle mais dans le sens plus simple et plus immédiat de représentation mentale. En ce sens, j'ai l'idée de triangle, l'idée de table, l'idée de Dieu : toutes ces pensées renvoient à la pensée, au *cogito* qui les pense. Mais elles renvoient aussi à un objet. Cet objet est-il vrai ou est-il une simple illusion ? C'est toute la question que pose la Méditation troisième. Voir **Concepts clés** : les idées, p. 118.

Et certes, puisque je n'ai aucune raison de croire qu'il y ait quelque Dieu qui soit trompeur, et même que je n'aie pas encore considéré celles qui prouvent qu'il y a un Dieu, la raison de douter qui dépend seulement de cette opinion est bien légère, et pour ainsi dire métaphysique[1]. Mais afin de la pouvoir tout à fait ôter, je dois examiner s'il y a un Dieu, sitôt que l'occasion s'en présentera ; et si je trouve qu'il y en ait un, je dois aussi examiner s'il peut être trompeur ; car, sans la connaissance de ces deux vérités, je ne vois pas que je puisse jamais être certain d'aucune chose. Et afin que je puisse avoir occasion d'examiner cela sans interrompre l'ordre de méditer que je me suis proposé, qui est de passer par degrés des notions que je trouverai les premières en mon esprit à celles que j'y pourrai trouver par après, il faut ici que je divise toutes mes pensées en certains genres, et que je considère dans lesquels de ces genres il y a proprement de la vérité ou de l'erreur.

Entre mes pensées, quelques-unes sont comme les images des choses, et c'est à celles-là seules que convient proprement le nom d'idée[2] ; comme lorsque je me représente un homme, ou une chimère, ou le ciel, ou un ange, ou Dieu même. D'autres, outre cela, ont quelques autres formes ; comme lorsque je veux, que je crains, que j'affirme ou que je nie ; je conçois bien alors quelque chose comme le sujet de l'action de mon esprit, mais j'ajoute aussi quelque autre chose par cette action à l'idée que j'ai de cette chose-là ; et de ce genre de pensées, les unes sont appelées volontés ou affections, et les autres jugements.

Maintenant, pour ce qui concerne les idées, si on les considère seulement en elles-mêmes, et qu'on ne les rapporte point à quelque autre chose, elles ne peuvent, à proprement parler, être fausses ; car soit que j'imagine une chèvre ou une chimère, il n'est pas moins vrai que j'imagine l'une ou l'autre. Il ne faut pas craindre aussi qu'il se puisse rencontrer de la fausseté dans les affections ou volontés ; car, encore que je puisse désirer des choses mauvaises ou même qui ne furent jamais, toutefois il n'est pas pour cela moins vrai que je les désire. Ainsi il ne reste plus que les seuls jugements dans lesquels je dois prendre garde soigneusement de ne me point tromper. Or la principale erreur et la plus ordinaire qui s'y puisse rencontrer consiste en ce que je juge que les idées qui sont en moi

1. Douter des évidences mathématiques les plus simples (par exemple 2 + 2 = 4) est pratiquement difficile, mais théoriquement possible. Tant que je ne suis pas sûr qu'il y a un Dieu, et qu'il n'est pas trompeur, je peux douter de tous les objets (y compris des évidences mathématiques). Jusqu'à présent l'existence du sujet pensant est la seule vérité qui soit définitivement à l'abri du doute. Voir **Problématiques essentielles** : Le statut épistémologique de Dieu, p. 27.

2. Voir **Concepts clés** : les idées, p. 118.

sont semblables ou conformes à des choses qui sont hors de moi, car certainement si je considérais seulement les idées comme de certains modes ou façons de ma pensée, sans les vouloir rapporter à quelque autre chose d'extérieur, à peine me pourraient-elles donner occasion de faillir[1].

Or, entre ces idées, les unes me semblent être nées avec moi, les autres être étrangères et venir de dehors, et les autres être faites et inventées par moi-même. Car que j'aie la faculté de concevoir ce que c'est qu'on nomme en général une chose, ou une vérité, ou une pensée, il me semble que je ne tiens point cela d'ailleurs que de ma nature propre ; mais si j'ouïs maintenant quelque bruit, si je vois le soleil, si je sens de la chaleur, jusqu'à cette heure j'ai jugé que ces sentiments procédaient de quelques choses qui existent hors de moi ; et enfin il me semble que les sirènes, les hippogriffes et toutes les autres semblables chimères sont des fictions et inventions de mon esprit. Mais aussi peut-être me puis-je persuadé que toutes ces idées sont du genre de celles que j'appelle étrangères, et qui viennent de dehors, ou bien qu'elles sont toutes nées avec moi, ou bien qu'elles ont toutes été faites par moi[2] ; car je n'ai point encore clairement découvert leur véritable origine. Et ce que j'ai principalement à faire en cet endroit est de considérer, touchant celles qui semblent venir de quelques objets qui sont hors de moi, quelles sont les raisons qui m'obligent à les croire semblables à ces objets.

La première de ces raisons est qu'il me semble que cela m'est enseigné par la nature, et la seconde, que j'expérimente en moi-même que ces idées ne dépendent point de ma volonté ; car souvent elles se présentent à moi malgré moi, comme maintenant, soit que je le veuille, soit que je ne le veuille pas. Je sens de la chaleur, et pour cela je me persuade que ce sentiment ou bien cette idée de la chaleur est produite en moi par une chose différente de moi, à savoir par la chaleur du feu auprès duquel je suis assis. Et je ne vois rien qui me semble plus raisonnable que de juger que cette chose étrangère envoie et imprime en moi sa ressemblance plutôt qu'aucune autre chose.

Maintenant il faut que je voie si ces raisons sont assez fortes et convaincantes. Quand je dis qu'il me semble que cela m'est enseigné par la nature, j'entends seulement par ce mot de nature une certaine inclination

1. Toutes mes pensées, qu'elles soient des volontés, des sensations, des imaginations, témoignent de l'existence indubitable du *Je pensant*. Le problème est de savoir si j'ai le droit de juger qu'il existe à l'extérieur de ma pensée des objets réels.

2. Voir **Concepts clés** : les idées, p. 118.

qui me porte à le croire, et non pas une lumière naturelle qui me fasse connaître que cela est véritable. Or ces deux façons de parler diffèrent beaucoup entre elles. Car je ne saurais rien révoquer en doute de ce que la lumière naturelle me fait voir être vrai, ainsi qu'elle m'a tantôt fait voir que de ce que je doutais je pouvais conclure que j'étais, d'autant que je n'ai en moi aucune autre faculté ou puissance pour distinguer le vrai d'avec le faux, qui me puisse enseigner que ce que cette lumière me montre comme vrai ne l'est pas, et à qui je me puisse tant fier qu'à elle. Mais pour ce qui est des inclinations qui me semblent aussi m'être naturelles, j'ai souvent remarqué, lorsqu'il a été question de faire choix entre les vertus et les vices, qu'elles ne m'ont pas moins porté au mal qu'au bien ; c'est pourquoi je n'ai pas sujet de les suivre non plus en ce qui regarde le vrai et le faux. Et pour l'autre raison, qui est que ces idées doivent venir d'ailleurs, puisqu'elles ne dépendent pas de ma volonté, je ne la trouve non plus convaincante. Car tout de même que ces inclinations dont je parlais tout maintenant se trouvent en moi, nonobstant qu'elles ne s'accordent pas toujours avec ma volonté, ainsi peut-être qu'il y a en moi quelque faculté ou puissance propre à produire ces idées sans l'aide d'aucunes choses extérieures, bien qu'elle ne me soit pas encore connue ; comme en effet il m'a toujours semblé jusques ici que lorsque je dors elles se forment ainsi en moi sans l'aide des objets qu'elles représentent. Et enfin, encore que je demeurasse d'accord qu'elles sont causées par ces objets, ce n'est pas une conséquence nécessaire qu'elles doivent leur être semblables. Au contraire, j'ai souvent remarqué en beaucoup d'exemples qu'il y avait une grande différence entre l'objet et son idée. Comme, par exemple, je trouve en moi deux idées du soleil toutes diverses : l'une tire son origine des sens, et doit être placée dans le genre de celles que j'ai dit ci-dessus venir du dehors, par laquelle il me paraît extrêmement petit ; l'autre est prise des raisons de l'astronomie, c'est-à-dire de certaines notions nées avec moi, ou enfin est formée par moi-même de quelque sorte que ce puisse être, par laquelle il me paraît plusieurs fois plus grand que toute la terre. Certes ces deux idées que je conçois du soleil ne peuvent pas être toutes deux semblables au même soleil ; et la raison me fait croire que celle qui vient immédiatement de son apparence est celle qui lui est le plus dissemblable[1]. Tout

1. En ce moment je ne puis encore déterminer quelle réalité correspond à mes représentations. Par exemple, l'idée de soleil que je forme à partir de représentations mathématiques *a priori*, cohérentes entre elles, me semble plus vraie que l'idée purement empirique du soleil que je vois et que je sens. Ce soleil qui est tout petit et qui tourne autour de la terre est une idée adventice (elle vient de l'extérieur) qui pourtant me semble fausse. L'inclination que j'ai à croire vraie toute sensation venue de l'extérieur est donc particulièrement suspecte. L'origine supposée de mes idées n'est pas une preuve de leur vérité. C'est là une fausse piste et il faut aborder le problème autrement.

cela me fait assez connaître que jusques à cette heure ce n'a point été par un jugement certain et prémédité, mais seulement par une aveugle et téméraire impulsion, que j'ai cru qu'il y avait des choses hors de moi et différentes de mon être, qui, par les organes de mes sens, ou par quelque autre moyen que ce puisse être, envoyaient en moi leurs idées ou images, et y imprimaient leurs ressemblances.

Mais il se présente encore une autre voie pour rechercher si entre les choses dont j'ai en moi les idées, il y en a quelques-unes qui existent hors de moi ; à savoir : si ces idées sont prises en tant seulement que ce sont de certaines façons de penser, je ne reconnais entre elles aucune différence ou inégalité, et toutes me semblent procéder de moi d'une même façon ; mais les considérant comme des images, dont les unes représentent une chose et les autres une autre, il est évident qu'elles sont fort différentes les unes des autres. Car en effet celles qui me représentent des substances sont sans doute quelque chose de plus, et contiennent en soi, pour parler ainsi, plus de réalité objective, c'est-à-dire participent par représentation à plus de degrés d'être ou de perfection[1], que celles qui me représentent seulement des modes ou accidents. De plus, celle par laquelle je conçois un Dieu souverain, éternel, infini, immuable, tout connaissant, tout-puissant, et créateur universel de toutes les choses qui sont hors de lui[2] ; celle-là, dis-je, a certainement en soi plus de réalité objective que celles par qui les substances finies me sont représentées.

Maintenant c'est une chose manifeste par la lumière naturelle, qu'il doit y avoir pour le moins autant de réalité dans la cause efficiente et totale que dans son effet ; car d'où est-ce que l'effet peut tirer sa réalité, sinon de sa cause ? et comment cette cause la lui pourrait-elle communiquer si elle ne l'avait en elle-même ? Et de là il suit non seulement que le néant ne saurait produire aucune chose, mais aussi que ce qui est plus parfait, c'est-à-dire qui contient en soi plus de réalité, ne peut être une suite et une dépendance du moins parfait. Et cette vérité n'est pas seulement claire et évidente dans les effets qui ont cette réalité que les philosophes appellent actuelle ou formelle, mais aussi dans les idées où l'on considère seulement la réalité qu'ils nomment objective[3], par exemple, la pierre qui n'a point encore été, non seulement ne peut

1. Descartes va s'intéresser ici non plus à l'origine supposée des idées mais à leur *contenu représentatif*, à ce que la philosophie scolastique appelle la « réalité objective » des idées. Voir **Concepts clés** : les idées, p. 118.

2. L'idée de Dieu a un contenu représentatif tout à fait particulier et qui la met à part des autres idées. Cette idée singulière me représente un être infini et parfait. Voir **Grandes thèses** : L'existence de Dieu (Dieu cause de l'idée d'infini), p. 130.

3. La réalité objective d'une idée est ce qu'elle représente. Le principe de causalité (il faut autant de réalité au moins dans la cause que dans l'effet) est ici invoqué pour rendre compte non seulement des existants mais des contenus représentatifs des idées. Ce que représente une idée n'est pas rien, il faut que la source de ce contenu soit quelque chose de réel qui ne soit pas moindre que le contenu représentatif. Voir **Concepts clés** : les idées, p. 118.

pas maintenant commencer d'être, si elle n'est produite par une chose qui possède en soi formellement ou éminemment tout ce qui entre en la composition de la pierre, c'est-à-dire qui contienne en soi les mêmes choses, ou d'autres plus excellentes que celles qui sont dans la pierre ; et la chaleur ne peut être produite dans un sujet qui en était auparavant privé, si ce n'est par une chose qui soit d'un ordre, d'un degré ou d'un genre au moins aussi parfait que la chaleur, et ainsi des autres. Mais encore outre cela, l'idée de la chaleur ou de la pierre ne peut pas être en moi, si elle n'y a été mise par quelque cause qui contienne en soi pour le moins autant de réalité que j'en conçois dans la chaleur ou dans la pierre ; car, encore que cette cause-là ne transmette en mon idée aucune chose de sa réalité actuelle ou formelle, on ne doit pas pour cela s'imaginer que cette cause doive être moins réelle ; mais on doit savoir que toute idée étant un ouvrage de l'esprit, sa nature est telle qu'elle ne demande de soi aucune autre réalité formelle que celle qu'elle reçoit et emprunte de la pensée ou de l'esprit, dont elle est seulement un mode, c'est-à-dire une manière ou façon de penser. Or, afin qu'une idée contienne une telle réalité objective plutôt qu'une autre, elle doit sans doute avoir cela de quelque cause dans laquelle il se rencontre pour le moins autant de réalité formelle[1] que cette idée contient de réalité objective, car si nous supposons qu'il se trouve quelque chose dans une idée qui ne se rencontre pas dans sa cause, il faut donc qu'elle tienne cela du néant. Mais, pour imparfaite que soit cette façon d'être par laquelle une chose est objectivement ou par représentation dans l'entendement par son idée, certes on ne peut pas néanmoins dire que cette façon et manière-là d'être ne soit rien, ni par conséquent que cette idée tire son origine du néant. Et je ne dois pas aussi m'imaginer que la réalité que je considère dans mes idées n'étant qu'objective, il n'est pas nécessaire que la même réalité soit formellement ou actuellement dans les causes de ces idées, mais qu'il suffit qu'elle soit aussi objectivement en elles ; car, tout ainsi que cette manière d'être objectivement appartient aux idées de leur propre nature : de même aussi la manière ou la façon d'être formellement appartient aux causes de ces idées (à tout le moins aux premières et principales) de leur propre nature. Et encore qu'il puisse arriver qu'une idée donne naissance à une autre idée, cela ne

1. La réalité formelle d'une idée est l'être réel auquel elle renvoie. Voir **Concepts clés** : les idées, p. 118.

peut pas toutefois être à l'infini ; mais il faut à la fin parvenir à une première idée, dont la cause soit comme un patron ou un original dans lequel toute la réalité ou perfection soit contenue formellement et en effet, qui se rencontre seulement objectivement ou par représentation dans ces idées. En sorte que la lumière naturelle me fait connaître évidemment que les idées sont en moi comme des tableaux ou des images qui peuvent à la vérité facilement déchoir de la perfection des choses dont elles ont été tirées, mais qui ne peuvent jamais rien contenir de plus grand ou de plus parfait.

Et d'autant plus longuement et soigneusement j'examine toutes ces choses, d'autant plus clairement et distinctement je connais qu'elles sont vraies. Mais, enfin, que conclurai-je de tout cela ? C'est à savoir que si la réalité ou perfection objective de quelqu'une de mes idées est telle que je connaisse clairement que cette même réalité ou perfection n'est point en moi ni formellement ni éminemment[1], et que par conséquent je ne puis moi-même en être la cause, il suit de là nécessairement que je ne suis pas seul dans le monde, mais qu'il y a encore quelque autre chose qui existe et qui est la cause de cette idée[2], au lieu que, s'il ne se rencontre point en moi de telle idée, je n'aurai aucun argument qui me puisse convaincre et rendre certain de l'existence d'aucune autre chose que de moi-même ; car je les ai tous soigneusement recherchés, et je n'en ai pu trouver aucun autre jusqu'à présent.

Or entre toutes ces idées qui sont en moi, outre celles qui me représentent moi-même à moi-même, de laquelle il ne peut y avoir ici aucune difficulté, il y en a une autre qui me représente un Dieu, d'autres des choses corporelles et inanimées, d'autres des anges, d'autres des animaux, et d'autres enfin qui me représentent des hommes semblables à moi. Mais pour ce qui regarde les idées qui me représentent d'autres hommes ou des animaux, ou des anges, je conçois facilement qu'elles peuvent être formées par le mélange de la composition des autres idées que j'ai des choses corporelles et de Dieu, encore que hors de moi il n'y eût point d'autres hommes dans le monde, ni aucuns animaux, ni aucuns anges. Et pour ce qui regarde les idées des choses corporelles je n'y reconnais rien de si grand ni de si excellent qui ne me semble pouvoir venir de moi-même ; car si je les considère

1. Ni réellement ni virtuellement.

2. Il s'agit donc de savoir s'il existe quelque idée dont le contenu représentatif (la réalité objective) me contraigne à poser l'existence d'une chose réelle (réalité formelle) qui ne soit pas moi-même. Voir **Grandes thèses** : L'existence de Dieu (Dieu, cause de l'idée d'infini), p. 130.

de plus près, et si je les examine de la même façon que j'examinai hier l'idée de la cire, je trouve qu'il ne s'y rencontre que fort peu de chose que je conçoive clairement et distinctement, à savoir la grandeur ou bien l'extension en longueur, largeur et profondeur, la figure qui résulte de la terminaison de cette extension, la situation que les corps diversement figurés gardent entre eux, et le mouvement ou le changement de cette situation, auxquelles on peut ajouter la substance, la durée et le nombre. Quant aux autres choses, comme la lumière, les couleurs, les sons, les odeurs, les saveurs, la chaleur, le froid, et les autres qualités qui tombent sous l'attouchement, elles se rencontrent dans ma pensée avec tant d'obscurité et de confusion, que j'ignore même si elles sont vraies ou fausses, c'est-à-dire si les idées que je conçois de ces qualités sont en effet les idées de quelques choses réelles ou bien si elles ne me représentent que des êtres chimériques qui ne peuvent exister. Car encore que j'aie remarqué ci-devant qu'il n'y a que dans les jugements que se puisse rencontrer la vraie et formelle fausseté, il se peut néanmoins trouver dans les idées une certaine fausseté matérielle, à savoir lorsqu'elles représentent ce qui n'est rien comme si c'était quelque chose. Par exemple les idées que j'ai du froid et de la chaleur sont si peu claires et si peu distinctes, qu'elles ne me sauraient apprendre si le froid est seulement une privation de la chaleur, ou la chaleur une privation du froid ; ou bien si l'une et l'autre sont des qualités réelles, ou si elles ne le sont pas, et d'autant que les idées étant comme des images, il n'y en peut avoir aucune qui ne nous semble représenter quelque chose, s'il est vrai de dire que le froid ne soit autre chose qu'une privation de la chaleur, l'idée qui me le représente comme quelque chose de réel et de positif ne sera pas mal à propos appelée fausse, et ainsi des autres. Mais, à dire le vrai, il n'est pas nécessaire que je leur attribue d'autre auteur que moi-même ; car si elles sont fausses, c'est-à-dire si elles représentent des choses qui ne sont point, la lumière naturelle me fait connaître qu'elles procèdent du néant, c'est-à-dire qu'elles ne sont en moi que parce qu'il manque quelque chose à ma nature, et qu'elle n'est pas toute parfaite ; et si ces idées sont vraies, néanmoins, parce qu'elles me font paraître si peu de réalité que même je ne saurais distinguer la chose représentée d'avec le non-être, je ne vois pas pourquoi je ne pourrais point en être l'auteur.

Quant aux idées claires et distinctes que j'ai des choses corporelles, il y en a quelques-unes qu'il semble que j'ai pu tirer de l'idée que j'ai de moi-même, comme celles que j'ai de la substance, de la durée, du nombre, et d'autres choses semblables. Car lorsque je pense que la pierre est une substance, ou bien une chose qui de soi est capable d'exister, et que je suis aussi moi-même une substance, quoique je conçoive bien que je suis une chose qui pense et non étendue, et que la pierre au contraire est une chose étendue et qui ne pense point, et qu'ainsi entre ces deux conceptions il se rencontre une notable différence, toutefois elles semblent convenir en ce point qu'elles représentent toutes deux des substances[1]. De même, quand je pense que je suis maintenant, et que je me ressouviens outre cela d'avoir été autrefois, et que je conçois plusieurs diverses pensées dont je connais le nombre, alors j'acquiers en moi les idées de la durée et du nombre, lesquelles, par après, je puis transférer à toutes les autres choses que je voudrai. Pour ce qui est des autres qualités dont les idées des choses corporelles sont composées, à savoir l'étendue, la figure, la situation et le mouvement, il est vrai qu'elles ne sont point formellement en moi, puisque je ne suis qu'une chose qui pense ; mais parce que ce sont seulement de certains modes de la substance, et que je suis moi-même une substance, il semble qu'elles puissent être contenues en moi éminemment.

Partant, il ne reste que la seule idée de Dieu dans laquelle il faut considérer s'il y a quelque chose qui n'ait pu venir de moi-même. Par le nom de Dieu, j'entends une substance infinie, éternelle, immuable, indépendante, toute connaissante, toute-puissante, et par laquelle moi-même et toutes les autres choses qui sont (s'il est vrai qu'il y en ait qui existent) ont été créées et produites[2]. Or, ces avantages sont si grands et si éminents, que plus attentivement je les considère, et moins je me persuade que l'idée que j'en ai puisse tirer son origine de moi seul. Et par conséquent il faut nécessairement conclure, de tout ce que j'ai dit auparavant, que Dieu existe ; car, encore que l'idée de la substance soit en moi de cela même que je suis une substance, je n'aurais pas néanmoins l'idée d'une substance infinie, moi qui suis un être fini, si elle n'avait été mise en moi par quelque substance qui fût véritablement infinie.

Et je ne me dois pas imaginer que je ne conçois pas l'infini par une véritable idée, mais seulement par la négation[3] de ce qui est fini, de même que je comprends le

1. L'idée d'une chose étendue (une pierre) est sans doute différente de moi qui suis une substance pensante. Mais étant moi-même une substance, je peux contenir « éminemment », c'est-à-dire virtuellement, tous les caractères des substances finies. Rien ne me prouve donc rigoureusement que ces objets ont leur cause réelle (leur existence « formelle ») en dehors de moi-même. À ce moment de l'itinéraire cartésien, le « solipsisme » n'est pas encore vaincu.

2. La réalité objective de l'idée de Dieu (c'est-à-dire ce que représente cette idée) est donc tout à fait exceptionnelle. D'où peut me venir, moi qui suis une substance finie, cette idée d'infini qui est en moi ? Voir **Grandes thèses** : L'existence de Dieu (Dieu cause de l'idée d'infini), p. 130.

3. Ici, Descartes s'oppose à Thomas d'Aquin. L'idée d'infini n'est pas, pour Descartes, la simple négation du fini. C'est une idée primitive, une véritable idée et non un concept dérivé formé par négation.

repos et les ténèbres par la négation du mouvement et de la lumière ; puisqu'au contraire je vois manifestement qu'il se rencontre plus de réalité dans la substance infinie que dans la substance finie, et partant que j'ai en quelque façon premièrement en moi la notion de l'infini que du fini, c'est-à-dire de Dieu que de moi-même ; car comment serait-il possible que je pusse connaître que je doute et que je désire, c'est-à-dire qu'il me manque quelque chose et que je ne suis pas tout parfait, si je n'avais en moi aucune idée d'un être plus parfait que le mien, par la comparaison duquel je connaîtrais les défauts de ma nature[1] ?

Et l'on ne peut pas dire que peut-être cette idée de Dieu est matériellement fausse, et par conséquent que je la puis tenir du néant, c'est-à-dire qu'elle peut être en moi pour ce que j'ai du défaut, comme j'ai tantôt dit des idées de la chaleur et du froid, et d'autres choses semblables ; car au contraire, cette idée étant fort claire et fort distincte, et contenant en soi plus de réalité objective qu'aucune autre, il n'y en a point qui de soi soit plus vraie, ni qui puisse être moins soupçonnée d'erreur ou de fausseté.

Cette idée, dis-je, d'un être souverainement parfait et infini est très vraie, car encore que peut-être l'on puisse feindre qu'un tel être n'existe point, on ne peut pas feindre néanmoins que son idée ne me représente rien de réel, comme j'ai tantôt dit de l'idée du froid. Elle est aussi fort claire et fort distincte, puisque tout ce que mon esprit conçoit clairement et distinctement de réel et de vrai, et qui contient en soi quelque perfection, est contenu et renfermé tout entier dans cette idée. Et ceci ne laisse pas d'être vrai, encore que je ne comprenne pas l'infini, et qu'il se rencontre en Dieu une infinité de choses que je ne puis comprendre, ni peut-être aussi atteindre aucunement de la pensée ; car il est de la nature de l'infini que moi qui suis fini et borné ne le puisse comprendre ; et il suffit que j'entende bien cela, et que je juge que toutes les choses que je conçois clairement, et dans lesquelles je sais qu'il y a quelque perfection, et peut-être aussi une infinité d'autres que j'ignore, sont en Dieu formellement ou éminemment[2], afin que l'idée que j'en ai soit la plus vraie, la plus claire et la plus distincte de toutes celles qui sont en mon esprit.

Mais peut-être aussi que je suis quelque chose de plus que je ne m'imagine, et que toutes les perfections que j'attribue à la nature d'un Dieu sont en quelque façon en moi en puissance[3], quoiqu'elles ne se produisent pas

1. La preuve de Dieu pourrait s'exprimer très rapidement ainsi : Je doute, donc Dieu existe. En effet, l'idée de ma finitude (présente dans le doute, le désir, la tristesse) suppose l'idée d'Infini qui ne peut avoir été mise en moi que par l'Être infini lui-même. Voir **Grandes thèses** : L'existence de Dieu (Dieu cause de l'idée d'infini), p. 130.

2. Réellement ou virtuellement : l'esprit humain a le pouvoir de concevoir Dieu, mais non de le comprendre. L'idée de Dieu est claire et distincte, plus que toute autre idée. Mais l'Infini divin, présent en mon esprit, le dépasse.

3. L'idée de Dieu ne pourrait-elle être la perfection de l'homme futur ? Que l'homme soit capable de progrès n'est pas une raison de diviniser l'homme ; c'est au contraire la preuve de sa finitude : l'homme peut s'améliorer, mais ce perfectionnement potentiel n'a rien à voir avec la Perfection actuelle qui caractérise l'idée que nous avons de Dieu.

encore et ne se fassent point paraître par leurs actions. En effet, j'expérimente déjà que ma connaissance s'augmente et se perfectionne peu à peu ; et je ne vois rien qui puisse empêcher qu'elle ne s'augmente ainsi de plus en plus jusqu'à l'infini, ni aussi pourquoi, étant ainsi accrue et perfectionnée, je ne pourrais pas acquérir par son moyen toutes les autres perfections de la nature divine, ni enfin pourquoi la puissance que j'ai pour l'acquisition de ces perfections, s'il est vrai qu'elle soit maintenant en moi, ne serait pas suffisante pour en produire les idées. Toutefois, en y regardant un peu de près, je reconnais que cela ne peut être ; car premièrement, encore qu'il fût vrai que ma connaissance acquît tous les jours de nouveaux degrés de perfection, et qu'il y eût en ma nature beaucoup de choses en ma puissance qui n'y sont pas encore actuellement, toutefois ces avantages n'appartiennent et n'approchent en aucune sorte de l'idée que j'ai de la Divinité, dans laquelle rien ne se rencontre seulement en puissance, mais tout y est actuellement et en effet. Et même n'est-ce pas un argument infaillible et très certain d'imperfection en ma connaissance, de ce qu'elle s'accroît peu à peu et qu'elle s'augmente par degrés ? De plus, encore que ma connaissance s'augmentât de plus en plus, néanmoins je ne laisse pas de concevoir qu'elle ne saurait être actuellement infinie, puisqu'elle n'arrivera jamais à un si haut point de perfection qu'elle ne soit encore capable d'acquérir quelque plus grand accroissement. Mais je conçois Dieu actuellement infini en un si haut degré qu'il ne se peut rien ajouter à la souveraine perfection qu'il possède. Et enfin, je comprends fort bien que l'être objectif d'une idée ne peut être produit par un être qui existe seulement en puissance, lequel à proprement parler n'est rien, mais seulement par un être formel ou actuel.

Et certes je ne vois rien en tout ce que je viens de dire qui ne soit très aisé à connaître par la lumière naturelle à tous ceux qui voudront y penser soigneusement ; mais lorsque je relâche quelque chose de mon attention, mon esprit, se trouvant obscurci et comme aveuglé par les images des choses sensibles, ne se ressouvient pas facilement de la raison pourquoi l'idée que j'ai d'un être plus parfait que le mien doit nécessairement avoir été mise en moi par un être qui soit en effet plus parfait. C'est pourquoi je veux ici passer outre[1], et considérer si moi-même qui ai cette idée de Dieu je pourrais être, en cas qu'il n'y

1. La preuve de Dieu que Descartes vient de proposer est une preuve difficile. Pour des raisons psychologiques, Descartes va proposer une autre preuve, plus accessible aux lecteurs. Voir **Grandes thèses** : L'existence de Dieu (Dieu cause de l'idée d'infini), p. 130.

eût point de Dieu. Et je demande, de qui aurais-je mon existence ? Peut-être de moi-même, ou de mes parents, ou bien de quelques autres causes moins parfaites que Dieu ; car on ne se peut rien imaginer de plus parfait, ni même d'égal à lui. Or si j'étais indépendant de tout autre, et que je fusse moi-même l'auteur de mon être, je ne douterais d'aucune chose, je ne concevrais point de désirs : et enfin il ne me manquerait aucune perfection, car je me serais donné moi-même toutes celles dont j'ai en moi quelque idée ; et ainsi je serais Dieu. Et je ne me dois pas imaginer que les choses qui me manquent sont peut-être plus difficiles à acquérir que celles dont je suis déjà en possession ; car, au contraire, il est très certain qu'il a été beaucoup plus difficile que moi, c'est-à-dire une chose ou une substance qui pense, sois sorti du néant, qu'il ne me serait d'acquérir les lumières et les connaissances de plusieurs choses que j'ignore, et qui ne sont que des accidents de cette substance ; et certainement si je m'étais donné ce plus que je viens de dire, c'est-à-dire si j'étais moi-même l'auteur de mon être, je ne me serais pas au moins dénié les choses qui se peuvent avoir avec plus de facilité, comme sont une infinité de connaissances dont ma nature se trouve dénuée ; je ne me serais pas même dénié aucune des choses que je vois être contenues dans l'idée de Dieu, parce qu'il n'y en a aucune qui me semble plus difficile à faire ou à acquérir ; et s'il y en avait quelqu'une qui fût plus difficile, certainement elle me paraîtrait telle (supposé que j'eusse de moi toutes les autres choses que je possède), parce que je verrais en cela ma puissance terminée. Et encore que je puisse supposer que peut-être j'ai toujours été comme je suis maintenant, je ne saurais pas pour cela éviter la force de ce raisonnement, et ne laisse pas de connaître qu'il est nécessaire que Dieu soit l'auteur de mon existence. Car tout le temps de ma vie peut être divisé en une infinité de parties, chacune desquelles ne dépend en aucune façon des autres ; et ainsi, de ce qu'un peu auparavant j'ai été, il ne s'ensuit pas que je doive maintenant être, si ce n'est qu'en ce moment quelque cause me produise et me crée pour ainsi dire derechef, c'est-à-dire me conserve[1]. En effet, c'est une chose bien claire et bien évidente à tous ceux qui considéreront avec attention la nature du temps, qu'une substance, pour être conservée dans tous les moments qu'elle dure, a besoin du même pouvoir et de la même action qui serait nécessaire pour la produire et la créer tout

1. C'est la théorie de la *création continuée*. À tout moment mon être fini requiert, pour être, l'acte créateur du Dieu infini. Voir **Grandes thèses** : L'existence de Dieu (Dieu cause de l'idée d'infini), p. 130.

de nouveau, si elle n'était point encore ; en sorte que c'est une chose que la lumière naturelle nous fait voir clairement, que la conservation et la création ne diffèrent qu'au regard de notre façon de penser, et non point en effet. Il faut donc seulement ici que je m'interroge et me consulte moi-même, pour voir si j'ai en moi quelque pouvoir et quelque vertu au moyen de laquelle je puisse faire que moi qui suis maintenant, je sois encore un moment après ; car puisque je ne suis rien qu'une chose qui pense (ou du moins puisqu'il ne s'agit encore jusques ici précisément que de cette partie-là de moi-même), si une telle puissance résidait en moi, certes je devrais à tout le moins le penser et en avoir connaissance ; mais je n'en ressens aucune dans moi, et par là je connais évidemment que je dépends de quelque être différent de moi.

Mais peut-être que cet être-là duquel je dépends n'est pas Dieu, et que je suis produit ou par mes parents[1] ou par quelques autres causes moins parfaites que lui ? Tant s'en faut, cela ne peut être ; car, comme j'ai déjà dit auparavant c'est une chose très évidente qu'il doit y avoir pour le moins autant de réalité dans la cause que dans son effet ; et partant, puisque je suis une chose qui pense, et qui ai en moi quelque idée de Dieu quelle que soit enfin la cause de mon être, il faut nécessairement avouer qu'elle est aussi une chose qui pense, et qu'elle a en soi l'idée de toutes les perfections que j'attribue à Dieu. Puis l'on peut derechef rechercher si cette cause tient son origine et son existence de soi-même ou de quelque autre chose. Car si elle la tient de soi-même, il s'ensuit, par les raisons que j'ai ci-devant alléguées, que cette cause est Dieu, puisque ayant la vertu d'être et d'exister par soi, elle doit aussi sans doute avoir la puissance de posséder actuellement toutes les perfections dont elle a en soi les idées, c'est-à-dire toutes celles que je conçois être en Dieu. Que si elle tient son existence de quelque autre cause que de soi, on demandera derechef, par la même raison de cette seconde cause, si elle est par soi ou par autrui, jusques à ce que de degrés en degrés on parvienne enfin à une dernière cause, qui se trouvera être Dieu. Et il est très manifeste qu'en cela il ne peut y avoir de progrès à l'infini, vu qu'il ne s'agit pas tant ici de la cause qui m'a produit autrefois, comme de celle qui me conserve présentement[2].

On ne peut pas feindre aussi que peut-être plusieurs causes ont ensemble concouru en partie à ma pro-

1. Suis-je produit par mes parents et de proche en proche par mes ancêtres plus lointains ? Cet « épisode généalogique » n'a pas vertu démonstrative. En effet je suis un être fini qui a, mystérieusement en lui, l'idée d'Infini. Aucun être fini qui me précède ne peut en rendre compte. D'autre part, mon existence actuelle, Descartes vient de le dire, requiert un Créateur infini. L'existence de mes ancêtres pose le même problème et n'apporte aucune solution en elle-même.

2. Le progrès à l'infini n'est pas rejeté ici parce qu'il faut bien un commencement (l'infini en arrière, disaient les scolastiques, est impossible), mais parce que mon existence actuelle d'être fini ayant l'idée d'Infini réclame une explication métaphysique actuelle et immédiate.

duction et que de l'une j'ai reçu l'idée d'une des perfections que j'attribue à Dieu, et d'une autre l'idée de quelque autre ; en sorte que toutes ces perfections se trouvent bien à là vérité quelque part dans l'univers, mais ne se rencontrent pas toutes jointes et assemblées dans une seule qui soit Dieu ; car au contraire l'unité, la simplicité, ou l'inséparabilité de toutes les choses qui sont en Dieu, est une des principales perfections que je conçois être en lui ; et certes l'idée de cette unité de toutes les perfections de Dieu n'a pu être mise en moi par aucune cause de qui je n'aie point aussi reçu les idées de toutes les autres perfections car elle n'a pu faire que je les comprisse toutes jointes ensemble et inséparables, sans avoir fait en sorte en même temps que je susse ce qu'elles étaient, et que je les connusse toutes en quelque façon.

Enfin, pour ce qui regarde mes parents, desquels il semble que je tire ma naissance, encore que tout ce que j'en ai jamais pu croire soit véritable, cela ne fait pas toutefois que ce soit eux qui me conservent, ni même m'aient fait et produit en tant que je suis une chose qui pense, n'y ayant aucun rapport entre l'action corporelle par laquelle j'ai coutume de croire qu'ils m'ont engendré, et la production d'une telle substance ; mais ce qu'ils ont tout au plus contribué à ma naissance est qu'ils ont mis quelques dispositions dans cette matière, dans laquelle j'ai jugé jusques ici que moi, c'est-à-dire mon esprit, lequel seul je prends maintenant pour moi-même, est renfermé ; et partant il ne peut y avoir ici à leur égard aucune difficulté, mais il faut nécessairement conclure que, de cela seul que j'existe, et que l'idée d'un être souverainement parfait, c'est-à-dire de Dieu, est en moi, l'existence de Dieu est très évidemment démontrée[1].

Il me reste seulement à examiner de quelle façon j'ai acquis cette idée, car je ne l'ai pas reçue par les sens, et jamais elle ne s'est offerte à moi contre mon attente, ainsi que font d'ordinaire les idées des choses sensibles, lorsque ces choses se présentent ou semblent se présenter aux organes extérieurs des sens ; elle n'est pas aussi une pure production ou fiction de mon esprit, car il n'est pas en mon pouvoir d'y diminuer ou d'y ajouter aucune chose ; et par conséquent il ne reste plus autre chose à dire, sinon que cette idée est née et produite avec moi dès lors que j'ai été créé, ainsi que l'est l'idée de moi-même. Et de vrai, on ne doit pas trouver étrange que Dieu, en me créant, ait mis en moi cette idée pour être comme la marque de l'ouvrier

1. Tout le développement sur les ancêtres est donc tout à fait inutile. Le seul problème est que, moi qui suis un être fini, j'ai l'idée d'Infini. C'est là qu'est la racine de la preuve cartésienne de l'existence de Dieu. Le développement sur les ancêtres n'a aucun rapport avec « l'ordre des raisons ». Il s'adresse à des lecteurs thomistes, il parle leur langage, entend en quelque sorte les apprivoiser pour les préparer à l'argument proprement cartésien qui n'a rien à voir avec la remontée d'une cause prochaine à une cause lointaine.

empreinte sur son ouvrage ; et il n'est pas aussi nécessaire que cette marque soit quelque chose de différent de cet ouvrage même : mais de cela seul que Dieu m'a créé, il est fort croyable qu'il m'a en quelque façon produit à son image et ressemblance, et que je conçois cette ressemblance dans laquelle l'idée de Dieu se trouve contenue, par la même faculté par laquelle je me conçois moi-même, c'est-à-dire que, lorsque je fais réflexion sur moi, non seulement je connais que je suis une chose imparfaite, incomplète et dépendante d'autrui, qui tend et qui aspire sans cesse à quelque chose de meilleur et de plus grand que je ne suis, mais je connais aussi en même temps que celui duquel je dépends possède en soi toutes ces grandes choses auxquelles j'aspire et dont je trouve en moi les idées, non pas indéfiniment et seulement en puissance, mais qu'il en jouit en effet, actuellement et indéfiniment ; et ainsi qu'il est Dieu. Et toute la force de l'argument dont j'ai ici usé pour prouver l'existence de Dieu consiste en ce que je reconnais qu'il ne serait pas possible que ma nature fût telle qu'elle est, c'est-à-dire que j'eusse en moi l'idée d'un Dieu, si Dieu n'existait véritablement ; ce même Dieu, dis-je, duquel l'idée est en moi, c'est-à-dire qui possède toutes ces hautes perfections dont notre esprit peut bien avoir quelque légère idée, sans pourtant les pouvoir comprendre, qui n'est sujet à aucuns défauts, et qui n'a rien de toutes les choses qui dénotent quelque imperfection. D'où il est assez évident qu'il ne peut être trompeur, puisque la lumière naturelle nous enseigne que la tromperie dépend nécessairement de quelque défaut[1].

Mais auparavant que j'examine cela plus soigneusement, et que je passe à la considération des autres vérités que l'on en peut recueillir, il me semble très à propos de m'arrêter quelque temps à la contemplation de ce Dieu tout parfait, de peser tout à loisir ses merveilleux attributs, de considérer, d'admirer et d'adorer l'incomparable beauté de cette immense lumière au moins autant que la force de mon esprit, qui en demeure en quelque sorte ébloui, me le pourra permettre. Car comme la foi nous apprend que la souveraine félicité de l'autre vie ne consiste que dans cette contemplation de la majesté divine, ainsi expérimentons-nous dès maintenant qu'une semblable méditation, quoique incomparablement moins parfaite, nous fait jouir du plus grand contentement que nous soyons capables de ressentir en cette vie[2].

1. Dieu, étant l'Être parfait, ne saurait être trompeur. À partir de ce moment, le malin génie est réellement exorcisé et Descartes peut être assuré que les idées « claires et distinctes » sont toutes vraies. La « véracité divine » est maintenant établie. Voir **Problématiques essentielles** : Le statut épistémologique de Dieu, p. 27 ; **Grandes thèses** : L'existence de Dieu (Dieu cause de l'idée d'infini), p. 130.

2. La fin du solipsisme et l'assurance non seulement que Dieu existe, mais qu'il est toute bonté et qu'il ne saurait me tromper, apporte à Descartes une joie incomparable. Moins parfait que la félicité de l'au-delà, ce bonheur est le fruit du pur raisonnement métaphysique.

MÉDITATION QUATRIÈME

DU VRAI ET DU FAUX

Je me suis tellement accoutumé ces jours passés à détacher mon esprit des sens, et j'ai si exactement remarqué qu'il y a fort peu de choses que l'on connaisse avec certitude touchant les choses corporelles, qu'il y en a beaucoup plus qui nous sont connues touchant l'esprit humain, et beaucoup plus encore de Dieu même, qu'il me sera maintenant aisé[1] de détourner ma pensée de la considération des choses sensibles ou imaginables, pour la porter à celles qui, étant dégagées de toute matière, sont purement intelligibles. Et certes, l'idée que j'ai de l'esprit humain, en tant qu'il est une chose qui pense, et non étendue en longueur, largeur et profondeur, et qui ne participe à rien de ce qui appartient au corps, est incomparablement plus distincte que l'idée d'aucune chose corporelle ; et lorsque je considère que je doute, c'est-à-dire que je suis une chose incomplète et dépendante, l'idée d'un être complet et indépendant, c'est-à-dire de Dieu, se présente à mon esprit avec tant de distinction et de clarté ; et de cela seul que cette idée se trouve en moi, ou bien que je suis ou existe, moi qui possède cette idée, je conclus si évidemment l'existence de Dieu, et que la mienne dépend entièrement de lui en tous les moments de ma vie, que je ne pense pas que l'esprit humain puisse rien connaître avec plus d'évidence et de certitude. Et déjà il me semble que je découvre un chemin qui nous conduira de cette contemplation du vrai Dieu, dans lequel tous les trésors de la science et de la sagesse sont renfermés, à la connaissance des autres choses de l'univers[2].

Car premièrement je reconnais qu'il est impossible que jamais il me trompe, puisqu'en toute fraude et tromperie il se rencontre quelque sorte d'imperfection ; et quoiqu'il semble que pouvoir tromper soit une marque de subtilité ou de puissance, toutefois vouloir tromper témoigne sans doute de la faiblesse ou de la malice, et, partant, cela ne peut se rencontrer en Dieu[3]. Ensuite je connais par ma propre expérience qu'il y a en moi une

1. C'est maintenant et maintenant seulement, après l'exercice du doute constamment pratiqué, non seulement dans la Première Méditation, mais à l'occasion, dans les deux suivantes, que Descartes, converti au regard spirituel, est capable de diriger son attention sur la chose pensante et sur Dieu.

2. La découverte de Dieu est la première qui me fasse sortir de moi-même, de mon *ego cogitans*. Le problème est de savoir dans quelle mesure, et selon quel ordre à partir de ce Dieu parfait, donc vérace, non trompeur, je pourrai affirmer de nouvelles vérités, concernant cette fois « les choses de l'univers ». Voir **Problématiques essentielles** : Le statut épistémologique de Dieu, p. 27.

3. La toute-puissance du Dieu parfait exclut la méchanceté.

certaine faculté de juger, ou de discerner le vrai d'avec le faux, laquelle sans doute j'ai reçue de Dieu, aussi bien que tout le reste des choses qui sont en moi et que je possède ; et puisqu'il est impossible qu'il veuille me tromper il est certain aussi qu'il ne me l'a pas donnée telle que je puisse jamais faillir lorsque j'en userai comme il faut.

Et il ne resterait aucun doute touchant cela, si l'on n'en pouvait, ce semble, tirer cette conséquence, qu'ainsi je ne me puis jamais tromper ; car si tout ce qui est en moi vient de Dieu, et s'il n'a mis en moi aucune faculté de faillir, il semble que je ne me doive jamais abuser. Aussi est-il vrai que, lorsque je me regarde seulement comme venant de Dieu, et que je me tourne tout entier vers lui, je ne découvre en moi aucune cause d'erreur ou de fausseté ; mais aussitôt après, revenant à moi, l'expérience me fait connaître que je suis néanmoins sujet à une infinité d'erreurs[1], desquelles venant à rechercher la cause, je remarque qu'il ne se présente pas seulement à ma pensée une réelle et positive idée de Dieu, ou bien d'un être souverainement parfait ; mais aussi, pour ainsi parler, une certaine idée négative du néant, c'est-à-dire de ce qui est infiniment éloigné de toute sorte de perfection ; et que je suis comme un milieu entre Dieu et le néant, c'est-à-dire placé de telle sorte entre le souverain Être et le non-être qu'il ne se rencontre de vrai rien en moi qui me puisse conduire dans l'erreur, en tant qu'un souverain Être m'a produit ; mais que, si je me considère comme participant en quelque façon du néant ou du non-être, c'est-à-dire en tant que je ne suis pas moi-même le souverain Être et qu'il me manque plusieurs choses, je me trouve exposé à une infinité de manquements ; de façon que je ne me dois pas étonner si je me trompe[2]. Et ainsi je connais que l'erreur, en tant que telle, n'est pas quelque chose de réel qui dépende de Dieu, mais que c'est seulement un défaut ; et, partant, que, pour faillir, je n'ai pas besoin d'une faculté qui m'ait été donnée de Dieu particulièrement pour cet effet, mais qu'il arrive que je me trompe de ce que la puissance que Dieu m'a donnée pour discerner le vrai d'avec le faux n'est pas en moi infinie.

Toutefois, cela ne me satisfait pas encore tout à fait, car l'erreur n'est pas une pure négation, c'est-à-dire n'est pas le simple défaut ou manquement de quelque perfection qui ne m'est point due, mais c'est une privation de quelque connaissance qu'il semble que je devrais avoir[3].

1. Voir **Grandes thèses** : L'erreur, conséquence de la liberté, p. 138.

2. Première explication de l'erreur : je suis un être fini.

3. Tout ce qui est en moi pure *négation* (je n'ai pas d'ailes comme un oiseau, je ne peux pas tout comprendre, et j'ignore infiniment de choses) est parfaitement conciliable avec la bonté de Dieu : car je suis une créature finie. Mais la *privation*, c'est autre chose, c'est la négation d'un bien dû. Pourquoi m'arrive-t-il de me tromper en des matières où il me semble que je suis construit pour juger correctement ?

Or, en considérant la nature de Dieu, il ne semble pas possible qu'il ait mis en moi quelque faculté qui ne soit pas parfaite en son genre, c'est-à-dire qui manque de quelque perfection qui lui soit due ; car s'il est vrai que plus l'artisan est expert, plus les ouvrages qui sortent de ses mains sont parfaits et accomplis, quelle chose peut avoir été produite par ce souverain Créateur de l'univers qui ne soit parfaite et entièrement achevée en toutes ses parties ? Et certes, il n'y a point de doute que Dieu n'ait pu me créer tel que je ne me trompasse jamais ; il est certain aussi qu'il veut toujours ce qui est le meilleur : est-ce donc une chose meilleure que je puisse me tromper, que de ne le pouvoir pas[1] ?

Considérant cela avec attention, il me vient d'abord en la pensée que je ne me dois pas étonner si je ne suis pas capable de comprendre pourquoi Dieu fait ce qu'il fait, et qu'il ne faut pas pour cela douter de son existence, de ce que peut-être je vois par expérience beaucoup d'autres choses qui existent, bien que je ne puisse comprendre pour quelles raisons ni comment Dieu les a faites ; car, sachant déjà que ma nature est extrêmement faible et limitée, et que celle de Dieu au contraire est immense, incompréhensible et infinie, je n'ai plus de peine à reconnaître qu'il y a une infinité de choses en sa puissance desquelles les causes surpassent la portée de mon esprit ; et cette seule raison est suffisante pour me persuader que tout ce genre de causes qu'on a coutume de tirer de la fin n'est d'aucun usage dans les choses physiques ou naturelles[2], car il ne me semble pas que je puisse sans témérité rechercher et entreprendre de découvrir les fins impénétrables de Dieu.

De plus, il me vient encore en l'esprit qu'on ne doit pas considérer une seule créature séparément, lorsqu'on recherche si les ouvrages de Dieu sont parfaits, mais généralement toutes les créatures ensemble[3] ; car la même chose qui pourrait peut-être avec quelque sorte de raison sembler fort imparfaite si elle était seule dans le monde, ne laisse pas d'être très parfaite étant considérée comme faisant partie de tout cet univers ; et quoique, depuis que j'ai fait dessein de douter de toutes choses, je n'ai encore connu certainement que mon existence et celle de Dieu, toutefois aussi, depuis que j'ai reconnu l'infinie puissance de Dieu, je ne saurais nier qu'il n'ait produit beaucoup d'autres choses, ou du moins qu'il n'en

1. Dieu aurait pu me créer infaillible, dans les domaines qui sont à ma portée. Si pourtant Dieu a permis l'erreur, comme il a permis le péché et le mal, il doit y avoir quelque raison à cela, parfaitement compatible avec la toute bonté et la toute-puissance du Créateur. On voit que Descartes raisonne ici dans la perspective des théologiens qui posent le problème du mal.

2. Connaître les fins poursuivies pas Dieu n'est pas à ma portée. C'est pourquoi, dans les sciences physiques et naturelles, Descartes cherchera seulement les causes mécaniques, le comment de la succession des phénomènes et non le pourquoi.

3. Rappel d'un argument classique : la présence d'une erreur, dans telle circonstance, ou d'une manifestation du mal, prend un sens par rapport à la perfection de l'ensemble, de la totalité dont nous ne pouvons juger. Cet argument classique est ici nécessairement affaibli puisque à ce moment de son itinéraire Descartes doute encore de l'existence du monde ! Tout au plus, cette totalité du monde donnant leur sens plein aux défauts apparents des détails est un possible que Descartes rappelle pour ne pas trop choquer ses lecteurs.

puisse produire, en sorte que j'existe et sois placé dans le monde comme faisant partie de l'universalité de tous les êtres.

Ensuite de quoi, venant à me regarder de plus près et à considérer quelles sont mes erreurs, lesquelles seules témoignent qu'il y a en moi de l'imperfection, je trouve qu'elles dépendent du concours de deux causes, à savoir : de la faculté de connaître qui est en moi, et de la faculté d'élire, ou bien de mon libre arbitre, c'est-à-dire de mon entendement, et ensemble de ma volonté. Car par l'entendement seul je n'assure ni ne nie aucune chose, mais je conçois seulement les idées des choses que je puis assurer ou nier. Or, en le considérant ainsi précisément, on peut dire qu'il ne se trouve jamais en lui aucune erreur, pourvu qu'on prenne le mot d'erreur en sa propre signification[1]. Et encore qu'il y ait peut-être une infinité de choses dans le monde dont je n'ai aucune idée en mon entendement, on ne peut pas dire pour cela qu'il soit privé de ces idées, comme de quelque chose qui soit dû à sa nature, mais seulement qu'il ne les a pas, parce qu'en effet il n'y a aucune raison qui puisse prouver que Dieu ait dû me donner une plus grande et plus ample faculté de connaître que celle qu'il m'a donnée : et quelque adroit et savant ouvrier que je me le représente, je ne dois pas pour cela penser qu'il ait dû mettre dans chacun de ses ouvrages toutes les perfections qu'il peut mettre dans quelques-uns. Je ne puis pas aussi me plaindre que Dieu ne m'ait pas donné un libre arbitre ou une volonté assez ample et assez parfaite, puisqu'en effet je l'expérimente si ample et si étendue qu'elle n'est renfermée dans aucunes bornes[2]. Et ce qui me semble ici bien remarquable est que, de toutes les autres choses qui sont en moi, il n'y en a aucune si parfaite et si grande que je ne reconnaisse bien qu'elle pourrait être encore plus grande et plus parfaite. Car, par exemple, si je considère la faculté de concevoir qui est en moi, je trouve qu'elle est d'une fort petite étendue, et grandement limitée, et tout ensemble je me représente l'idée d'une autre faculté beaucoup plus ample et même infinie ; et de cela seul que je puis me représenter son idée, je connais sans difficulté qu'elle appartient à la nature de Dieu. En même façon si j'examine la mémoire, ou l'imagination, ou quelque autre faculté qui soit en moi, je n'en trouve aucune qui ne soit très petite et bornée, et qui en Dieu ne soit immense et

1. L'entendement, au sens cartésien, propose des idées. Mais ce n'est pas l'entendement qui affirme : il est donc innocent de mes erreurs.

2. Voir **Concepts clés** : la volonté, p. 120.

infinie. Il n'y a que la volonté seule ou la seule liberté du franc arbitre que j'expérimente en moi être si grande que je ne conçois point l'idée d'aucune autre plus ample et plus étendue, en sorte que c'est elle principalement qui me fait connaître que je porte l'image et la ressemblance de Dieu[1]. Car encore qu'elle soit incomparablement plus grande dans Dieu que dans moi, soit à raison de la connaissance et de la puissance qui se trouvent jointes avec elle et qui la rendent plus ferme et plus efficace, soit à raison de l'objet, d'autant qu'elle se porte et s'étend infiniment à plus de choses, elle ne me semble pas toutefois plus grande, si je la considère formellement et précisément en elle-même. Car elle consiste seulement en ce que nous pouvons faire une même chose ou ne la faire pas, c'est-à-dire affirmer ou nier, poursuivre ou fuir une même chose ; ou plutôt elle consiste seulement en ce que, pour affirmer ou nier, poursuivre ou fuir les choses que l'entendement nous propose, nous agissons de telle sorte que nous ne sentons point qu'aucune force extérieure nous y contraigne[2]. Car afin que je sois libre, il n'est pas nécessaire que je sois indifférent à choisir l'un ou l'autre des deux contraires, mais plutôt, d'autant plus que je penche vers l'un, soit que je connaisse évidemment que le bien et le vrai s'y rencontrent, soit que Dieu dispose ainsi l'intérieur de ma pensée, d'autant plus librement j'en fais choix et je l'embrasse ; et certes la grâce divine et la connaissance naturelle, bien loin de diminuer ma liberté, l'augmentent plutôt et la fortifient[3] ; de façon que cette indifférence que je sens lorsque je ne suis point emporté vers un côté plutôt que vers un autre par le poids d'aucune raison, est le plus bas degré de la liberté, et fait plutôt paraître un défaut dans la connaissance qu'une perfection dans la volonté, car si je connaissais toujours clairement ce qui est vrai et ce qui est bon, je ne serais jamais en peine de délibérer quel jugement et quel choix je devrais faire ; et ainsi je serais entièrement libre, sans jamais être indifférent[4].

De tout ceci je reconnais que ni la puissance de vouloir, laquelle j'ai reçue de Dieu, n'est point d'elle-même la cause de mes erreurs, car elle est très ample et très parfaite en son genre ; ni aussi la puissance d'entendre ou de concevoir, car ne concevant rien que par le moyen de cette puissance que Dieu m'a donnée pour concevoir, sans doute que tout ce que je conçois, je le

1. Voir **Concepts clés** : la volonté, p. 120.

2. La seconde définition est plus qu'une explicitation de la première : elle est à vrai dire une nouvelle définition qui corrige la première : la volonté est l'*absence de contrainte*, ce qui n'est pas le *pouvoir mystérieux des contraires*. Voir **Concepts clés** : la volonté, p. 120.

3. C'est une formule de saint Augustin : la grâce divine (tout comme la lumière naturelle) ne diminue pas ma liberté, mais l'augmente : ce n'est pas un paradoxe si on entend par liberté une décision libérée de toute contrainte extérieure.

4. Lorsque mon entendement est parfaitement éclairé, ma décision est libre ; elle n'est pas indifférente comme le serait une décision prise à l'aveuglette. Voir **Concepts clés** : la volonté, p. 120.

conçois comme il faut, et il n'est pas possible qu'en cela je me trompe.

D'où est-ce donc que naissent mes erreurs ? c'est à savoir de cela seul que la volonté étant beaucoup plus ample et plus étendue que l'entendement, je ne la contiens pas dans les mêmes limites, mais que je l'étends aussi aux choses que je n'entends pas ; auxquelles étant de soi indifférente, elle s'égare fort aisément, et choisit le faux pour le vrai et le mal pour le bien ; ce qui fait que je me trompe et que je pèche[1].

Par exemple, examinant ces jours passés si quelque chose existait véritablement dans le monde, et connaissant que, de cela seul que j'examinais cette question, il suivait très évidemment que j'existais moi-même, je ne pouvais pas m'empêcher de juger qu'une chose que je concevais si clairement était vraie ; non que je m'y trouvasse forcé par aucune cause extérieure, mais seulement parce que d'une grande clarté qui était en mon entendement a suivi une grande inclination en ma volonté ; et je me suis porté à croire avec d'autant plus de liberté que je me suis trouvé avec moins d'indifférence[2]. Au contraire, à présent, je ne connais pas seulement que j'existe en tant que je suis quelque chose qui pense ; mais il se présente aussi à mon esprit une certaine idée de la nature corporelle ; ce qui fait que je doute si cette nature qui pense, qui est en moi, ou plutôt que je suis moi-même, est différente de cette nature corporelle, ou bien si toutes deux ne sont qu'une même chose ; et je suppose ici que je ne connais encore aucune raison qui me persuade plutôt l'un que l'autre ; d'où il suit que je suis entièrement indifférent à le nier ou à l'assurer, ou bien même à m'abstenir d'en donner aucun jugement.

Et cette indifférence ne s'étend pas seulement aux choses dont l'entendement n'a aucune connaissance, mais généralement aussi à toutes celles qu'il ne découvre pas avec une parfaite clarté au moment que la volonté en délibère ; car, pour probables que soient les conjectures qui me rendent enclin à juger quelque chose, la seule connaissance que j'ai que ce ne sont que des conjectures et non des raisons certaines et indubitables, suffit pour me donner occasion de juger le contraire : ce que j'ai suffisamment expérimenté ces jours passés, lorsque j'ai posé pour faux tout ce que j'avais tenu auparavant pour très véritable, pour cela seul que j'ai remarqué que l'on en

1. Seconde explication de l'erreur par l'usage que je fais de ma volonté. Voir **Grandes thèses** : L'erreur, conséquence de la liberté, p. 138.

2. L'exemple même d'une affirmation libre est ici le *cogito* ! Si je pense, je suis : voilà ce que j'affirme certes nécessairement. Mais cette nécessité intérieure de l'évidence absolue est pure liberté : elle exclut à la fois l'indifférence et la contrainte extérieure.

pouvait en quelque façon douter. Or, si je m'abstiens de donner mon jugement sur une chose lorsque je ne la conçois pas avec assez de clarté et de distinction, il est évident que je fais bien et que je ne suis point trompé ; mais si je me détermine à la nier ou assurer, alors je ne me sers pas comme je dois de mon libre arbitre ; et si j'assure ce qui n'est pas vrai, il est évident que je me trompe. Même aussi encore que je juge selon la vérité, cela n'arrive que par hasard[1] et je ne laisse pas de faillir et d'user mal de mon libre arbitre – car la lumière naturelle nous enseigne que la connaissance de l'entendement doit toujours précéder la détermination de la volonté.

Et c'est dans ce mauvais usage du libre arbitre que se rencontre la privation qui constitue la forme de l'erreur. La privation, dis-je, se rencontre dans l'opération, en tant qu'elle procède de moi[2], mais elle ne se trouve pas dans la faculté que j'ai reçue de Dieu, ni même dans l'opération en tant qu'elle dépend de lui. Car je n'ai certes aucun sujet de me plaindre de ce que Dieu ne m'a pas donné une intelligence plus ample ou une lumière naturelle plus parfaite que celle qu'il m'a donnée, puisqu'il est de la nature d'un entendement fini de ne pas entendre plusieurs choses, et de la nature d'un entendement créé d'être fini : mais j'ai tout sujet de lui rendre grâces de ce que, ne m'ayant jamais rien dû, il m'a néanmoins donné tout le peu de perfections qui est en moi ; bien loin de concevoir des sentiments si injustes que de m'imaginer qu'il m'ait ôté ou retenu injustement les autres perfections qu'il ne m'a point données.

Je n'ai pas aussi sujet de me plaindre de ce qu'il m'a donné une volonté plus ample que l'entendement, puisque la volonté ne consistant que dans une seule chose et comme dans un indivisible, il semble que sa nature est telle qu'on ne lui saurait rien ôter sans la détruire ; et certes, plus elle a d'étendue, et plus ai-je à remercier la bonté de celui qui me l'a donnée.

Et enfin je ne dois pas aussi me plaindre de ce que Dieu concourt avec moi pour former les actes de cette volonté, c'est-à-dire les jugements dans lesquels je me trompe, parce que ces actes-là sont entièrement vrais et absolument bons, en tant qu'il dépendent de Dieu ; et il y a en quelque sorte plus de perfection en ma nature, de ce que je les puis former, que si je ne le pouvais pas. Pour la privation, dans laquelle seule consiste la raison formelle

1. Dire le vrai par hasard, c'est se tromper. Descartes retrouve ici un thème stoïcien : un fou qui dit n'importe quoi et qui dit « Il fait beau » un jour de beau temps n'en est pas moins fou !

2. Ce n'est pas la nature de ma volonté qui est mauvaise. Mais c'est l'usage que j'en fais qui est fautif lorsque j'affirme comme vraie une idée privée de clarté et de distinction. Voir **Grandes thèses** : L'erreur, conséquence de la liberté, p. 138.

de l'erreur et du péché, elle n'a besoin d'aucun concours de Dieu, parce que ce n'est pas une chose ou un être, et que si on la rapporte à Dieu comme à sa cause, elle ne doit pas être nommée privation, mais seulement négation, selon la signification qu'on donne à ces mots dans l'école. Car en effet ce n'est point une imperfection en Dieu de ce qu'il m'a donné la liberté de donner mon jugement, ou de ne pas le donner sur certaines choses dont il n'a pas mis une claire et distincte connaissance en mon entendement, mais sans doute c'est en moi une imperfection de ce que je n'use pas bien de cette liberté, et que je donne témérairement mon jugement sur des choses que je ne conçois qu'avec obscurité et confusion.

Je vois néanmoins qu'il était aisé à Dieu de faire en sorte que je ne me trompasse jamais, quoique je demeurasse libre et d'une connaissance bornée, à savoir, s'il eût donné à mon entendement une claire et distincte intelligence de toutes les choses dont je devais jamais délibérer, ou bien seulement s'il eût si profondément gravé dans ma mémoire la résolution de ne juger jamais d'aucune chose sans la concevoir clairement et distinctement, que je ne la puisse jamais oublier. Et je remarque bien qu'en tant que je me considère tout seul, comme s'il n'y avait que moi au monde, j'aurais été beaucoup plus parfait que je ne suis, si Dieu m'avait créé tel que je ne faillisse jamais ; mais je ne puis pas pour cela nier que ce ne soit en quelque façon une plus grande perfection dans l'univers, de ce que quelques-unes de ces parties ne sont pas exemptes de défaut, que d'autres le sont, que si elles étaient toutes semblables.

Et je n'ai aucun droit de me plaindre que Dieu, m'ayant mis au monde, n'ait pas voulu me mettre au rang des choses les plus nobles et les plus parfaites ; même j'ai sujet de me contenter de ce que, s'il ne m'a pas donné la perfection de ne point faillir par le premier moyen que j'ai ci-dessus déclaré, qui dépend d'une claire et évidente connaissance de toutes les choses dont je puis délibérer, il a au moins laissé en ma puissance l'autre moyen, qui est de retenir fermement la résolution de ne jamais donner mon jugement sur les choses dont la vérité ne m'est pas clairement connue ; car quoique j'expérimente en moi cette faiblesse de ne pouvoir attacher continuellement mon esprit à une même pensée[1], je ne puis toutefois, par une méditation attentive et souvent réitérée, me l'impri-

1. C'est une grande infirmité humaine, selon Descartes, que le caractère versatile de mon attention. De plus, Descartes rappelle ici que mon entendement est fini, que mes idées sont souvent obscures et confuses : je ne saurais pourtant en faire reproche à Dieu, car j'ai toujours un moyen de ne pas me tromper : suspendre mon jugement, pratiquer le doute méthodique tant que mes idées ne sont pas claires et distinctes. Voir **Grandes thèses** : L'erreur, conséquence de la liberté, p. 138.

mer si fortement en la mémoire, que je ne manque jamais de m'en ressouvenir toutes les fois que j'en aurai besoin, et acquérir de cette façon l'habitude de ne point faillir ; et d'autant que c'est en cela que consiste la plus grande et la principale perfection de l'homme, j'estime n'avoir pas aujourd'hui peu gagné par cette méditation, d'avoir découvert la cause de l'erreur et de la fausseté.

Et certes il n'y en peut avoir d'autres que celle que je viens d'expliquer ; car toutes les fois que je retiens tellement ma volonté dans les bornes de ma connaissance qu'elle ne fait aucun jugement que de choses qui lui sont clairement et distinctement représentées par l'entendement, il ne se peut faire que je me trompe ; parce que toute conception claire et distincte est sans doute quelque chose, et partant elle ne peut tirer son origine du néant, mais doit nécessairement avoir Dieu pour son auteur ; Dieu, dis-je, qui, étant souverainement parfait, ne peut être cause d'aucune erreur ; et par conséquent il faut conclure qu'une telle conception ou un tel jugement est véritable. Au reste, je n'ai pas seulement appris aujourd'hui ce que je dois éviter pour ne plus faillir, mais aussi ce que je dois faire pour parvenir à la connaissance de la vérité. Car certainement j'y parviendrai, si j'arrête suffisamment mon attention sur toutes les choses que je conçois parfaitement, et si je les sépare des autres que je ne conçois qu'avec confusion et obscurité : à quoi dorénavant je prendrai soigneusement garde.

MÉDITATION CINQUIÈME

DE L'ESSENCE DES CHOSES MATÉRIELLES ; ET, DERECHEF, DE DIEU ; QU'IL EXISTE

Il me reste beaucoup d'autres choses à examiner touchant les attributs de Dieu et touchant ma propre nature, c'est-à-dire celle de mon esprit ; mais j'en reprendrai peut-être une autre fois la recherche. Maintenant, après avoir remarqué ce qu'il faut faire ou éviter pour parvenir à la connaissance de la vérité, ce que j'ai principalement à faire est d'essayer de sortir et me débarrasser de tous les doutes où je suis tombé ces jours passés, et de voir si l'on ne peut rien connaître de certain touchant les choses matérielles[1]. Mais avant que j'examine s'il y a de telles choses qui existent hors de moi, je dois considérer leurs idées, en tant qu'elles sont en ma pensée, et voir quelles sont celles qui sont distinctes et quelles sont celles qui sont confuses.

En premier lieu j'imagine distinctement cette quantité que les philosophes appellent vulgairement la quantité continue, ou bien l'extension en longueur, largeur et profondeur, qui est en cette quantité, ou plutôt en la chose à qui on l'attribue. De plus, je puis nombrer en elle plusieurs diverses parties, et attribuer à chacune de ces parties toutes sortes de grandeurs, de figures, de situations et de mouvements ; et enfin je puis assigner à chacun de ces mouvements toutes sortes de durées. Et je ne connais pas seulement ces choses avec distinction, lorsque je les considère ainsi en général ; mais aussi, pour peu que j'y applique mon attention, je viens à connaître une infinité de particularités touchant les nombres, les figures, les mouvements, et autres choses semblables, dont la vérité se fait paraître avec tant d'évidence et s'accorde si bien avec ma nature, que, lorsque je commence à les découvrir, il ne me semble pas que j'apprenne rien de nouveau, mais plutôt que je me ressouviens de ce que je savais déjà auparavant[2], c'est-à-dire que j'aperçois des choses qui étaient déjà dans mon esprit, quoique je n'eusse pas encore tourné ma pensée vers elles. Et ce que je trouve ici de plus considérable, c'est que je trouve en moi une infinité d'idées de certaines choses qui ne peuvent pas être estimées un pur néant, quoique peut-être elles n'aient aucune existence hors de ma pensée, et qui ne sont pas feintes par moi, bien qu'il soit en ma liberté de les penser ou de ne les penser pas, mais qui ont leurs vraies et immuables natures. Comme, par exemple, lorsque j'imagine un triangle, encore qu'il n'y ait peut-être en aucun lieu du monde hors de ma pensée une telle figure[3] et qu'il n'y en ait jamais eu, il ne laisse pas néanmoins d'y avoir une certaine nature, ou forme, ou essence déterminée de cette figure, laquelle est immuable et éternelle, que je n'ai point inventée, et qui ne dépend en aucune façon de mon esprit ; comme il paraît de ce que l'on peut démontrer diverses propriétés de ce triangle, à savoir, que ses trois angles sont égaux à deux droits, que le plus grand angle est soutenu par le plus grand côté, et autres semblables, lesquelles maintenant, soit que je le veuille ou non, je

1. Fort de la véracité divine et de la garantie qu'elle apporte à mes idées claires et distinctes, Descartes va tenter de remonter la pente du doute. Avant de s'interroger sur l'existence des choses matérielles (ce qui concernera la Méditation sixième), il va ici méditer sur leur idée, c'est-à-dire sur leur essence.

2. L'idée d'étendue divisible, à partir de laquelle je puis former un grand nombre de notions géométriques – dont je démontre aisément les propriétés – est une idée claire et distincte. C'est une idée innée (elle ne vient pas d'une expérience extérieure longuement accumulée). Voir **Concepts clés** : les idées, p. 118.

3. Un triangle a des propriétés rigoureusement démontrables et vraies. Il n'est pas pour autant (à ce moment de l'itinéraire cartésien) réel, car peut-être aucun objet triangulaire n'existe-t-il vraiment dans le monde.

reconnais très clairement et très évidemment être en lui, encore que je n'y aie pensé auparavant en aucune façon, lorsque je me suis imaginé la première fois un triangle ; et partant on ne peut pas dire que je les aie feintes et inventées. Et je n'ai que faire ici de m'objecter que peut-être cette idée du triangle est venue en mon esprit par l'entremise de mes sens, pour avoir vu quelquefois des corps de figure triangulaire ; car je puis former en mon esprit une infinité d'autres figures dont on ne peut avoir le moindre soupçon que jamais elles me soient tombées sous les sens, et je ne laisse pas toutefois de pouvoir démontrer diverses propriétés touchant la nature, aussi bien que touchant celle du triangle ; lesquelles, certes, doivent être toutes vraies, puisque je les conçois clairement ; et partant elles sont quelque chose, et non pas un pur néant ; car il est très évident que tout ce qui est vrai est quelque chose, « la vérité étant une même chose avec l'être » ; et j'ai déjà amplement démontré ci-dessus que toutes les choses que je connais clairement et distinctement sont vraies. Et quoique je ne l'eusse pas démontré, toutefois la nature de mon esprit est telle que je ne me saurais empêcher de les estimer vraies, pendant que je les conçois clairement et distinctement ; et je me ressouviens que lors même que j'étais encore fortement attaché aux objets des sens, j'avais tenu au nombre des plus constantes vérités celles que je concevais clairement et distinctement touchant les figures, les nombres, et les autres choses qui appartiennent à l'arithmétique et à la géométrie.

Or maintenant, si de cela seul que je puis tirer de ma pensée l'idée de quelque chose, il s'ensuit que tout ce que je reconnais clairement et distinctement appartenir à cette chose lui appartient en effet, ne puis-je pas tirer de ceci un argument et une preuve démonstrative de l'existence de Dieu[1] ? Il est certain que je ne trouve pas moins en moi son idée, c'est-à-dire l'idée d'un être souverainement parfait, que celle de quelque figure ou de quelque nombre que ce soit ; et je ne connais pas moins clairement et distinctement qu'une actuelle et éternelle existence appartient à sa nature, que je connais que tout ce que je puis démontrer de quelque figure, ou de quelque nombre, appartient véritablement à la nature de cette figure ou de ce nombre, et partant, encore que tout ce que j'ai conclu dans les méditations précédentes ne se trouvât point véritable, l'existence de Dieu devrait passer

1. Voir **Grandes thèses** : L'existence de Dieu (Dieu être parfait existe nécessairement), p. 135.

en mon esprit au moins pour aussi certaine que j'ai estimé jusques ici toutes les vérités des mathématiques qui ne regardent que les nombres et les figures, bien qu'à la vérité cela ne paraisse pas d'abord entièrement manifeste, mais semble avoir quelque apparence de sophisme. Car ayant accoutumé dans toutes les autres choses de faire distinction entre l'existence et l'essence, je me persuade aisément que l'existence peut être séparée de l'essence de Dieu, et qu'ainsi on peut concevoir Dieu comme n'étant pas actuellement[1]. Mais néanmoins, lorsque j'y pense avec plus d'attention, je trouve manifestement que l'existence ne peut non plus être séparée de l'essence de Dieu que de l'essence d'un triangle rectiligne la grandeur de ses trois angles égaux à deux droits, ou bien de l'idée d'une montagne l'idée d'une vallée ; en sorte qu'il n'y a pas moins de répugnance de concevoir un Dieu, c'est-à-dire un être souverainement parfait, auquel manque l'existence, c'est-à-dire auquel manque quelque perfection, que de concevoir une montagne qui n'ait point de vallée.

Mais encore qu'en effet je ne puisse pas concevoir un Dieu sans existence, non plus qu'une montagne sans vallée, toutefois, comme de cela seul que je conçois une montagne avec une vallée il ne s'ensuit pas qu'il y ait aucune montagne dans le monde, de même aussi, quoique je conçoive Dieu comme existant, il ne s'ensuit pas, ce semble, pour cela que Dieu existe ; car ma pensée n'impose aucune nécessité aux choses ; et comme il ne tient qu'à moi d'imaginer un cheval ailé, encore qu'il n'y en ait aucun qui ait des ailes, ainsi je pourrais peut-être attribuer l'existence à Dieu, encore qu'il n'y eût aucun Dieu qui existât. Tant s'en faut, c'est ici qu'il y a un sophisme caché sous l'apparence de cette objection ; car de ce que je ne puis concevoir une montagne sans une vallée, il ne s'ensuit pas qu'il y ait au monde aucune montagne ni aucune vallée, mais seulement que la montagne et la vallée, soit qu'il y en ait, soit qu'il n'y en ait point, sont inséparables l'une de l'autre ; au lieu que de cela seul que je ne puis concevoir Dieu que comme existant, il s'ensuit que l'existence est inséparable de lui, et partant qu'il existe véritablement ; non que ma pensée puisse faire que cela soit, ou qu'elle impose aux choses aucune nécessité ; mais au contraire la nécessité qui en est la chose même, c'est-à-dire la nécessité de l'existence de Dieu, me détermine à avoir cette pensée. Car il n'est pas en ma liberté de

1. L'idée de Dieu, c'est-à-dire de l'Être infini, implique-t-elle l'existence ? Cet argument passe toujours pour un sophisme aux yeux des adversaires de Descartes. Non seulement Descartes ne l'ignore pas, mais il en donne la raison. C'est qu'aucune essence finie n'implique l'existence. L'idée d'infini est la seule qui implique l'existence de l'infini : c'est un cas unique dont nos habitudes mentales nous détournent. Voir **Grandes thèses** : L'existence de Dieu (Dieu être parfait existe nécessairement), p. 135.

concevoir un Dieu sans existence, c'est-à-dire un Être souverainement parfait sans une souveraine perfection, comme il m'est libre d'imaginer un cheval sans ailes ou avec des ailes.

Et l'on ne doit pas aussi dire qu'il est à la vérité nécessaire que j'avoue que Dieu existe, après que j'ai supposé qu'il possède toutes sortes de perfections, puisque l'existence en est une, mais que ma première supposition n'était pas nécessaire ; non plus qu'il n'est point nécessaire de penser que toutes les figures de quatre côtés se peuvent inscrire dans le cercle, mais que, supposant que j'aie cette pensée, je suis contraint d'avouer que le rhombe y peut être inscrit, puisque c'est une figure de quatre côtés, et ainsi je serai contraint d'avouer une chose fausse. On ne doit point, dis-je, alléguer cela ; car encore qu'il ne soit pas nécessaire que je tombe jamais dans aucune pensée de Dieu, néanmoins, toutes les fois qu'il m'arrive de penser à un Être premier et souverain, et de tirer, pour ainsi dire, son idée du trésor de mon esprit, il est nécessaire que je lui attribue toutes sortes de perfections, quoique je ne vienne pas à les nombrer toutes, et à appliquer mon attention sur chacune d'elles en particulier. Et cette nécessité est suffisante pour faire que par après (sitôt que je viens à reconnaître que l'existence est une perfection) je conclus fort bien que cet Être premier et souverain existe : de même qu'il n'est pas nécessaire que j'imagine jamais aucun triangle ; mais toutes les fois que je veux considérer une figure rectiligne composée seulement de trois angles, il est absolument nécessaire que je lui attribue toutes les choses qui servent à conclure que ces trois angles ne sont pas plus grands que deux droits[1], encore que peut-être je ne considère pas alors cela en particulier. Mais quand j'examine quelles figures sont capables d'être inscrites dans le cercle, il n'est en aucune façon nécessaire que je pense que toutes les figures de quatre côtés sont de ce nombre ; au contraire, je ne puis pas même feindre que cela soit, tant que je ne voudrai rien recevoir en ma pensée que ce que je pourrai concevoir clairement et distinctement. Et par conséquent il y a une grande différence entre les fausses suppositions, comme est celle-ci, et les véritables idées qui sont nées avec moi, dont la première et principale est celle de Dieu. Car en effet je reconnais en plusieurs façons que cette idée n'est point quelque chose de feint ou d'inventé,

1. La forme cartésienne de cet argument (que tout le monde depuis Kant appelle argument ontologique) réside en ceci qu'il s'inspire d'un modèle mathématique. De l'idée de triangle euclidien je déduis nécessairement que la somme de ses angles vaut deux droits. De l'idée du Dieu infini Descartes déduit que ce Dieu existe. Voir **Grandes thèses** : L'existence de Dieu (Dieu être parfait existe nécessairement), p. 135.

dépendant seulement de ma pensée, mais que c'est l'image d'une vraie et immuable nature ; premièrement, à cause que je ne saurais concevoir autre chose que Dieu seul, à l'essence de laquelle l'existence appartient avec nécessité ; puis aussi pour ce qu'il ne m'est pas possible de concevoir deux ou plusieurs dieux tels que lui ; et posé qu'il y en ait un maintenant qui existe, je vois clairement qu'il est nécessaire qu'il ait été auparavant de toute éternité, et qu'il soit éternellement à l'avenir ; et enfin, parce que je conçois plusieurs autres choses en Dieu où je ne puis rien diminuer ni changer.

Au reste, de quelque preuve et argument que je me serve, il en faut toujours revenir là, qu'il n'y a que les choses que je conçois clairement et distinctement qui aient la force de me persuader entièrement. Et quoique, entre les choses que je conçois de cette sorte, il y en ait à la vérité quelques-unes manifestement connues d'un chacun, et qu'il y en ait d'autres aussi qui ne se découvrent qu'à ceux qui les considèrent de plus près et qui les examinent plus exactement, toutefois, après qu'elles sont une fois découvertes, elles ne sont pas estimées moins certaines les unes que les autres, comme, par exemple, en tout triangle rectangle, encore qu'il ne paraisse pas d'abord si facilement que le carré de la base est égal au carré des deux autres côtés, comme il est évident que cette base est opposée au plus grand angle, néanmoins, depuis que cela a été une fois reconnu, on est autant persuadé de la vérité de l'un que de l'autre. Et pour ce qui est de Dieu, certes, si mon esprit n'était prévenu d'aucuns préjugés, et que ma pensée ne se trouvât point divertie par la présence continuelle des images des choses sensibles, il n'y aurait aucune chose que je connusse plus tôt ni plus facilement que lui[1]. Car y a-t-il rien de soi plus clair et plus manifeste que de penser qu'il y a un Dieu, c'est-à-dire un Être souverain et parfait, en l'idée duquel seule l'existence nécessaire ou éternelle est comprise, et par conséquent qui existe ? Et quoique, pour bien concevoir cette vérité, j'aie eu besoin d'une grande application d'esprit, toutefois à présent je ne m'en tiens pas seulement aussi assuré que de tout ce qui me semble le plus certain ; mais outre cela je remarque que la certitude de toutes les autres choses en dépend si absolument, que sans cette connaissance il est impossible de pouvoir jamais rien savoir parfaitement.

1. Seuls les préjugés rendent l'argument difficile. L'argument ontologique est presque une intuition immédiate et qui s'impose directement à l'esprit.

Car encore que je sois d'une telle nature que, dès aussitôt que je comprends quelque chose fort clairement et fort distinctement, je ne puis m'empêcher de la croire vraie, néanmoins, parce que je suis aussi d'une telle nature que je ne puis pas avoir l'esprit continuellement attaché à une même chose, et que souvent je me ressouviens d'avoir jugé une chose être vraie, lorsque je cesse de considérer les raisons qui m'ont obligé à la juger telle, il peut arriver pendant ce temps-là que d'autres raisons se présentent à moi, lesquelles me feraient aisément changer d'opinion, si j'ignorais qu'il y eût un Dieu ; et ainsi je n'aurais jamais une vraie et certaine science d'aucune chose que ce soit, mais seulement de vagues et inconstantes opinions. Comme, par exemple, lorsque je considère la nature du triangle rectiligne, je connais évidemment, moi qui suis un peu versé dans la géométrie, que ses trois angles sont égaux à deux droits ; et il ne m'est pas possible de ne le point croire, pendant que j'applique ma pensée à sa démonstration ; mais aussitôt que je l'en détourne, encore que je me ressouvienne de l'avoir clairement comprise, toutefois il se peut faire aisément que je doute de sa vérité, si j'ignore qu'il y ait un Dieu ; car je puis me persuader d'avoir été fait tel par la nature que je me puisse aisément tromper, même dans les choses que je crois comprendre avec le plus d'évidence et de certitude, vu principalement que je me ressouviens d'avoir souvent estimé beaucoup de choses pour vraies et certaines, lesquelles d'autres raisons m'ont par après porté à juger absolument fausses[1].

Mais après avoir reconnu qu'il y a un Dieu, pour ce qu'en même temps j'ai reconnu aussi que toutes choses dépendent de lui, et qu'il n'est point trompeur, et qu'ensuite de cela j'ai jugé que tout ce que je conçois clairement et distinctement ne peut manquer d'être vrai ; encore que je ne pense plus aux raisons pour lesquelles j'ai jugé cela être véritable, pourvu seulement que je me ressouvienne de l'avoir clairement et distinctement compris[2], on ne me peut apporter aucune raison contraire qui me le fasse jamais révoquer en doute ; et ainsi j'en ai une vraie et certaine science. Et cette même science s'étend aussi à toutes les autres choses que je me ressouviens d'avoir autrefois démontrées, comme aux vérités de la géométrie, et autres semblables ; car qu'est-ce que l'on me peut objecter pour m'obliger à les révoquer

1. Descartes oppose ici l'évidence au présent – celle dont je ne puis naturellement douter – et l'évidence au passé – évidence d'hier ou d'avant-hier qui a perdu son pouvoir contraignant sur mon esprit. La véracité divine porte ici sur l'évidence au passé.

2. On voit que ce n'est pas la fidélité de la mémoire que Dieu garantit. Car la garantie divine de l'évidence d'autrefois suppose cette fidélité : « pourvu seulement que je me ressouvienne ».

en doute ? Sera-ce que ma nature est telle que je suis fort sujet à me méprendre ? Mais je sais déjà que je ne puis me tromper dans les jugements dont je connais clairement les raisons. Sera-ce que j'ai estimé autrefois beaucoup de choses pour vraies et pour certaines, que j'ai reconnues par après être fausses ? Mais je n'avais connu clairement ni distinctement aucunes de ces choses-là, et, ne sachant point encore cette règle par laquelle je m'assure de la vérité, j'avais été porté à les croire par des raisons que j'ai reconnues depuis être moins fortes que je me les étais pour lors imaginées. Que me pourra-t-on donc objecter davantage ? Sera-ce que peut-être je dors (comme je me l'étais soi-même objecté ci-devant), ou bien que toutes les pensées que j'ai maintenant ne sont pas plus vraies que les rêveries que nous imaginons étant endormis ? Mais quand bien même je dormirais, tout ce qui se présente à mon esprit avec évidence est absolument véritable.

Et ainsi je reconnais très clairement que la certitude et la vérité de toute science dépend de la seule connaissance du vrai Dieu, en sorte qu'avant que je le connusse je ne pouvais savoir parfaitement aucune autre chose[1]. Et à présent que je le connais, j'ai le moyen d'acquérir une science parfaite touchant une infinité de choses, non seulement de celles qui sont en lui, mais aussi de celles qui appartiennent à la nature corporelle, en tant qu'elle peut servir d'objet aux démonstrations des géomètres, lesquels n'ont point d'égard à son existence.

1. Après avoir récapitulé tous ses doutes, Descartes conclut que la véracité divine est nécessaire pour garantir métaphysiquement la valeur de nos idées claires et distinctes. Voir **Problématiques essentielles** : Le statut épistémologique de Dieu, p. 27.

MÉDITATION SIXIÈME

DE L'EXISTENCE DES CHOSES MATÉRIELLES, ET DE LA RÉELLE DISTINCTION QUI EST ENTRE L'ÂME ET LE CORPS DE L'HOMME

Il ne me reste plus maintenant qu'à examiner s'il y a des choses matérielles ; et certes, au moins sais-je déjà qu'il y en peut[2] avoir, en tant qu'on les considère comme l'objet des démonstrations de géométrie, vu que de cette façon je les conçois fort clairement et fort distinctement. Car il n'y a point de doute que Dieu n'ait la puissance de produire toutes les choses que je suis capable de concevoir avec distinction ; et je n'ai jamais jugé qu'il lui fût

2. Seule l'essence de l'Être infini implique son existence ; mais les essences finies n'impliquent que la possibilité d'objets réels. Dans ce premier moment de la Méditation sixième, l'existence des choses sensibles est seulement possible.

impossible de faire quelque chose que par cela seul que je trouvais de la contradiction à la pouvoir bien concevoir. De plus, la faculté d'imaginer qui est en moi, et de laquelle je vois par expérience que je me sers lorsque je m'applique à la considération des choses matérielles, est capable de me persuader de leur existence ; car, quand je considère attentivement ce que c'est que l'imagination, je trouve qu'elle n'est autre chose qu'une certaine application de la faculté qui connaît au corps qui lui est intimement présent, et partant qui existe[1].

Et pour rendre cela très manifeste, je remarque premièrement la différence qui est entre l'imagination et la pure intellection ou conception. Par exemple, lorsque j'imagine un triangle, non seulement je conçois que c'est une figure composée de trois lignes, mais avec cela j'envisage ces trois lignes comme présentes par la force et l'application intérieure de mon esprit ; et c'est proprement ce que j'appelle imaginer. Que si je veux penser à un chiliogone, je conçois bien à la vérité que c'est une figure composée de mille côtés, aussi facilement que je conçois qu'un triangle est une figure composée de trois côtés seulement ; mais je ne puis pas imaginer les mille côtés d'un chiliogone comme je fais les trois d'un triangle, ni pour ainsi dire les regarder comme présents avec les yeux de mon esprit. Et quoique, suivant la coutume que j'ai de me servir toujours de mon imagination lorsque je pense aux choses corporelles, il arrive qu'en concevant un chiliogone je me représente confusément quelque figure, toutefois il est très évident que cette figure n'est point un chiliogone, puisqu'elle ne diffère nullement de celle que je me représenterais si je pensais à un myriogone ou à quelque autre figure de beaucoup de côtés, et qu'elle ne sert en aucune façon à découvrir les propriétés qui font la différence du chiliogone d'avec les autres polygones. Que s'il est question de considérer un pentagone, il est bien vrai que je puis concevoir sa figure aussi bien que celle d'un chiliogone, sans le secours de l'imagination ; mais je la puis aussi imaginer en appliquant l'attention de mon esprit à chacun de ses cinq côtés, et tout ensemble à l'aire ou à l'espace qu'ils renferment. Ainsi je connais clairement que j'ai besoin d'une particulière contention d'esprit pour imaginer, de laquelle je ne me sers point pour concevoir ou pour entendre, et cette particulière contention d'esprit montre évidemment la différence qui est

1. Voir **Concepts clés** : l'imagination, p. 123.

entre l'imagination et l'intellection ou conception pure[1]. Je remarque outre cela que cette vertu d'imaginer qui est en moi, en tant qu'elle diffère de la puissance de concevoir, n'est en aucune façon nécessaire à ma nature ou à mon essence, c'est-à-dire à l'essence de mon esprit ; car, encore que je ne l'eusse point, il est sans doute que je demeurerais toujours le même que je suis maintenant : d'où il semble que l'on puisse conclure qu'elle dépend de quelque chose qui diffère de mon esprit. Et je conçois facilement que, si quelque corps existe auquel mon esprit soit tellement conjoint et uni qu'il se puisse appliquer à le considérer quand il lui plaît, il se peut faire que par ce moyen il imagine les choses corporelles ; en sorte que cette façon de penser diffère seulement de la pure intellection en ce que l'esprit en concevant se tourne en quelque façon vers soi-même, et considère quelqu'une des idées qu'il a en soi ; mais en imaginant il se tourne vers le corps, et considère en lui quelque chose de conforme à l'idée qu'il a lui-même formée, ou qu'il a reçue par les sens. Je conçois, dis-je, aisément que l'imagination se peut faire de cette sorte, s'il est vrai qu'il y ait des corps ; et, parce que je ne puis rencontrer aucune autre voie pour expliquer comment elle se fait, je conjecture de là probablement qu'il y en a, mais ce n'est que probablement ; et, quoique j'examine soigneusement toutes choses, je ne trouve pas néanmoins que, de cette idée distincte de la nature corporelle que j'ai en mon imagination, je puisse tirer aucun argument qui conclue avec nécessité l'existence de quelque corps.

Or j'ai accoutumé d'imaginer beaucoup d'autres choses outre cette nature corporelle qui est l'objet de la géométrie, à savoir les couleurs, les sons, les saveurs, la douleur, et autres choses semblables, quoique moins distinctement : et d'autant que j'aperçois beaucoup mieux ces choses-là par les sens, par l'entremise desquels et de la mémoire elles semblent être parvenues jusqu'à mon imagination, je crois que, pour les examiner plus commodément, il est à propos que j'examine en même temps ce que c'est que sentir, et que je voie si de ces idées que je reçois en mon esprit par cette façon de penser que j'appelle sentir, je ne pourrais point tirer quelque preuve certaine de l'existence des choses corporelles.

Et premièrement, je rappellerai en ma mémoire quelles sont les choses que j'ai ci-devant tenues pour

1. Voir **Concepts clés** : l'imagination, p. 123.

vraies, comme les ayant reçues par les sens, et sur quels fondements ma créance était appuyée ; après, j'examinerai les raisons qui m'ont obligé depuis à les révoquer en doute, et enfin je considérerai ce que j'en dois maintenant croire[1].

Premièrement donc j'ai senti que j'avais une tête, des mains, des pieds, et tous les autres membres dont est composé ce corps que je considérais comme une partie de moi-même, ou peut-être aussi comme le tout ; de plus, j'ai senti que ce corps était placé entre beaucoup d'autres, desquels il était capable de recevoir diverses commodités et incommodités, et je remarquais ces commodités par un certain sentiment de plaisir ou de volupté, et ces incommodités par un sentiment de douleur. Et outre ce plaisir et cette douleur, je ressentais aussi en moi la faim, la soif, et d'autres semblables appétits ; comme aussi de certaines inclinations corporelles vers la joie, la tristesse, la colère, et autres semblables passions. Et au-dehors, outre l'extension, les figures, les mouvements des corps, je remarquais en eux de la dureté, de la chaleur, et toutes les autres qualités qui tombent sous l'attouchement ; de plus, j'y remarquais de la lumière, des couleurs, des odeurs, des saveurs et des sons, dont la variété me donnait moyen de distinguer le ciel, la terre, la mer, et généralement tous les autres corps les uns d'avec les autres. Et certes, considérant les idées de toutes ces qualités qui se présentaient à ma pensée, et lesquelles seules je sentais proprement et immédiatement, ce n'était pas sans raison que je croyais sentir des choses entièrement différentes de ma pensée, à savoir, des corps d'où procédaient ces idées ; car j'expérimentais qu'elles se présentaient à elle sans que mon consentement y fût requis, en sorte que je ne pouvais sentir aucun objet, quelque volonté que j'en eusse, s'il ne se trouvait présent à l'organe d'un de mes sens, et il n'était nullement en mon pouvoir de ne le pas sentir lorsqu'il s'y trouvait présent. Et parce que les idées que je recevais par les sens étaient beaucoup plus vives, plus expresses, et même à leur façon plus distinctes qu'aucune de celles que je pouvais feindre de moi-même en méditant, ou bien que je trouvais imprimées en ma mémoire, il semblait qu'elles ne pouvaient procéder de mon esprit ; de façon qu'il était nécessaire qu'elles fussent causées en moi par quelques autres choses. Desquelles choses n'ayant aucune connaissance, sinon celle que me donnaient ces mêmes idées, il

1. La Méditation sixième récapitule les anciennes croyances de Descartes, les raisons qui lui ont permis de les révoquer en doute, avant d'aborder le problème de ce qu'il peut légitimement croire.

ne me pouvait venir autre chose en l'esprit, sinon que ces choses-là étaient semblables aux idées qu'elles causaient. Et pour ce que je me ressouvenais aussi que je m'étais plutôt servi des sens que de ma raison, et que je reconnaissais que les idées que je formais de moi-même n'étaient pas si expresses que celles que je recevais par les sens, et même qu'elles étaient le plus souvent composées des parties de celles-ci, je me persuadais aisément que je n'avais aucune idée dans mon esprit qui n'eût passé auparavant par mes sens[1]. Ce n'était pas aussi sans quelque raison que je croyais que ce corps, lequel par un certain droit particulier j'appelais mien, m'appartenait plus proprement et plus étroitement que pas un autre ; car en effet je n'en pouvais jamais être séparé comme des autres corps ; je ressentais en lui et pour lui tous mes appétits et toutes mes affections ; et enfin j'étais touché des sentiments de plaisir et de douleur en ses parties, et non pas en celles des autres corps, qui en sont séparés. Mais quand j'examinais pourquoi de ce je ne sais quel sentiment de douleur suit la tristesse en l'esprit, et du sentiment de plaisir naît la joie, ou bien pourquoi cette je ne sais quelle émotion de l'estomac, que j'appelle faim, nous fait avoir envie de manger, et la sécheresse du gosier nous fait avoir envie de boire, et ainsi du reste, je n'en pouvais rendre aucune raison, sinon que la nature me l'enseignait de la sorte ; car il n'y a certes aucune affinité ni aucun rapport, au moins que je puisse comprendre, entre cette émotion de l'estomac et le désir de manger, non plus qu'entre le sentiment de la chose qui cause de la douleur, et la pensée de tristesse que fait naître ce sentiment. Et, en même façon, il me semblait que j'avais appris de la nature toutes les autres choses que je jugeais touchant les objets de mes sens, pour ce que je remarquais que les jugements que j'avais coutume de faire de ces objets se formaient en moi avant que j'eusse le loisir de peser et considérer aucunes raisons qui me pussent obliger à les faire.

Mais par après, plusieurs expériences ont peu à peu ruiné toute la créance que j'avais ajoutée à mes sens[2], car j'ai observé plusieurs fois que des tours, qui de loin m'avaient semblé rondes, me paraissaient de près être carrées, et que des colosses élevés sur les plus hauts sommets de ces tours me paraissaient de petites statues à les regarder d'en bas et ainsi, dans une infinité d'autres rencontres, j'ai trouvé de l'erreur dans les jugements fondés

1. Aucune idée dans l'esprit qui n'eût passé auparavant par les sens : telle est la formule de l'empirisme qui représente un moment dans les anciennes opinions de Descartes. Le problème est de savoir ce qui pourra être conservé d'une telle opinion. Pour l'instant, retenons non seulement que les idées qui semblent venir des sens sont « vives et expresses », mais surtout qu'elles se présentent à ma pensée tout à fait en dehors de ma volonté et « sans que mon consentement y fût requis ».

2. Descartes va récapituler ici les principales raisons qu'il a de douter de ses sens.

sur les sens extérieurs, et non pas seulement sur les sens extérieurs, mais même sur les intérieurs : car y a-t-il chose plus intime ou plus intérieure que la douleur ? et cependant j'ai autrefois appris de quelques personnes qui avaient les bras et les jambes coupées, qu'il leur semblait encore quelquefois sentir de la douleur dans la partie qu'ils n'avaient plus[1], ce qui me donnait sujet de penser que je ne pouvais aussi être entièrement assuré d'avoir mal à quelqu'un de mes membres, quoique je sentisse en lui de la douleur. Et à ces raisons de douter j'en ai encore ajouté depuis peu deux autres fort générales : la première est que je n'ai jamais rien cru sentir étant éveillé que je ne puisse quelquefois croire aussi sentir quand je dors, et comme je ne crois pas que les choses qu'il me semble que je sens en dormant procèdent de quelques objets hors de moi, je ne voyais pas pourquoi je devais plutôt avoir cette créance touchant celles qu'il me semble que je sens étant éveillé ; et la seconde, que, ne connaissant pas encore ou plutôt feignant de ne pas connaître l'auteur de mon être je ne voyais rien qui pût empêcher que je n'eusse été fait tel par la nature, que je me trompasse même dans les choses qui me paraissaient les plus véritables. Et, pour les raisons qui m'avaient ci-devant persuadé la vérité des choses sensibles, je n'avais pas beaucoup de peine à y répondre ; car la nature semblant me porter à beaucoup de choses dont la raison me détournait, je ne croyais pas me devoir confier beaucoup aux enseignements de cette nature. Et quoique les idées que je reçois par les sens ne dépendent point de ma volonté, je ne pensais pas devoir pour cela conclure qu'elles procédaient de choses différentes de moi, puisque peut-être il se peut rencontrer en moi quelque faculté, bien qu'elle m'ait été jusques ici inconnue, qui en soit la cause et qui les produise.

Mais maintenant que je commence à me mieux connaître moi-même et à découvrir plus clairement l'auteur de mon origine, je ne pense pas, à la vérité, que je doive témérairement admettre toutes les choses que les sens semblent nous enseigner, mais je ne pense pas aussi que je les doive toutes généralement révoquer en doute[2].

Et premièrement, pour ce que je sais que toutes les choses que je conçois clairement et distinctement peuvent être produites par Dieu telles que je les conçois, il suffit que je puisse concevoir clairement et distinctement une chose sans une autre, pour être certain que l'une est dis-

1. C'est la classique illusion des amputés. Le patient localise sa douleur dans le membre qu'il n'a plus. Il existe un contraste saisissant entre la violence de la douleur et l'absence de tout objet à l'endroit où le patient a mal. La connaissance sensible, même quand Descartes lui aura restitué une certaine valeur de signe, restera obscure et sujette à des erreurs accidentelles.

2. Les vérités démontrées dans la Méditation seconde (je pense, j'existe) et dans la troisième (Dieu existe et il n'est pas trompeur) permettent à Descartes de prévoir des jugements nuancés sur les messages de nos sens : sans doute tout ce qu'ils semblent nous enseigner n'est-il pas vrai, mais peut-être tout n'est-il pas systématiquement trompeur en eux.

tincte ou différente de l'autre, parce qu'elles peuvent être mises séparément, au moins par la toute-puissance de Dieu ; et il n'importe par quelle puissance cette séparation se fasse, pour être obligé à les juger différentes ; et partant, de cela même que je connais avec certitude que j'existe, et que cependant je ne remarque point qu'il appartienne nécessairement aucune autre chose à ma nature ou à mon essence, sinon que je suis une chose qui pense, je conclus fort bien que mon essence consiste en cela seul que je suis une chose qui pense, ou une substance dont toute l'essence ou la nature n'est que de penser. Et quoique peut-être, ou plutôt certainement comme je le dirai tantôt, j'aie un corps auquel je suis très étroitement conjoint, néanmoins, pour ce que d'un côté j'ai une claire et distincte idée de moi-même, en tant que je suis seulement une chose qui pense et non étendue, et que d'un autre j'ai une idée distincte du corps, en tant qu'il est seulement une chose étendue et qui ne pense point, il est certain que moi, c'est-à-dire mon âme, par laquelle je suis ce que je suis, est entièrement et véritablement distincte de mon corps, et qu'elle peut être ou exister sans lui[1].

De plus, je trouve en moi diverses facultés de penser qui ont chacune leur manière particulière, par exemple, je trouve en moi les facultés d'imaginer et de sentir, sans lesquelles je puis bien me concevoir clairement et distinctement tout entier, mais non pas réciproquement elles sans moi, c'est-à-dire sans une substance intelligente à qui elles soient attachées ou à qui elles appartiennent ; car, dans la notion que nous avons de ces facultés, ou, pour me servir des termes de l'école, dans leur concept formel, elles enferment quelque sorte d'intellection ; d'où je conçois qu'elles sont distinctes de moi comme les modes le sont des choses. Je connais aussi quelques autres facultés, comme celles de changer de lieu, de prendre diverses situations, et autres semblables, qui ne peuvent être conçues, non plus que les précédentes, sans quelque substance à qui elles soient attachées, ni par conséquent exister sans elle ; mais il est très évident que ces facultés, s'il est vrai qu'elles existent, doivent appartenir à quelque substance corporelle ou étendue, et non pas à une substance intelligente, puisque, dans leur concept clair et distinct, il y a bien quelque sorte d'extension qui se trouve contenue, mais point du tout d'intelligence[2]. De plus, je ne puis douter qu'il n'y ait en

1. Voir **Grandes thèses** : L'union de l'âme et du corps, p. 142.

2. La faculté de changer de lieu, que j'observe en moi, si elle n'est pas une illusion, témoigne de la présence d'une substance étendue nécessairement distincte de mon essence spirituelle.

moi une certaine faculté passive de sentir, c'est-à-dire de recevoir et de connaître les idées des choses sensibles ; mais elle me serait inutile, et je ne m'en pourrais aucunement servir, s'il n'y avait aussi en moi, ou en quelque autre chose, une autre faculté active, capable de former et produire ces idées. Or cette faculté active ne peut être en moi tant que je ne suis qu'une chose qui pense, vu qu'elle ne présuppose point ma pensée, et aussi que ces idées-là me sont souvent représentées sans que j'y contribue en aucune façon, et même souvent contre mon gré : il faut donc nécessairement qu'elle soit en quelque substance différente de moi, dans laquelle toute la réalité, qui est objectivement dans les idées qui sont produites par cette faculté, soit contenue formellement ou éminemment, comme je l'ai remarqué ci-devant : et cette substance est un corps, c'est-à-dire une nature corporelle, dans laquelle est contenu formellement et en effet tout ce qui est objectivement et par représentation dans ces idées ; ou bien c'est Dieu même, ou quelque autre créature plus noble que le corps, dans laquelle cela même est contenu éminemment[1]. Or Dieu n'étant point trompeur, il est très manifeste qu'il ne m'envoie point ces idées immédiatement par lui-même, ni aussi par l'entremise de quelque créature dans laquelle leur réalité ne soit pas contenue formellement, mais seulement éminemment. Car ne m'ayant donné aucune faculté pour connaître que cela soit, mais au contraire une très grande inclination à croire qu'elles partent des choses corporelles, je ne vois pas comment on pourrait l'excuser de tromperie, si en effet ces idées partaient d'ailleurs, ou étaient produites par d'autres causes que par des choses corporelles[2] et partant il faut conclure qu'il y a des choses corporelles qui existent. Toutefois elles ne sont peut-être pas entièrement telles que nous les apercevons par les sens, car il y a bien des choses qui rendent cette perception des sens fort obscure et confuse ; mais au moins faut-il avouer que toutes les choses que j'y conçois clairement et distinctement, c'est-à-dire toutes les choses, généralement parlant, qui sont comprises dans l'objet de la géométrie spéculative, s'y rencontrent véritablement.

Mais pour ce qui est des autres choses, lesquelles ou sont seulement particulières, par exemple que le soleil soit de telle grandeur et de telle figure, etc., ou bien sont conçues moins clairement et moins distinctement,

1. Les idées des choses sensibles sont produites en moi par quelque réalité distincte de moi. Serait-ce Dieu lui-même qui les contiendrait virtuellement et les imprimerait directement en moi ?

2. Mais j'ai une forte inclination à croire que les idées sensibles me viennent de choses corporelles. S'il n'en était pas ainsi, Dieu ne pourrait être « excusé de tromperie ». La véracité divine me garantit donc en définitive – une fois précisée la distinction radicale de la substance pensée et de la substance étendue – l'existence des corps matériels étendus qui sont la source de mes sensations.

comme la lumière, le son, la douleur, et autres semblables, il est certain qu'encore qu'elles soient fort douteuses et incertaines, toutefois de cela seul que Dieu n'est point trompeur, et que par conséquent il n'a point permis qu'il pût y avoir aucune fausseté dans mes opinions qu'il ne m'ait aussi donné quelque faculté capable de la corriger, je crois pouvoir conclure assurément que j'ai en moi les moyens de les connaître avec certitude. Et premièrement, il n'y a point de doute que tout ce que la nature m'enseigne contient quelque vérité ; car par la nature, considérée en général, je n'entends maintenant autre chose que Dieu même, ou bien l'ordre et la disposition que Dieu a établie dans les choses créées ; et par ma nature en particulier, je n'entends autre chose que la complexion ou l'assemblage de toutes les choses que Dieu m'a données.

Or il n'y a rien que cette nature m'enseigne plus expressément ni plus sensiblement, sinon que j'ai un corps qui est mal disposé quand je sens de la douleur, qui a besoin de manger ou de boire quand j'ai les sentiments de la faim ou de la soif, etc. Et partant, je ne dois aucunement douter qu'il n'y ait en cela quelque vérité[1].

La nature m'enseigne aussi, par ces sentiments de douleur, de faim, de soif, etc., que je ne suis pas seulement logé dans mon corps ainsi qu'un pilote en son navire, mais outre cela que je lui suis conjoint très étroitement, et tellement confondu et mêlé que je compose comme un seul tout avec lui[2]. Car si cela n'était, lorsque mon corps est blessé, je ne sentirais pas pour cela de la douleur, moi qui ne suis qu'une chose qui pense ; mais j'apercevrais cette blessure par le seul entendement, comme un pilote aperçoit par la vue si quelque chose se rompt dans son vaisseau. Et lorsque mon corps a besoin de boire ou de manger, je connaîtrais simplement cela même, sans en être averti par des sentiments confus de faim et de soif ; car en effet tous ces sentiments de faim, de soif, de douleur, etc., ne sont autre chose que de certaines façons confuses de penser, qui proviennent et dépendent de l'union et comme du mélange de l'esprit avec le corps.

Outre cela, la nature m'enseigne que plusieurs autres corps existent autour du mien, desquels j'ai à poursuivre les uns et à fuir les autres. Et certes, de ce que je sens différentes sortes de couleurs, d'odeurs, de saveurs,

1. Mes sensations, mes émotions, mes désirs signifient certainement « quelque vérité ». Mais cette vérité, nous allons le voir, n'est pas une connaissance scientifique. Voir **Grandes thèses** : L'union de l'âme et du corps, p. 142.

2. Descartes reprend ici une formule d'Aristote et de Thomas d'Aquin : « L'âme n'est pas dans le corps humain comme un pilote en son navire. » Certes, Descartes entend dépouiller la mécanique de toute forme substantielle : la matière inerte, comme la matière vivante chez les animaux, n'est que de l'étendue et du mouvement. Il n'en est pas de même pour le composé humain. À côté de la substance pensée et de la substance étendue, il faut faire une place à l'union substantielle et comme au « mélange » de l'âme humaine et du corps humain. Voir **Grandes thèses** : L'union de l'âme et du corps, p. 142.

de sons, de chaleur, de dureté, etc., je conclus fort bien qu'il y a, dans les corps d'où procèdent toutes ces diverses perceptions des sens, quelques variétés qui leur répondent, quoique peut-être ces variétés ne leur soient point en effet semblables ; et de ce qu'entre ces diverses perceptions des sens les unes me sont agréables et les autres désagréables, il n'y a point de doute que mon corps, ou plutôt moi-même tout entier, en tant que je suis composé de corps et d'âme, ne puisse recevoir diverses commodités ou incommodités des autres corps qui l'environnent.

Mais il y a plusieurs autres choses qu'il semble que la nature m'ait enseignées, lesquelles toutefois je n'ai pas véritablement apprises d'elle, mais qui se sont introduites en mon esprit par une certaine coutume que j'ai de juger inconsidérément des choses ; et ainsi il peut aisément arriver qu'elles contiennent quelque fausseté, comme, par exemple, l'opinion que j'ai que tout espace dans lequel il n'y a rien qui meuve et fasse « impression sur » mes sens soit vide ; que dans un corps qui est chaud il y ait quelque chose de semblable à l'idée de la chaleur qui est en moi ; que dans un corps blanc ou noir il y ait la même blancheur ou noirceur que je sens ; que dans un corps amer ou doux il y ait le même goût ou la même saveur, et ainsi des autres ; que les astres, les tours et tous les autres corps éloignés soient de la même figure et grandeur qu'ils paraissent de loin à nos yeux, etc.[1] Mais afin qu'il n'y ait rien en ceci que je ne conçoive distinctement, je dois précisément définir ce que j'entends proprement lorsque je dis que la nature m'enseigne quelque chose. Car je prends ici la nature en une signification plus resserrée que lorsque je l'appelle un assemblage ou une complexion de toutes les choses que Dieu m'a données, vu que cet assemblage ou complexion comprend beaucoup de choses qui n'appartiennent qu'à l'esprit seul, desquelles je n'entends point ici parler en parlant de la nature, comme, par exemple, la notion que j'ai de cette vérité, que ce qui a une fois été fait ne peut plus n'avoir point été fait, et une infinité d'autres semblables, que je connais par la lumière naturelle sans l'aide du corps, et qu'il en comprend aussi plusieurs autres qui n'appartiennent qu'au corps seul, et ne sont point ici non plus contenues sous le nom de nature, comme la qualité qu'il a d'être pesant, et plusieurs autres semblables, desquelles je ne parle pas aussi, mais seulement des choses que Dieu

1. Même si je suis assuré que le monde extérieur existe, il n'existe pas pour autant tel que je me le représente : l'idée d'un espace vide, la chaleur, la couleur et toutes les qualités secondes attribuées aux corps eux-mêmes, voilà autant d'idées confuses qui n'ont peut-être aucune existence réelle dans les choses elles-mêmes.

m'a données, comme étant composé d'esprit et de corps. Or cette nature m'apprend bien à fuir les choses qui causent en moi le sentiment de la douleur, et à me porter vers celles qui me font avoir quelque sentiment de plaisir ; mais je ne vois point qu'outre cela elle m'apprenne que de ces diverses perceptions des sens nous devions jamais rien conclure touchant les choses qui sont hors de nous, sans que l'esprit les ait soigneusement et mûrement examinées[1] car c'est, ce me semble, à l'esprit seul, et non point au composé de l'esprit et du corps, qu'il appartient de connaître la vérité de ces choses-là. Ainsi, quoiqu'une étoile ne fasse pas plus d'impression en mon œil que le feu d'une chandelle, il n'y a toutefois en moi aucune faculté réelle ou naturelle qui me porte à croire qu'elle n'est pas plus grande que ce feu ; mais je l'ai jugé ainsi dès mes premières années, sans aucun raisonnable fondement. Et quoiqu'en approchant du feu je sente de la chaleur, et même que m'en approchant un peu trop près je ressente de la douleur, il n'y a toutefois aucune raison qui me puisse persuader qu'il y a dans le feu quelque chose de semblable à cette chaleur, non plus qu'à cette douleur ; mais seulement j'ai raison de croire qu'il y a quelque chose en lui, quelle qu'elle puisse être, qui excite en moi ces sentiments de chaleur ou de douleur. De même aussi, quoiqu'il y ait des espaces dans lesquels je ne trouve rien qui excite et meuve mes sens, je ne dois pas conclure pour cela que ces espaces ne contiennent en eux aucun corps ; mais je vois que tant en ceci qu'en plusieurs autres choses semblables j'ai accoutumé de pervertir et confondre l'ordre de la nature, parce que ces sentiments ou perceptions des sens n'ayant été mises en moi que pour signifier à mon esprit quelles choses sont convenables ou nuisibles au composé dont il est partie, et jusque-là étant assez claires et assez distinctes, je m'en sers néanmoins comme si elles étaient des règles très certaines par lesquelles je pusse connaître immédiatement l'essence et la nature des corps qui sont hors de moi, de laquelle toutefois elles ne me peuvent rien enseigner que de fort obscur et confus[2].

Mais j'ai déjà ci-devant assez examiné comment, nonobstant la souveraine bonté de Dieu, il arrive qu'il y ait de la fausseté dans les jugements que je fais en cette sorte. Il se présente seulement encore ici une difficulté touchant les choses que la nature m'enseigne devoir être suivies ou évitées, et aussi touchant les sentiments inté-

1. Les messages de nos sens n'ont pas valeur de connaissances rationnelles objectives. Ce sont des signaux qui ont une valeur vitale ; ils m'apprennent ce qui est commode ou dangereux pour ma vie, ce vers quoi je puis « me porter » et ce qu'au contraire je dois fuir. En ce sens, ils ont une clarté qui leur est propre et qui n'est pas la clarté d'une évidence rationnelle.

2. Descartes distingue ici la valeur utilitaire, biologique, dirions-nous, des données sensibles, et la valeur de vérité qui, elle, est accessible au seul entendement.

rieurs qu'elle a mis en moi ; car il me semble y avoir quelquefois remarqué de l'erreur, et ainsi que je suis directement trompé par ma nature, comme, par exemple, le goût agréable de quelque viande en laquelle on aura mêlé du poison peut m'inviter à prendre ce poison, et ainsi me tromper. Il est vrai toutefois qu'en ceci la nature peut être excusée, car elle me porte seulement à désirer la viande dans laquelle se rencontre une saveur agréable, et non point à désirer le poison, lequel lui est inconnu ; de façon que je ne puis conclure de ceci autre chose sinon que ma nature ne connaît pas entièrement et universellement toutes choses, de quoi certes il n'y a pas lieu de s'étonner, puisque l'homme, étant d'une nature finie, ne peut aussi avoir qu'une connaissance d'une perfection limitée.

Mais nous nous trompons aussi assez souvent, même dans les choses auxquelles nous sommes directement portés par la nature, comme il arrive aux malades, lorsqu'ils désirent de boire ou de manger des choses qui leur peuvent nuire. On dira peut-être ici que ce qui est cause qu'ils se trompent est que leur nature est corrompue ; mais cela n'ôte pas la difficulté, car un homme malade n'est pas moins véritablement la créature de Dieu qu'un homme qui est en pleine santé ; et partant il répugne autant à la bonté de Dieu qu'il ait une nature trompeuse et fautive que l'autre. Et comme une horloge, composée de roues et de contrepoids, n'observe pas moins exactement toutes les lois de la nature lorsqu'elle est mal faite et qu'elle ne montre pas bien les heures que lorsqu'elle satisfait entièrement au désir de l'ouvrier, de même aussi si je considère le corps de l'homme comme étant une machine tellement bâtie et composée d'os, de nerfs, de muscles, de veines, de sang et de peau[1], qu'encore bien qu'il n'y eût en lui aucun esprit, il ne laisserait pas de se mouvoir en toutes les mêmes façons qu'il fait à présent, lorsqu'il ne se meut point par la direction de sa volonté, ni par conséquent par l'aide de l'esprit, mais seulement par la disposition de ses organes, je reconnais facilement qu'il serait aussi naturel à ce corps, étant par exemple hydropique, de souffrir la sécheresse du gosier, qui a coutume de porter à l'esprit le sentiment de la soif, et d'être disposé par cette sécheresse à mouvoir ses nerfs et ses autres parties en la façon qui est requise pour boire, et ainsi d'augmenter son mal et se nuire à soi-même, qui lui est naturel, lorsqu'il n'a aucune indisposition, d'être

1. Difficulté fondamentale : mes sensations et mes désirs n'ont pas toujours une valeur vitale ; par exemple, un malade désire boire alors que peut-être, il vaudrait mieux pour sa santé qu'il s'abstînt. Descartes propose une première interprétation : nous pouvons imaginer qu'un corps humain malade est comme une horloge déréglée. Une horloge « composée de roues et de contrepoids » fonctionne selon un déterminisme rationnel même quand elle est détraquée. Une machine déréglée n'en obéit pas moins aux lois de la nature. Mais si les corps des animaux sont comme des horloges (théorie de l'animal-machine) la question se pose de savoir si le corps humain est parfaitement identifiable au corps animal.

porté à boire pour son utilité par une semblable sécheresse de gosier ; et quoique, regardant à l'usage auquel une horloge a été destinée par son ouvrier, je puisse dire qu'elle se détourne de sa nature lorsqu'elle ne marque pas bien les heures ; et qu'en même façon, considérant la machine du corps humain comme ayant été formée de Dieu pour avoir en soi tous les mouvements qui ont coutume d'y être, j'aie sujet de penser qu'elle ne suit pas l'ordre de sa nature quand son gosier est sec, et que le boire nuit à sa conservation, je reconnais toutefois que cette dernière façon d'expliquer la nature est beaucoup différente de l'autre ; car celle-ci n'est autre chose qu'une certaine dénomination extérieure, laquelle dépend entièrement de ma pensée, qui compare un homme malade et une horloge mal faite avec l'idée que j'ai d'un homme sain et d'une horloge bien faite, et laquelle ne signifie rien qui se trouve en effet dans la chose dont elle se dit ; au lieu que, par l'autre façon d'expliquer la nature, j'entends quelque chose qui se rencontre véritablement dans les choses, et partant qui n'est point sans quelque vérité.

Mais certes, quoique au regard d'un corps hydropique ce ne soit qu'une dénomination extérieure quand on dit que sa nature est corrompue lorsque, sans avoir besoin de boire, il ne laisse pas d'avoir le gosier sec et aride, toutefois, au regard de tout le composé, c'est-à-dire de l'esprit ou de l'âme unie au corps, ce n'est pas une pure dénomination, mais bien une véritable erreur de nature[1] de ce qu'il a soif lorsqu'il lui est très nuisible de boire ; et partant il reste encore à examiner comment la bonté de Dieu n'empêche pas que la nature de l'homme, prise de cette sorte, soit fautive et trompeuse.

Pour commencer donc cet examen, je remarque ici premièrement, qu'il y a une grande différence entre l'esprit et le corps, en ce que le corps, de sa nature, est toujours divisible, et que l'esprit est entièrement indivisible. Car, en effet, quand je le considère, c'est-à-dire quand je me considère moi-même, en tant que je suis seulement une chose qui pense, je ne puis distinguer en moi aucunes parties, mais je connais et conçois fort clairement que je suis une chose absolument une et entière. Et quoique tout l'esprit semble être uni à tout le corps, toutefois lorsqu'un pied, ou un bras, ou quelque autre partie vient à en être séparée, je connais fort bien que rien pour cela n'a été retranché de mon esprit. Et les facultés de

1. Si le corps humain n'était qu'une machine, tous ses comportements s'expliqueraient parfaitement par la mécanique, y compris quand la machine est déréglée. Car, dans ce cas, la norme serait une dénomination extérieure et non pas une finalité immanente. Mais « au regard de tout le composé » humain, c'est-à-dire de « l'âme unie au corps », on retrouve les problèmes de finalité immanente. Ici, le pathologique n'est pas réduit, comme dans le cas de l'horloge détraquée, à l'absence d'une norme extrinsèque. Comment nous, hommes (mélanges de corps et d'âme, corps « informés » par l'âme), pouvons-nous être trompés par nos sens si Dieu est bon ? Ce problème métaphysique n'est pas encore résolu à ce moment.

vouloir, de sentir, de concevoir, etc., ne peuvent pas non plus être dites proprement ses parties ; car c'est le même esprit qui s'emploie tout entier à vouloir, et tout entier à sentir et à concevoir, etc. Mais c'est tout le contraire dans les choses corporelles ou étendues ; car je n'en puis imaginer aucune, pour petite qu'elle soit, que je ne mette aisément en pièces par ma pensée, ou que mon esprit ne divise fort facilement en plusieurs parties, et par conséquent que je ne connaisse être divisible. Ce qui suffirait pour m'enseigner que l'esprit ou l'âme de l'homme est entièrement différente du corps, si je ne l'avais déjà d'ailleurs assez appris[1].

1. Voir **Grandes thèses** : L'union de l'âme et du corps, p. 142.

Je remarque aussi que l'esprit ne reçoit pas immédiatement l'impression de toutes les parties du corps, mais seulement du cerveau, ou peut-être même d'une de ses plus petites parties, à savoir de celle où s'exerce cette faculté qu'ils appellent le sens commun, laquelle, toutes les fois qu'elle est disposée de même façon, fait sentir la même chose à l'esprit, quoique cependant les autres parties du corps puissent être diversement disposées, comme le témoignent une infinité d'expériences, lesquelles il n'est pas besoin ici de rapporter.

Je remarque, outre cela, que la nature du corps est telle qu'aucune de ses parties ne peut être mue par une autre partie un peu éloignée, qu'elle ne le puisse être aussi de la même sorte par chacune des parties qui sont entre deux, quoique cette partie plus éloignée n'agisse point. Comme par exemple, dans la corde ABCD, qui est toute tendue, si l'on vient à tirer et remuer la dernière partie D, la première A ne sera pas mue d'une autre façon qu'elle le pourrait aussi être, si on tirait une des parties moyennes B ou C, et que la dernière D demeurât cependant immobile. Et en même façon, quand je ressens de la douleur au pied, la physique m'apprend que ce sentiment se communique par le moyen des nerfs dispersés dans le pied, qui se trouvant tendus comme des cordes depuis là jusqu'au cerveau, lorsqu'ils sont tirés dans le pied, tirent aussi en même temps l'endroit du cerveau d'où ils viennent et auquel ils aboutissent, et y excitent un certain mouvement que la nature a institué pour faire sentir de la douleur à l'esprit, comme si cette douleur était dans le pied. Mais parce que ces nerfs doivent passer par la jambe, par la cuisse, par les reins, par le dos et par le col, pour s'étendre depuis le pied jusqu'au cerveau, il peut arriver qu'encore bien que leurs extrémités qui sont dans le pied ne soient point remuées, mais seulement quelques-unes de leurs parties qui passent par les reins ou par le col, cela néanmoins excite les mêmes mouvements dans le cerveau qui pourraient y être excités par une blessure reçue dans le pied ; ensuite de quoi il sera nécessaire que l'esprit ressente dans le pied la même douleur que s'il y avait reçu une blessure ; et il faut juger le semblable de toutes les autres perceptions de nos sens[1].

Enfin, je remarque que, puisque chacun des mouvements qui se font dans la partie du cerveau dont l'esprit reçoit immédiatement l'impression ne lui fait ressentir qu'un seul sentiment, on ne peut en cela souhaiter ni imaginer rien de mieux, sinon que ce mouvement fait ressentir à l'esprit, entre tous les sentiments qu'il est capable de causer, celui qui est le plus propre et le plus ordinairement utile à la conservation du corps humain lorsqu'il est en pleine santé. Or, l'expérience nous fait connaître que tous les sentiments que la nature nous a donnés sont tels que je viens de dire ; et partant il ne se trouve rien en eux qui ne fasse paraître la puissance et la bonté de Dieu. Ainsi, par exemple, lorsque les nerfs qui sont dans le pied sont remués fortement et plus qu'à l'ordinaire, leur mouvement passant par la moelle de l'épine du dos jusqu'au cerveau, y fait là une impression à l'esprit qui lui fait sentir quelque chose, à savoir de la douleur, comme étant dans le pied, par laquelle l'esprit est averti et excité à faire son possible pour en chasser la cause, comme très dangereuse et nuisible au pied. Il est vrai que Dieu pouvait établir la nature de l'homme de telle sorte que ce même mouvement dans le cerveau fit sentir toute autre chose à l'esprit ; par exemple, qu'il se fît sentir soi-même, ou en tant qu'il est dans le cerveau, ou en tant qu'il est dans le pied, ou bien en tant qu'il est en quelque autre endroit entre le pied et le cerveau, ou enfin quelque autre chose telle qu'elle peut être ; mais rien de tout cela n'eût si bien contribué à la conservation du corps que ce qu'il lui fait sentir. De même lorsque nous avons besoin de boire, il naît de là une certaine sécheresse dans le gosier qui remue ses nerfs, et par leur moyen les parties intérieures du cerveau ; et ce mouvement fait ressentir à l'esprit le sentiment de la soif, parce qu'en cette occasion-là il n'y a rien qui nous soit plus utile que de savoir que nous avons besoin de boire pour la conservation de notre santé, et ainsi des autres.

1. Les erreurs des sens, les indications de nos désirs, qui, accidentellement, peuvent être nuisibles à la santé, viennent de la nature du corps qui est essentiellement divisible. Ainsi, l'illusion des amputés s'explique ainsi : si n'importe quel endroit du trajet suivi par les nerfs jusqu'au cerveau se trouve excité, le cerveau interprète toujours cette information comme si elle venait de l'endroit du corps qui est habituellement la source de cette information : en l'occurrence, le membre fantôme.

D'où il est entièrement manifeste que, nonobstant la souveraine bonté de Dieu, la nature de l'homme, en tant qu'il est composé de l'esprit et du corps, ne peut qu'elle ne soit quelquefois fautive et trompeuse. Car s'il y a quelque cause qui excite, non dans le pied, mais en quelqu'une des parties du nerf qui est tendu depuis le pied jusqu'au cerveau, ou même dans le cerveau, le même mouvement qui se fait ordinairement quand le pied est mal disposé, on sentira de la douleur comme si elle était dans le pied, et le sens sera naturellement trompé ; parce qu'un même mouvement dans le cerveau ne pouvant causer en l'esprit qu'un même sentiment, et ce sentiment étant beaucoup plus souvent excité par une cause qui blesse le pied que par une autre qui soit ailleurs, il est bien plus raisonnable qu'il porte toujours à l'esprit la douleur du pied que celle d'aucune autre partie. Et s'il arrive que parfois la sécheresse du gosier ne vienne pas comme à l'ordinaire de ce que le boire est nécessaire pour la santé du corps, mais de quelque cause toute contraire, comme il arrive à ceux qui sont hydropiques, toutefois il est beaucoup mieux qu'elle trompe en cette rencontre-là que si, au contraire, elle trompait toujours lorsque le corps est bien disposé, et ainsi des autres[1].

Et certes, cette considération me sert beaucoup non seulement pour reconnaître toutes les erreurs auxquelles ma nature est sujette, mais aussi pour les éviter ou pour les corriger plus facilement ; car, sachant que tous mes sens me signifient plus ordinairement le vrai que le faux touchant les choses qui regardent les commodités ou incommodités du corps, et pouvant presque toujours me servir de plusieurs d'entre eux pour examiner une même chose, et, outre cela, pouvant user de ma mémoire pour lier et joindre les connaissances présentes aux passées, et de mon entendement, qui a déjà découvert toutes les causes de mes erreurs, je ne dois plus craindre désormais qu'il se rencontre de la fausseté dans les choses qui me sont le plus ordinairement représentées par mes sens[2]. Et je dois rejeter tous les doutes de ces jours passés, comme hyperboliques et ridicules, particulièrement cette incertitude si générale touchant le sommeil, que je ne pouvais distinguer de la veille ; car à présent j'y rencontre une très notable différence, en ce que notre mémoire ne peut jamais lier et joindre nos songes les uns avec les autres, et avec toute la suite de notre vie, ainsi qu'elle a de coutume

1. La sensation de soif est en général une sensation utile. Elle ne perd sa valeur de signal que lorsque notre organisation est accidentellement déréglée. On pense ici à la solution du problème du mal qu'adoptera un peu plus tard Malebranche : Dieu agit par lois générales et la « simplicité » de ses voies fait ressortir l'harmonie et la beauté de sa Providence. Mais la « simplicité » des voies divines implique que dans telle ou telle occurrence particulière, le mal puisse s'introduire comme conséquence accidentelle (et non voulue expressément par Dieu) des règles générales simples et harmonieuses.

2. Les fausses indications de nos sens sont donc accidentelles. Ceci a plusieurs conséquences : d'abord que je peux corriger une erreur de cet ordre par un examen attentif ; ensuite que j'ai le droit, par des moyens techniques, de parer à de tels accidents non voulus expressément par Dieu.

de joindre les choses qui nous arrivent étant éveillés. Et en effet, si quelqu'un, lorsque je veille, m'apparaissait tout soudain et disparaissait de même comme font les images que je vois en dormant, en sorte que je ne pusse remarquer ni d'où il viendrait ni où il irait, ce ne serait pas sans raison que je l'estimerais un spectre ou un fantôme formé dans mon cerveau, et semblable à ceux qui s'y forment quand je dors, plutôt qu'un vrai homme. Mais lorsque j'aperçois des choses dont je connais distinctement et le lieu d'où elles viennent, et celui où elles sont, et le temps auquel elles m'apparaissent, et que sans aucune interruption je puis lier le sentiment que j'en ai avec la suite du reste de ma vie, je suis entièrement assuré que je les aperçois en veillant, et non point dans le sommeil[1]. Et je ne dois en aucune façon douter de la vérité de ces choses-là, si, après avoir appelé tous mes sens, ma mémoire et mon entendement pour les examiner, il ne m'est rien rapporté par aucun d'eux qui ait de la répugnance avec ce qui m'est rapporté par les autres. Car de ce que Dieu n'est point trompeur, il suit nécessairement que je ne suis point en cela trompé. Mais parce que la nécessité des affaires nous oblige souvent à nous déterminer avant que nous ayons eu le loisir de les examiner si soigneusement, il faut avouer que la vie de l'homme est sujette à faillir fort souvent dans les choses particulières, et enfin il faut reconnaître l'infirmité et la faiblesse de notre nature.

1. La distinction de la réalité et du rêve s'opère donc par le critère de cohérence.

Dossier

Concepts clés

les idées

Voir **Méditation troisième**.

« Par le nom d'idée, j'entends cette forme de chacune de nos pensées, par la perception immédiate de laquelle nous avons connaissance de ces mêmes pensées. En telle sorte que je ne puis rien exprimer par des paroles, lorsque j'entends ce que je dis, que de cela même il ne soit pas certain que j'ai en moi l'idée de la chose qui est signifiée par mes paroles. » [1]

1. Le problème posé par les idées

Une idée est pour Descartes une représentation mentale. C'est ce qui est dans notre esprit lorsque nous concevons quelque chose. Par conséquent, toutes les idées renvoient au sujet qui les pense. Le problème est de savoir si elles renvoient à autre chose. Nous avons tendance à croire que nos idées correspondent à des objets extérieurs, qu'elles en sont des images. « [...] *je pensais apercevoir très clairement* [...] *qu'il y avait des choses hors de moi d'où procédaient ces idées, et auxquelles elles étaient tout à fait semblables.* » [2] Le problème que pose Descartes à propos des idées est celui de leur vérité, entendue comme adéquation à la réalité des choses qu'elles représentent. Mes idées correspondent-elles à des objets réels et les représentent-elles fidèlement, ou bien ne sont-elles que des fictions de mon esprit ?

2. Quelle est l'origine des idées ?

Pour résoudre ce problème, Descartes va d'abord s'interroger sur l'origine des idées. Il distingue trois origines possibles : « [...] *entre ces idées, les unes me semblent être nées avec moi, les autres être étrangères et venir de dehors, et les autres être faites et inventées par moi-même* [3] ». Les idées peuvent être innées, c'est-à-dire qu'elles sont dans mon esprit depuis que j'existe. Je ne les acquière pas, je les possède toujours déjà. Ce sont des idées qui appartiennent à ma nature propre ; et ces idées ont été inscrites en moi par celui qui m'a créé. Descartes donne comme exemples d'idées innées l'idée de la vérité, l'idée de Dieu et les idées mathématiques. En effet, je peux former l'idée de triangle sans avoir jamais vu aucun objet triangulaire, et cette idée est la même pour tous les esprits.

1. Secondes Réponses.
2. Méditation troisième, p. 69.
3. Méditation troisième, p. 71.

Une autre catégorie d'idées constitue celles qui sont produites par l'entremise des sens. Ces idées ont donc une origine différente de moi. « [...] *si j'ouïs maintenant quelque bruit, si je vois le soleil, si je sens de la chaleur, jusqu'à cette heure j'ai jugé que ces sentiments procédaient de quelques choses qui existent hors de moi.* » [1] Les idées adventices sont donc des idées qui proviennent d'objets extérieurs.

Enfin une dernière catégorie d'idées constitue les idées factices. Ce sont des idées artificielles, construites par moi. « [...] *il me semble que les sirènes, les hippogriffes et toutes les autres semblables chimères sont des fictions et inventions de mon esprit.* » [2] Ainsi, je forme l'idée de sirène en associant un buste de femme à une queue de poisson.

Mais le problème est que les idées adventices, par exemple, qui semblent être produites par une cause différente de moi, sont peut-être produites par moi. Et de plus, rien ne m'assure que, si ces idées sont bien produites par une cause étrangère, elles sont semblables à l'objet qu'elles me représentent. Distinguer l'origine des idées ne résout donc pas le problème de leur vérité.

3. Quelle est la nature des idées ?

Descartes va donc réfléchir à la nature des idées et étudier comment elles sont composées. Il reprend pour cela les distinctions opérées par la philosophie scolastique. Il distingue trois aspects dans l'idée : sa réalité matérielle, sa réalité formelle et sa réalité objective. La réalité matérielle de l'idée, c'est ce dont elle est faite : une idée est constituée par de la pensée, comme une table est en bois et un immeuble en pierre. Une idée est donc d'étoffe mentale. La réalité formelle d'une idée, c'est l'être auquel elle renvoie. Formel signifie ici réel. Et la réalité objective d'une idée, c'est ce que l'idée représente, son contenu représentatif. Ainsi l'idée de sirène a un contenu objectif (une femme ayant une queue de poisson), mais elle ne correspond à aucune réalité formelle, à aucun objet extérieur, excepté l'esprit qui forme cette idée.

Or Descartes considère que ce que représente une idée n'est pas rien ; le contenu représentatif d'une idée n'est pas un pur néant. « [...] *afin qu'une idée contienne une telle réalité objective plutôt qu'une autre, elle doit sans doute avoir cela de quelque cause dans laquelle il se rencontre pour le moins autant de réalité formelle que cette idée contient de réalité objective.* » [3] Ce qu'une idée représente, sa réalité objective, renvoie à un être qui puisse en rendre compte, donc renvoie à une réalité formelle. Descartes applique ici le principe de causalité aux idées : il faut au moins autant de réalité dans la cause que dans l'effet. Le problème sera donc désormais de savoir si je

1. Méditation troisième, p. 71.
2. *Ibid.*
3. Méditation troisième, p. 74.

peux être la cause de toutes mes idées. Si la réponse est négative, alors je serai contraint de poser l'existence d'un autre être que moi, sujet de mes idées[1].

4. Idée claire et distincte / idée obscure et confuse

Concernant les idées, une dernière remarque reste à faire. Descartes oppose les idées claires et distinctes aux idées obscures et confuses, les premières étant nécessairement vraies, car la clarté et la distinction sont des catégories du vrai. Une idée est claire lorsqu'elle est « *présente et manifeste à un esprit attentif* ». Elle est immédiatement présente à l'entendement, son contenu est donc directement perçu et aucune ombre ne subsiste en elle. Le contraire de l'idée claire est l'idée obscure dont le type est pour Descartes le souvenir d'une idée que j'ai eue. Une idée distincte est une idée que nous distinguons de toutes les autres idées ; tous les éléments qui lui appartiennent sont présents à l'esprit de telle sorte que nous ne risquons pas de la confondre avec une autre idée. Notre entendement étant naturellement droit, si nous avons une idée claire et distincte d'une chose, cette idée est vraie, elle correspond à ce qu'est la chose[2].

la volonté

Voir **Méditation quatrième**.

« [...] *elle consiste seulement en ce que nous pouvons faire une même chose ou ne la faire pas, c'est-à-dire affirmer ou nier, poursuivre ou fuir une même chose ; ou plutôt elle consiste seulement en ce que, pour affirmer ou nier, poursuivre ou fuir les choses que l'entendement nous propose, nous agissons de telle sorte que nous ne sentons point qu'aucune force extérieure nous y contraigne.* »[3]

1. Une volonté infinie

La volonté est le pouvoir de disposer, c'est-à-dire d'affirmer ou de nier la vérité de telle ou telle idée. C'est un pouvoir de décision, de choix. Descartes assimile la volonté à la liberté : une action volontaire est une action libre. Pour lui, la liberté se situe dans la volonté.

La spécificité de la volonté est qu'elle est infinie ; contrairement à l'entendement qui est limité (je n'ai pas la puissance de tout connaître), la

1. Voir **Grandes thèses** : L'existence de Dieu, p. 130.
2. Voir **Grandes thèses** : L'erreur, conséquence de la liberté, p. 138.
3. Méditation quatrième, p. 88.

volonté n'est limitée par rien. « *Il n'y a que la volonté seule ou la seule liberté du franc arbitre que j'expérimente en moi être si grande que je ne conçois point l'idée d'aucune autre plus ample et plus étendue.* »[1] Ma volonté n'a pas de bornes, elle est au moins formellement aussi infinie que celle de Dieu. J'ai la même puissance de vouloir que Dieu. Mais le problème est que, ayant un entendement fini, je ne vais pas pouvoir vouloir de la même façon que Dieu. En effet, mon entendement présente, propose des idées à la volonté qui les accepte ou les rejette. L'acte de la volonté est donc second par rapport à l'acte de l'entendement : il faut d'abord que l'entendement présente des idées pour qu'ensuite je prenne une décision.

À partir de ce schéma, on peut comprendre la possibilité de l'erreur[2]. Si la volonté se décide avant que l'entendement ait formé une idée claire et distincte, je peux me tromper car j'ai jugé trop vite avant de savoir ce qu'est la chose.

2. La liberté de la volonté est-elle une liberté d'indifférence ?

On peut également comprendre la conception cartésienne de la liberté. Dans la définition que donne Descartes de la volonté, deux conceptions sont juxtaposées. La première conception est que nous pouvons faire une chose ou ne pas la faire, affirmer ou nier quelque chose. Cette première conception définit une indétermination du vouloir, c'est ce que l'on appelle une liberté d'indifférence. La volonté peut choisir l'une ou l'autre option, elle n'est pas déterminée à choisir. Descartes, dans la Méditation quatrième, qualifie négativement cette indifférence du vouloir : « [...] *cette indifférence que je sens lorsque je ne suis point emporté vers un côté plutôt que vers un autre par le poids d'aucune raison, est le plus bas degré de la liberté, et fait plutôt paraître un défaut dans la connaissance qu'une perfection dans la volonté.* »[3] L'indifférence d'inclination est négative car c'est un état de la volonté qui, faute de lumières, n'a aucune raison de choisir cette décision plutôt qu'une autre. Agir à l'aveuglette parce que nous n'avons pas d'idée claire du vrai et du bien n'est pas une preuve de perfection mais plutôt celle d'une imperfection, d'une insuffisance de connaissance.

3. La vraie liberté est un choix éclairé par l'entendement

Si Descartes considère que cette liberté d'indifférence est le plus bas degré de la liberté, c'est parce qu'il estime qu'il existe une liberté supérieure, quand la volonté est éclairée par l'entendement. Plus je possède une connaissance qui éclaire mon jugement, plus je suis libre. « [...] *si je connais-*

1. Méditation quatrième, p. 88.
2. Voir **Grandes thèses** : L'erreur, conséquence de la liberté humaine, p. 138.
3. Méditation quatrième, p. 88.

sais toujours clairement ce qui est vrai et ce qui est bon, je ne serais jamais en peine de délibérer quel jugement et quel choix je devrais faire ; et ainsi je serais entièrement libre, sans jamais être indifférent. »[1] Nous sommes d'autant plus libres que notre volonté se soumet à l'évidence du vrai que nous montre notre entendement. L'indifférence n'est donc qu'une ignorance, un manque de connaissance.

C'est la raison pour laquelle Descartes propose une autre conception de la liberté de la volonté : l'absence de contrainte extérieure. Être libre, c'est agir sans qu'aucune force extérieure nous y contraigne. Il ne s'agit plus de la possibilité de pouvoir choisir indifféremment l'un ou l'autre, il s'agit seulement d'une décision qui ne nous est pas imposée par quelqu'un d'autre.

Il convient de remarquer que l'évidence du vrai et du bien qui pèse sur la volonté n'est pas conçue par Descartes comme une contrainte. La volonté suit volontiers ce qui est le meilleur ; elle n'est pas forcée de suivre ce que lui présente l'entendement. En effet il s'agit d'un seul et même agent qui considère quelque chose comme étant le meilleur et qui se décide pour cette chose. La volonté n'est pas soumise à l'entendement, simplement Descartes considère que la volonté est bonne ; elle veut toujours le vrai et le bien. C'est donc parfaitement librement qu'elle choisit le bien que lui présente l'entendement. On peut donc remarquer que le bon usage de la volonté est toutefois subordonné par Descartes aux lumières de l'entendement. Plus je connais, plus je peux décider librement, et je suis d'autant plus libre que je prends des décisions conformes aux propositions de l'entendement. La liberté de la volonté n'est donc pas dégagée d'une soumission à la vérité et à la raison.

4. Possibilité d'une indifférence qui ne soit pas une ignorance

Cependant, Descartes a reconnu la possibilité pour la volonté de suivre le pire tout en connaissant le meilleur. (Cette conception positive de l'indifférence est restée marginale dans l'œuvre de Descartes : il l'aborde essentiellement dans deux lettres au Père Mesland.) Dans ce cas, la volonté ne se règle plus sur l'entendement, mais son choix n'est pas pour autant fait dans l'ignorance. « *Lorsqu'une raison très évidente nous porte d'un côté, bien que, moralement parlant, nous ne puissions guère aller à l'opposé, absolument parlant, néanmoins nous le pourrions. En effet il est toujours possible de nous retenir de poursuivre un bien clairement connu ou d'admettre une vérité évidente, pourvu que nous pensions que c'est un bien d'affirmer par là notre libre arbitre.* »[2] La volonté a donc le pouvoir de se décider sans raison, contre les raisons que propose l'entendement. C'est reconnaître la volonté comme un pouvoir irrationnel et gratuit de choisir le faux ou le mal. Cette indifférence d'élection est une indifférence positive, ce n'est pas la marque d'un esprit

1. Méditation quatrième, p. 88.
2. Lettre au Père Mesland, 9 février 1645.

ignorant. Elle ne peut donc pas être assimilée à l'indifférence due à un manque de connaissance.

À côté de la volonté éclairée par la raison se place une volonté qui refuse de suivre la raison et de lui être docile, et qui, au contraire, prend son autonomie. La liberté de la volonté serait alors de choisir d'être bonne ou mauvaise, de suivre le bien, le vrai ou de choisir délibérément le mal, le faux.

l'imagination

Voir **Méditation sixième**.

« [...] *quand je considère attentivement ce que c'est que l'imagination, je trouve qu'elle n'est autre chose qu'une certaine application de la faculté qui connaît au corps qui lui est intimement présent.* » [1]

L'imagination, faculté de former des images, est une faculté de l'âme en tant qu'elle est jointe au corps. L'imagination rend sensible, elle présente les idées sous forme d'images. L'esprit se sert de l'imagination quand il réfléchit à des objets matériels, mais également en géométrie pour se représenter des figures.

1. Différences entre l'imagination et l'entendement

Descartes insiste sur la différence entre l'entendement et l'imagination. L'entendement est la faculté de former des idées, de les concevoir, mais seulement de façon abstraite. Tandis que l'imagination présente la chose elle-même devant l'esprit, devant « les yeux de l'esprit » : elle en offre une image. Prenons l'exemple d'un triangle proposé par Descartes pour faire sentir cette différence[2]. Concevoir un triangle par l'entendement, c'est concevoir une figure composée de trois lignes ; en revanche, imaginer un triangle, c'est voir intérieurement une figure composée de trois lignes. L'imagination rend donc présente la chose à l'esprit beaucoup plus que ne peut le faire l'entendement. Mais la contrepartie est que l'imagination est beaucoup plus limitée que l'entendement. Il est impossible de se représenter de façon claire n'importe quelle image, certaines dépassant nos capacités imaginatives. Ainsi je peux imaginer un polygone de cinq côtés, en revanche je ne peux pas imaginer de façon claire un polygone de mille côtés. Et je n'aurais pas deux images distinctes d'un polygone de mille côtés et d'un polygone de dix mille côtés, je ne verrai pas de différence entre les deux images.

1. Méditation sixième, p. 100.
2. *Ibid.*

La pensée par image est donc beaucoup plus restreinte que la pensée conceptuelle pour Descartes. De plus, elle exige un effort particulier de la part de l'esprit, comme s'il devait être plus attentif pour imaginer que pour concevoir. « [...] *j'ai besoin d'une particulière contention d'esprit pour imaginer, de laquelle je ne me sers point pour concevoir ou pour entendre.* » [1]

2. L'imagination, une faculté de l'union de l'âme et du corps

Comment expliquer cette nécessaire attention de l'esprit pour imaginer ? C'est, selon Descartes, parce que l'imagination n'est pas seulement une faculté de l'esprit, mais une faculté de l'esprit en tant qu'il est uni au corps. L'imagination n'est pas seulement une faculté de l'âme, et elle ne lui est pas essentielle. Si je n'avais pas de corps, je n'aurais pas besoin de l'imagination. L'expérience de l'imagination fait donc conjecturer que l'esprit est uni à un corps.

En effet, l'imagination étant une faculté de former des images, elle est liée au corps. Des images sont des choses étendues, elles se situent dans l'espace, même si celui-ci n'est que virtuel. Or, l'esprit est seulement une chose pensante, c'est le corps qui est une chose étendue. Pour se représenter ses idées dans l'espace en les imaginant, c'est-à-dire en se les représentant sous forme d'images, il faut que l'esprit se tourne vers le corps et non plus seulement vers lui-même. « [...] *l'esprit en concevant se tourne en quelque façon vers soi-même, et considère quelqu'une des idées qu'il a en soi ; mais en imaginant il se tourne vers le corps, et considère en lui quelque chose de conforme à l'idée qu'il a lui-même formée, ou qu'il a reçue par les sens.* » [2] Si les idées que j'ai renvoient à moi-même, sujet de la pensée, en revanche les images que j'ai renvoient à un esprit uni à un corps. La faculté d'imaginer est donc la faculté de l'union de l'âme et du corps.

3. Le pouvoir de création de l'imagination

Il convient de remarquer, même si Descartes en parle peu dans les *Méditations*, qu'il n'accorde pas à l'imagination un grand pouvoir de création. « [...] *les peintres, lors même qu'ils s'étudient avec le plus d'artifice à représenter des sirènes et des satyres par des figures bizarres et extraordinaires, ne peuvent toutefois leur donner des formes et des natures entièrement nouvelles, mais font seulement un certain mélange et composition des membres de divers animaux.* » [3] Par l'imagination je peux composer des images à partir d'éléments simples. Je peux inventer quelque chose qui n'existe pas mais toujours en associant des éléments observés dans la nature. Ainsi, je peux imaginer une sirène, mais j'associe simplement un buste de femme à une queue de poisson. En revanche, je ne peux pas imaginer quelque chose d'entièrement nouveau, je n'ai pas le pouvoir de créer à partir de rien.

1. Méditation sixième, p. 100.
2. Méditation sixième, p. 101.
3. Première Méditation, p. 55.

Grandes thèses

Je pense, je suis

Voir **Méditation seconde**.

« [...] *cette proposition : je suis, j'existe, est nécessairement vraie, toutes les fois que je la prononce ou que je la conçois en mon esprit.* »[1]

1. Au sein du doute, une certitude inébranlable

La Méditation seconde débute par une reprise de l'exercice du doute entrepris dans la méditation précédente. Aucune vérité ne sera acceptable aux yeux de Descartes si elle n'apparaît pas pendant l'effort du doute. Pour qu'une vérité soit indubitable, il faut qu'elle résiste à tous les assauts du doute, et donc que je sois précisément en train de douter. Si je découvrais quelque chose de vrai en dehors de l'exercice du doute, rien ne m'assurerait que cette vérité ne soit pas douteuse elle aussi. Pour vaincre le doute, ma certitude doit donc jaillir du doute lui-même. Ce que Descartes désire trouver, c'est « *une chose qui soit certaine et indubitable*[2] ». Cette première vérité, pour être une vérité absolue, doit être à la mesure du doute ; elle ne peut triompher du doute que si elle passe par l'épreuve du doute. Et plus le doute sera hyperbolique, plus la première vérité triomphant de celui-ci sera indubitable.

Par l'exercice du doute, Descartes ne fait donc pas œuvre de sceptique ; il a au contraire l'ambition de trouver un fondement ultime. L'effort du doute est tout entier orienté vers la recherche d'une éventuelle certitude. Pour découvrir cette certitude, il s'agit de penser son doute, d'opérer un mouvement réflexif sur l'acte même de douter. Or pour pouvoir douter, il faut exister. « [...] *ne me suis-je donc pas aussi persuadé que je n'étais point ? Tant s'en faut ; j'étais sans doute, si je me suis persuadé ou seulement si j'ai pensé quelque chose.* »[3] Le doute me conduit nécessairement à la certitude de mon existence, parce que mon existence s'affirme dans l'exercice du doute. De plus, en essayant de douter de mon existence, je ne fais que la réaffirmer. Le malin génie peut me tromper tant qu'il voudra, il faut au moins que j'existe pour qu'il puisse me tromper. « *Il n'y a donc point de doute que je suis, s'il me trompe ; et qu'il me trompe tant qu'il voudra, il ne saura jamais faire que je ne sois rien tant que je penserai être quelque chose.* »[4] Si je doute et si je suis

1. Méditation seconde, p. 60.
2. Méditation seconde, p. 59.
3. *Ibid.*
4. *Ibid.*

trompé, une seule chose résiste nécessairement à ce doute, à savoir que moi qui doute, j'existe. L'évidence de mon existence se pose pendant l'exercice même du doute ; mon doute se retourne donc en certitude.

Il convient de remarquer que le doute ne s'arrête pas devant un objet privilégié de connaissance, mais laisse place à l'affirmation d'une existence. La première certitude n'est pas une connaissance d'objet, c'est une expérience existentielle. Je ne peux pas nier que, doutant, j'existe. Le sujet n'est pas encore connu, il est seulement posé, affirmé de façon indubitable. Ce n'est donc pas une vérité parmi d'autres vérités, un objet de connaissance parmi d'autres objets de connaissance. Au sein du doute, la chose certaine et indubitable que je découvre est mon existence. Ce qui est premier dans l'ordre de la découverte, ce n'est pas une connaissance, mais seulement une existence, la mienne et seulement la mienne. Je suis certain de mon existence avant de savoir ce que je suis. Je ne me connais pas, mais je sais que j'existe : « je suis, j'existe » est une proposition existentielle. Le verbe « être » n'a donc pas ici le rôle de copule, il est pris dans son sens absolu. Moi qui doute, j'ai une réalité ontologique, j'ai une consistance, je ne suis pas une illusion, une chimère.

La seule chose que je sais de moi est que je suis un sujet pensant. Parce que le doute, exercice libre et volontaire, est une pensée, l'acte de penser suffit à vaincre le doute. La pensée se pose nécessairement en même temps que le doute. Finalement, c'est le doute lui-même qui se trahit, étant lui-même une pensée. Mais si le fait que je pense prouve que j'existe, en revanche le fait que je suis n'équivaut pas au fait que je pense. Il ne faut pas assimiler le « je suis » au « je pense ». L'acte de douter, c'est-à-dire tout acte de penser, renvoie à un sujet, mais cela ne donne pas de connaissance de ce sujet. Tout reste encore à découvrir dans ce sujet qui pense. *« Mais je ne connais pas encore assez clairement quel je suis, moi qui suis certain que je suis. »* [1]

Cette première certitude, née dans le doute, se suffit donc pour se poser, elle se fonde elle-même au sein du doute, contrairement à la certitude mathématique, mise en doute dans la Première Méditation, et qui exigera l'affirmation de la véracité de Dieu pour être reconnue comme indubitable [2]. La certitude métaphysique de mon existence est autofondée, et se fonde par la simple reconnaissance d'une évidence. Dans la Première Méditation, Descartes a douté de l'existence des corps, choses sensibles, et de l'existence des essences, choses intelligibles. Si je suis moi-même un corps et un esprit, que puis-je être au sortir du doute ? En toute rigueur logique, je ne suis rien, puisque les corps et les esprits ont été mis en doute. *« Mais je me suis persuadé qu'il n'y avait rien du tout dans le monde* […], *aucuns esprits ni aucuns corps ; ne me suis-je donc pas aussi persuadé que je n'étais point ? »* [3] Or Descartes affirme précisément le contraire : si je pense que rien n'existe, moi, qui

1. Méditation seconde, p. 60.
2. Voir **Grandes thèses** : L'existence de Dieu, p. 130.
3. Méditation seconde, p. 59.

pense, j'existe. Cette certitude s'impose comme un contre-exemple éclatant de la démonstration rigoureuse du doute. La certitude métaphysique ne procède pas par démonstration, mais par la reconnaissance d'une évidence que je ne suis pas en mesure de nier.

Mais si pour douter, il faut être, pourquoi ne pas l'avoir reconnu dès le départ ? Pourquoi fallait-il faire l'épreuve d'un doute absolu alors que l'on pouvait affirmer d'emblée cette évidence ? N'est-ce pas un artifice, n'y a-t-il pas quelque chose de ridicule dans cette démarche ? C'est que l'évidence métaphysique ne s'impose avec nécessité qu'à celui qui fait lui-même l'expérience de la méditation. Si je n'avais pas douté, je ne serais pas aussi fortement persuadé que j'existe nécessairement. Certes, je suis persuadé de mon existence de façon naturelle, sans avoir besoin d'y réfléchir : je crois que j'existe. Mais cette croyance ne peut acquérir le statut d'une évidence indubitable que si j'ai de bonnes raisons de penser que j'existe. Autrement, je pourrais toujours croire que je suis seulement un élément du rêve d'un autre, du malin génie par exemple. Sans l'effort de méditation, d'une part mon existence ne pourrait acquérir la force de première évidence, et d'autre part je situerais ailleurs l'évidence de mon existence, par exemple dans le fait que je souffre si je me blesse (ce qui serait une certitude d'ordre sensible). Par le doute s'impose à moi l'évidence de mon existence, mais cette évidence est une nouvelle prise de conscience de soi : j'existe comme être pensant et non parce que j'ai un corps. Seule ma pensée, activité immatérielle, impalpable, rend mon existence indubitable. Je n'existe de façon certaine qu'en tant que sujet pensant, et non en tant qu'être vivant, corporel. Le sujet posé dans le doute est un sujet immatériel. « [...] *je ne suis donc, précisément parlant, qu'une chose qui pense.* »[1]

2. Quel statut accorder au cogito ?

Mon existence est la première vérité découverte. À partir de cette première vérité, il va être possible de déterminer les critères de la vérité. En revanche, est-ce que cette première vérité sera le point de départ pour découvrir d'autres vérités ? Et pourra-t-elle alors acquérir le statut de fondement de toutes les connaissances ? « *Je suis assuré que je suis une chose qui pense ; mais ne sais-je donc pas aussi ce qui est requis pour me rendre certain de quelque chose ?* »[2]

Mon existence s'impose à moi comme une évidence, dans l'exercice du doute ; c'est une évidence que je ne peux nier. En effet, affirmer que, doutant, je n'existe pas, est impossible. L'affirmation de mon existence est donc une vérité nécessaire. Affirmer l'existence nécessaire du moi comme chose pensante est une nécessité pour ma pensée. Or, précisément, le caractère nécessaire de la vérité de mon existence révèle la nature de la vérité : la

1. Méditation seconde, p. 61.
2. Méditation troisième, p. 68.

vérité réside dans la nécessité, une vérité est une proposition nécessaire dont le contraire est impossible. Et à quels critères reconnaît-on cette vérité ? « [...] *dans cette première connaissance il n'y a rien qui m'assure de la vérité que la claire et distincte perception de ce que je dis, laquelle, de vrai, ne serait pas suffisante pour m'assurer que ce que je dis est vrai, s'il pouvait jamais arriver qu'une chose que je concevrais ainsi clairement et distinctement se trouvât fausse.* »[1] L'affirmation de mon existence est une pensée claire et distincte, une évidence qui s'impose à mon esprit. Descartes reprend les critères de cette première vérité pour les attribuer à toute vérité possible. Puisque le cogito est la première vérité qui a vaincu le doute, ses caractéristiques peuvent être érigées en modèle pour les autres vérités. Étant la première évidence affirmée par l'esprit humain, le cogito nous fait saisir les règles de l'évidence, c'est-à-dire de la vérité. « [...] *je puis établir pour règle générale que toutes les choses que nous concevons fort clairement et fort distinctement sont toutes vraies.* »[2] Descartes fait confiance à la raison : mon esprit ne peut pas me tromper si mes idées sont claires et distinctes, c'est-à-dire si rien ne persiste en elles d'inconnu et de confus. Le critère de la vérité est donc l'évidence de mes idées. Une idée évidente, conçue clairement et distinctement, ne peut pas être fausse, autrement il faudrait supposer que ma raison déraisonne, et abandonner alors toute recherche de la vérité.

Si le cogito sert de modèle pour définir les critères de la vérité, sert-il également de fondement pour découvrir d'autres vérités ? Est-ce un première principe ? Toutes les autres vérités procèdent-elles de la certitude du cogito ?

Pour accorder au cogito ce statut de fondement, il faut qu'il soit une vérité autosuffisante et autofondée. Le cogito est une certitude qui se fonde elle-même, il n'est besoin d'autre chose que de douter pour être certain de son existence. Le cogito apparaît ainsi comme une vérité sans point d'appui, car elle se soutient par elle-même. Mais pour combien de temps ? Aussi longtemps que je pense. C'est est une vérité précaire. « *Je suis, j'existe, cela est certain ; mais combien de temps ? autant de temps que je pense ; car peut-être même qu'il se pourrait faire, si je cessais totalement de penser, que je cesserais en même temps tout à fait d'être.* »[3] J'existe tant que je pense ; si je cesse de penser, je cesse aussi sans doute d'exister. Seule ma pensée me maintient dans l'être. Mais ma pensée est-elle continue ou discontinue ? Quand je dors, par exemple, est-ce que je pense encore ? On constate la précarité de cette première certitude qui a vaincu le doute ; elle est sans durée. Il faudra attendre la démonstration de l'existence de Dieu pour acquérir la certitude de la permanence de mon existence[4]. Dieu est nécessaire pour

---

1. Méditation troisième, p. 68. Voir **Concepts clés** : les idées, p. 118.
2. *Ibid.*
3. Méditation seconde, p. 61.
4. Voir **Grandes thèses** : L'existence de Dieu, p. 130.

donner une permanence à mon existence, lui seul me conserve. Le cogito n'est donc pas autosuffisant au-delà de l'instantané, il appelle une autre vérité, celle de Dieu.

Est-il possible de constituer d'autres connaissances à partir du cogito ? Je sais que moi, qui pense, j'existe. Mais je ne suis certain que de mon existence à moi, pas de celle des autres hommes ou d'autres réalités. À partir de cette première affirmation, il est impossible de me donner le monde. En effet, le cogito ne peut pas sortir de lui-même. Je suis une chose qui pense, j'existe, j'ai des pensées, mais mes pensées ne renvoient qu'à ma propre existence, c'est-à-dire au sujet qui a ces pensées. Elles ne m'assurent que de mon être à moi, et d'aucun autre. Si le cogito permet de sortir du doute, il ne permet pas d'affirmer autre chose que lui-même. La recherche de la vérité tourne en rond : je ne peux qu'en rester indéfiniment à l'affirmation de mon existence. Le malin génie ne peut pas faire que je n'existe pas, s'il me trompe ; en revanche la certitude de mon existence ne suffit pas pour déjouer les ruses du malin génie. Le monde reste en suspens tant que je ne sais pas si un malin génie me trompe ou non. Avec le cogito, le doute est vaincu sur un point : j'ai une certitude, à savoir que j'existe ; mais je reste dans le doute en ce qui concerne ma connaissance du monde. Je ne peux pas constituer le monde à partir de mon esprit. Pour pouvoir connaître, il faut d'abord récuser l'hypothèse du malin génie et donc démontrer l'existence de Dieu et sa véracité. Seul Dieu peut lever le doute. « [...] *je dois examiner s'il y a un Dieu, sitôt que l'occasion s'en présentera ; et si je trouve qu'il y en ait un, je dois aussi examiner s'il peut être trompeur ; car, sans la connaissance de ces deux vérités, je ne vois pas que je puisse jamais être certain d'aucune chose.* »[1] Ainsi, si le cogito est la première vérité découverte, cette vérité en appelle une autre, celle de Dieu. Seul Dieu me donnera accès à la connaissance du monde. Le cogito, première étape dans la certitude métaphysique, renvoie à une autre certitude, celle-ci véritablement fondatrice, l'existence de Dieu.

Le statut du cogito, première vérité mais vérité stérile, invite à remarquer la situation particulière accordée par Descartes à l'homme dans l'entreprise métaphysique. L'homme n'est pas un objet de connaissance, mais il se distingue de tous les autres objets du monde, puisque son existence s'affirme d'elle-même. Il y a donc une primauté du moi sur toute autre existence. En revanche, pour sortir de son enfermement et pour éviter le solipsisme[2], l'homme doit se tourner vers Dieu. Il apparaît donc comme un entre-deux, entre le monde et Dieu. L'homme n'est pas un principe constituant, il n'est pas autosuffisant, il est un renvoi à Dieu.

1. Méditation troisième, p. 70.
2. Doctrine affirmant que seul le moi a une réalité ; les autres et les objets auxquels je peux penser ne sont que des fictions de mon esprit.

L'existence de Dieu

I – Dieu, cause de l'idée d'infini

VOIR **MÉDITATION TROISIÈME**.

« [...] *je n'aurais pas néanmoins l'idée d'une substance infinie, moi qui suis un être fini, si elle n'avait été mise en moi par quelque substance qui fût véritablement infinie.* »[1]

1. Existe-t-il des idées qui exigent une autre source que moi ?

Dans la Méditation seconde[2], toutes les idées que je peux avoir ne renvoient qu'à mon existence, à la certitude que j'existe. Avoir des idées prouve que j'existe, moi qui ai ces idées, mais cela ne prouve pas que ce que représentent ces idées existe. Les choses que représentent mes idées ne peuvent pas être tenues pour réelles, elles sont encore sous le coup du doute. Le sujet posé par Descartes est donc isolé, dans une solitude complète. Il ne peut que poser son existence, ses idées le ramenant indéfiniment à lui-même, et à lui seul.

Mais alors quelque chose d'autre que moi peut-il exister ? Ou bien le monde n'est-il que ma représentation, le rêve de mon esprit ? Descartes se pose cette question au début de la Méditation troisième : il décide d'examiner ses idées afin de déterminer si elles renvoient à autre chose que lui-même, c'est-à-dire si ce qu'elles représentent exige de poser l'existence d'une chose réelle qui ne soit pas lui. « [...] *si la réalité ou perfection objective de quelqu'une de mes idées est telle que je connaisse clairement que cette même réalité ou perfection n'est point en moi ni formellement ni éminemment, et que par conséquent je ne puis moi-même en être la cause, il suit de là nécessairement que je ne suis pas seul dans le monde, mais qu'il y a encore quelque autre chose qui existe et qui est la cause de cette idée.* »[3] Suis-je l'unique cause de toutes mes idées, ou bien est-ce que certaines de mes idées exigent une autre cause que moi ? Il s'agit de parvenir à sortir de la solitude du cogito. L'enjeu de la recherche est capital : en effet, si je suis l'unique cause de toutes mes idées, si mes idées n'exigent rien d'autre que moi, alors elles ne peuvent renvoyer qu'à moi, et le monde ne peut qu'être ma représentation, rien ne m'attestant sa réalité : ce serait le triomphe du solipsisme (seul le moi qui pense existe).

1. Méditation troisième, p. 77.
2. Voir **Grandes thèses** : Je pense, je suis, p. 125.
3. Méditation troisième, p. 75.

2. Étude des idées

Pour comprendre la démarche engagée par Descartes, il faut clarifier la conception cartésienne des idées[1], conception empruntée à la scolastique. Une idée a une réalité objective et une réalité formelle. La réalité objective de l'idée, c'est son contenu représentatif, ce qu'elle représente. La réalité formelle de l'idée, c'est l'être réel auquel elle renvoie.

Les idées, en tant que ce sont des pensées, sont en moi : ce sont mes pensées, et il n'y a aucune différence entre elles, elles sont toutes au même niveau. En revanche, elles présentent des différences en ce qui concerne leur réalité objective : elles sont plus ou moins parfaites. Et l'idée de Dieu est la plus parfaite car elle représente un être infini et parfait. « [...] *celle par laquelle je conçois un Dieu souverain, éternel, infini, immuable, tout connaissant, tout-puissant, et créateur universel de toutes les choses qui sont hors de lui ; celle-là, dis-je, a certainement en soi plus de réalité objective que celles par qui les substances finies me sont représentées.* »[2] Ainsi, l'idée de Dieu est plus parfaite quant à ce qu'elle me représente que, par exemple, l'idée d'une sirène, ou l'idée d'un triangle, car Dieu est plus parfait qu'une sirène ou qu'un triangle.

Le problème que va se poser Descartes est celui de l'origine du contenu représentatif des idées. Quelle est la source de ce que représentent les idées ? Ce que représente une idée n'est pas rien, ce n'est pas un pur néant, il faut donc qu'une cause réelle et existante puisse l'expliquer.

Descartes applique le principe de causalité aux idées : il doit y avoir au moins autant de réalité dans la cause que dans l'effet. La source du contenu représentatif d'une idée doit donc être quelque chose de réel qui ne soit pas moindre que le contenu représenté. La réalité objective d'une idée renvoie à une réalité formelle, à un être qui puisse en rendre compte. « [...] *afin qu'une idée contienne une telle réalité objective plutôt qu'une autre, elle doit sans doute avoir cela de quelque cause dans laquelle il se rencontre pour le moins autant de réalité formelle que cette idée contient de réalité objective.* »[3] Il faut une correspondance entre ce que l'idée représente et la source de cette idée. Le contenu d'une idée ne peut pas être plus parfait que la cause de cette idée.

Descartes va donc examiner l'origine du contenu représentatif de ses idées afin de déterminer s'il peut être lui-même la cause de toutes ses idées ou s'il est contraint de poser une autre cause, donc un autre être existant.

3. L'idée d'infini

La seule idée dont je ne peux pas être la cause est l'idée de Dieu. Cette idée, par ce qu'elle représente d'infini et de perfection, exige de poser une réalité formelle différente de moi, c'est-à-dire de poser l'existence de

1. Voir **Concepts clés** : les idées, p. 118.
2. Méditation troisième, p. 73.
3. Méditation troisième, p. 74.

Dieu. En effet, l'idée d'infini a un contenu représentatif plus parfait que moi, qui suis un être fini, imparfait, puisque sujet au doute. C'est une représentation « trop grande » pour que j'en sois moi-même la cause. Je n'ai pas assez d'être pour créer cette idée. « *Telle est l'étonnante situation : un contenu plus grand que son contenant.* »[1] Je peux être la cause de toutes mes idées, car ce qu'elles représentent n'a pas plus d'être que moi ; en revanche l'idée d'infini a plus d'être que moi, qui suis un être fini. Cette idée a donc été mise en moi par quelqu'un d'autre que moi, c'est-à-dire par Dieu, qui est un être infini. « *Et par conséquent il faut nécessairement conclure, de tout ce que j'ai dit auparavant, que Dieu existe*[2]. »

Cette affirmation de l'existence de Dieu présuppose que l'idée d'infini soit une véritable idée, une idée primitive, et non une idée dérivée, formée par la négation de l'idée de fini. Or Descartes démontre précisément que l'idée d'infini est première, que c'est à partir d'elle que se forme l'idée de fini, et non l'inverse. « [...] *car comment serait-il possible que je pusse connaître que je doute et que je désire, c'est-à-dire qu'il me manque quelque chose et que je ne suis pas tout parfait, si je n'avais en moi aucune idée d'un être plus parfait que le mien, par la comparaison duquel je connaîtrais les défauts de ma nature ?* »[3] Pour pouvoir douter, il faut avoir le sentiment d'une imperfection de sa connaissance, et ce sentiment n'est possible que par référence à une connaissance parfaite. Je ne me connais imparfait qu'en regard de la perfection. L'idée de ma finitude, qui s'exprime dans le doute et dans le désir, c'est-à-dire dans un état de manque, exige l'idée d'infini. Je ne peux avoir conscience que quelque chose me manque que parce que je sais que cette chose existe, autrement elle ne pourrait pas me manquer. Pour que je puisse douter, il faut que j'aie déjà en moi l'idée d'infini et de perfection. Par conséquent, l'idée de fini naît de l'idée d'infini, et non l'inverse. L'idée de Dieu est première, et le cogito n'a plus la primauté.

4. L'origine de mon être

Cette preuve de l'existence de Dieu à partir de l'origine de l'idée d'infini est doublée par une seconde preuve à partir de la cause de mon existence, moi qui ai l'idée d'infini. La première preuve est suffisante pour affirmer l'existence de Dieu ; cette seconde preuve a donc pour objectif non de prouver mais de convaincre le lecteur. Elle est plus accessible, et peut-être plus convaincante, car au lieu de partir de l'idée d'infini qui est en moi, Descartes part de ce moi qui a l'idée d'infini. Il se demande quelle est l'origine du moi fini qui a l'idée d'infini. Il part donc d'une chose et non plus d'une idée : cette façon de procéder est plus conforme aux habitudes des philosophes de son époque, en particulier des thomistes.

---

1. P. Ricœur, *Soi-même comme un autre*, « Points Essais », Éditions du Seuil, 1996, p. 19.
2. Méditation troisième, p. 77.
3. Méditation troisième, p. 78.

Quelle est l'origine de moi, qui ai l'idée d'infini ?

« [...] *si j'étais indépendant de tout autre, et que je fusse moi-même l'auteur de mon être, je ne douterais d'aucune chose, je ne concevrais point de désirs : et enfin il ne me manquerait aucune perfection, car je me serais donné moi-même toutes celles dont j'ai en moi quelque idée ; et ainsi je serais Dieu.* »[1] Si j'étais la cause de mon existence, je me serais doté de toutes les perfections dont j'ai l'idée : je serais moi-même un être parfait et infini. Étant donné que ce n'est pas le cas, Dieu, être parfait, est cause de mon existence et c'est lui qui a mis en moi l'idée d'infini, « *pour être comme la marque de l'ouvrier empreinte sur son ouvrage* ».[2] Cette seconde manière de poser l'existence de Dieu rejoint donc la première méthode et pose le même problème : moi, être fini, j'ai l'idée d'infini ; comment cela est-il possible ?

5. La sortie du doute

L'existence de Dieu étant posée, le doute peut être entièrement levé. En effet, Dieu possédant toutes les perfections, il n'est pas trompeur, car « *la tromperie dépend nécessairement de quelque défaut* ».[3] L'hypothèse du malin génie peut être levée, et la connaissance est rendue possible. Ce n'est donc pas le cogito qui nous ouvre le monde de la connaissance, mais Dieu seul. L'affirmation de la véracité de Dieu me fait sortir de la solitude du cogito. « [...] *il me semble que je découvre un chemin qui nous conduira de cette contemplation du vrai Dieu, dans lequel tous les trésors de la science et de la sagesse sont renfermés, à la connaissance des autres choses de l'univers.* »[4] La connaissance devient possible car la véracité divine pose l'infaillibilité de mon entendement pourvu qu'il pense correctement. Une idée claire et distincte ne peut pas être fausse, elle est nécessairement vraie. Dieu ne m'a pas donné une raison, c'est-à-dire une faculté de connaître, pour que je me trompe continuellement. Si je pense comme il faut, ce que je pense doit être vrai[5].

6. Le cogito et Dieu

« *J'ai en quelque façon premièrement en moi la notion de l'infini que du fini, c'est-à-dire de Dieu que de moi-même.* »[6] La preuve de l'existence de Dieu proposée par Descartes dans la Méditation troisième est en même temps une méditation sur l'homme. En découvrant Dieu, je me découvre moi-même. Le statut réel du cogito est définitivement posé avec la découverte de Dieu et non dans la Méditation seconde. La primauté du « je pense » est donc seule-

1. Méditation troisième, p. 80.
2. Méditation troisième, pp. 82-83.
3. Méditation troisième, p. 83.
4. Méditation quatrième, p. 84.
5. Voir **Problématiques essentielles** : Le statut épistémologique de Dieu, p. 27, et **Concepts clés** : les idées, p. 118.
6. Méditation troisième, p. 78.

ment provisoire ; le cogito est découvert avant Dieu, mais, rétrospectivement, c'est la découverte de Dieu qui est le fondement du cogito. Dans la Méditation seconde, cette certitude est instantanée, sans durée : je n'existe que tant que je pense. Si je m'arrête de penser, mon existence n'est plus garantie. Or Dieu, cause de mon être, me conserve dans la durée. C'est donc Dieu qui confère au cogito sa permanence dans le temps.

De plus je me connais moi-même par l'intermédiaire de la connaissance que j'ai de Dieu. Je me connais comme être fini à partir de l'idée d'infini. L'idée de Dieu a ainsi la primauté sur l'idée de moi-même, et je me définis à partir de l'idée que j'ai de Dieu et en référence à cette idée. En découvrant l'existence de Dieu, on en apprend finalement plus sur l'homme que sur Dieu, Dieu restant une idée concevable, claire et distincte, mais incompréhensible. « [...] *il est de la nature de l'infini que moi qui suis fini et borné ne le puisse comprendre.* »[1] Je ne peux pas objectiver Dieu, en faire un objet de connaissance que je puisse saisir tout entier par ma pensée, puisque Dieu, infini, dépasse ma pensée, finie. Je n'ai pas de savoir au sens scientifique de Dieu. En revanche, la découverte de Dieu me révèle celui que je suis : un être fini, imparfait, désirant être plus parfait qu'il ne l'est, bref un être de manque. Je ne ressens ma finitude qu'à partir de la conscience de l'infini. Je ne peux me sentir imparfait qu'en référence à une perfection. Ma finitude est saisie sur fond de Dieu. C'est donc par un même acte que je prends conscience de mes limites et que je prends conscience de Dieu, être parfait et infini. En méditant sur l'infinité de Dieu, je médite parallèlement sur ma propre finitude. Je comprends celui que je suis en référence à Dieu, et j'appréhende Dieu à partir de moi, Dieu étant découvert au sein du cogito. L'homme ne possède pas l'idée de Dieu, il n'a pas cette idée, mais, selon l'expression de F. Alquié, « *il est l'idée qu'il a de Dieu* ». Descartes ne peut donc achever sa réponse à la question : « *Mais qu'est-ce donc que je suis ?* »[2], qu'après avoir découvert Dieu.

7. Objection d'un cercle vicieux

L'existence de Dieu est le fondement de toute connaissance possible. Seule la véracité de Dieu permet de garantir la vérité de mes idées, c'est-à-dire qu'elles sont conformes à la réalité et que les choses qu'elles représentent existent réellement. Mais le problème est que si Dieu garantit les idées claires et distinctes, l'existence de Dieu a été prouvée à partir d'une idée claire et distincte (l'idée d'infini). N'est-ce pas tomber dans un cercle vicieux ? Dieu garantit l'évidence, mais c'est l'évidence de la démonstration qui établit l'existence de Dieu[3].

Le seul moyen d'éviter cette objection est de reconnaître la spécificité de l'idée de Dieu par rapport aux autres idées. L'idée de Dieu n'a pas le

1. Méditation troisième, p. 78.
2. Méditation seconde, p. 62.
3. Cette objection a été formulée par Arnauld dans les Quatrièmes Objections.

même statut qu'une idée mathématique. L'idée de Dieu n'est pas un concept, ce n'est pas un objet mais un être (de même que le cogito). L'idée de Dieu ne nous apporte donc pas de connaissance de Dieu, elle nous offre une présence, la présence d'un être : Dieu. Il n'y a donc pas à proprement parler de démonstration de l'existence de Dieu. Dieu s'impose à nous. Il n'est pas en ma liberté de nier l'existence de Dieu du moment que j'ai l'idée d'infini. Il ne s'agit donc pas de prouver Dieu, mais de reconnaître sa présence en nous. L'évidence de l'idée de Dieu n'a ainsi pas le même statut que l'évidence d'une idée mathématique. L'évidence de Dieu est le fondement de l'évidence de toutes les idées, elle les garantit. Et toute idée non rattachée à Dieu peut être mise en doute. Pour être parfaitement claire, elle doit être garantie par une vérité d'un autre ordre : la vérité de Dieu. C'est pourquoi l'athée doit nécessairement être sceptique selon Descartes, car ses idées sont sans fondement.

Il n'y a donc pas de cercle vicieux, mais deux plans de l'évidence : l'évidence métaphysique (celle de Dieu) et l'évidence de la connaissance (par exemple, celle des idées mathématiques).

Pour conclure, il convient de noter l'originalité de la preuve de l'existence de Dieu proposée par Descartes dans la Méditation troisième. Cette preuve diffère des preuves classiques, telles que celles proposées par saint Thomas d'Aquin. En effet, Descartes ne s'intéresse pas au problème de la cause du monde, l'existence du monde extérieur étant encore frappée par le doute. Il ne peut donc pas être question de remonter du monde à sa cause, le monde n'existant peut-être pas.

Enfin, cette preuve de Dieu semble ne pas être atteinte par la critique proposée par Kant des preuves de l'existence de Dieu[1]. Kant critique l'idée que je puisse poser l'existence nécessaire d'un concept produit par la raison. Ce n'est pas parce que j'ai l'idée d'un être parfait que cet être existe nécessairement. Mais la critique de Kant ne semble pas pouvoir être décisive contre la preuve à partir de l'idée d'infini. L'idée d'infini est-elle un concept produit par la raison ? N'est-elle pas plutôt la révélation de la présence en moi d'un infini que je ne maîtrise pas ?

II – Dieu, être parfait, existe nécessairement

VOIR **MÉDITATION CINQUIÈME**.

« [...] il n'est pas en ma liberté de concevoir un Dieu sans existence, c'est-à-dire un Être souverainement parfait sans une souveraine perfection, comme il m'est libre d'imaginer un cheval sans ailes ou avec des ailes. »[2]

Dans la Méditation cinquième Descartes propose une autre preuve de l'existence de Dieu, après avoir examiné les idées mathématiques. Cette

1. Voir **Documents**, Accueil et postérité, p. 174, et suite de l'étude de cette **Grande thèse**, p. 137.
2. Méditation cinquième, pp. 95-96.

preuve a une économie interne tout à fait différente de celle proposée dans la *Troisième Méditation*. En effet dans la *Troisième Méditation*, Descartes est parti de l'idée d'infini qui est en moi, être fini (première forme de la preuve), puis de la cause de mon existence, être fini qui a l'idée d'infini (deuxième forme de la preuve). La preuve de l'existence de Dieu procédait donc de la finitude du moi, de son insuffisance, vers l'infinité de Dieu. Le point de départ de Descartes était l'idée d'infini en moi, dont il cherchait la cause. Dans la Méditation cinquième, la preuve de l'existence de Dieu est au contraire établie à partir de l'idée de Dieu seulement. Descartes considère l'idée d'un être parfait *a priori*, comme une idée mathématique. Cette idée, étudiée en elle-même, implique l'existence nécessaire d'un être parfait, faute de quoi il lui manquerait une perfection, l'existence.

1. Un modèle mathématique

Cette preuve qui pose le problème de l'existence nécessaire de Dieu à partir de l'idée de Dieu – l'idée de Dieu, être parfait, implique-t-elle nécessairement son existence ? – est une argumentation classique. Elle avait déjà été proposée par saint Anselme au XIe siècle. Mais Descartes ne mentionne pas cette référence. De plus, la preuve cartésienne propose une innovation par rapport à celle de saint Anselme. Descartes donne en effet à sa preuve une forme logique et mathématique. L'idée de Dieu est traitée, en apparence du moins, comme une idée géométrique, idée claire et distincte dont la vérité est garantie depuis la Méditation troisième. La mathématique sert de modèle pour l'organisation de la preuve de l'existence de Dieu. De l'idée de triangle euclidien, je peux déduire que la somme de ses angles vaut deux droits ; de même de l'idée d'un être souverainement parfait, je déduis qu'il existe, l'existence étant une perfection, et un être parfait auquel manque une perfection est une contradiction. Ainsi « *je ne connais pas moins clairement et distinctement qu'une actuelle et éternelle existence appartient à sa nature* [celle de Dieu], *que je connais que tout ce que je puis démontrer de quelque figure, ou de quelque nombre, appartient véritablement à la nature de cette figure ou de ce nombre.* »[1] L'existence de Dieu se déduit de l'idée même de Dieu, comme on déduit de l'idée du triangle ses diverses propriétés.

2. Singularité de l'idée de Dieu

Toutefois, si Descartes s'est inspiré d'un modèle mathématique pour démontrer l'existence de Dieu, la comparaison s'arrête à ce point. L'idée de Dieu n'est pas de même nature que les idées mathématiques, et c'est d'ailleurs pourquoi c'est la seule idée dont on doive et dont on puisse poser l'existence nécessaire. L'idée de Dieu n'est pas une idée que mon esprit

1. Méditation cinquième, p. 94.

maîtrise et avec laquelle il puisse jouer ; c'est une idée qui lui impose une contrainte : la reconnaissance de l'existence de Dieu.

Cette spécificité de l'idée de Dieu par rapport aux autres idées est indispensable pour éviter l'accusation de sophisme prononcée par les adversaires de cette preuve. Descartes n'ignore pas cette critique et s'efforce de l'éviter. « [...] *ayant accoutumé dans toutes les autres choses de faire distinction entre l'existence et l'essence, je me persuade aisément que l'existence peut être séparée de l'essence de Dieu, et qu'ainsi on peut concevoir Dieu comme n'étant pas actuellement.* »[1] Pour toutes les autres idées, l'existence est distincte de l'essence, car « *ma pensée n'impose aucune nécessité aux choses*[2] ». Je peux avoir l'idée d'une montagne, et concevoir qu'une montagne ne peut pas exister sans vallée, cela n'implique pas qu'une seule montagne existe dans le monde. Mais dans cet exemple, la nécessité réside entre l'existence d'une montagne et celle d'une vallée. Si une montagne existe, alors une vallée existe aussi nécessairement. Il demeure toujours possible qu'aucune montagne n'existe réellement. Ce n'est pas parce que j'ai l'idée de quelque chose que cette chose existe. Ma pensée est libre d'imaginer ce qu'elle veut, indépendamment de la réalité, mais elle ne confère pas l'existence à ce qu'elle pense. La difficulté est que, concernant l'idée de Dieu, ce n'est pas ma pensée qui impose l'existence de Dieu, mais l'idée même de Dieu qui m'impose de poser son existence nécessaire. L'exigence ne provient pas de mon esprit mais de l'idée de Dieu. « [...] *non que ma pensée puisse faire que cela soit, ou qu'elle impose aux choses aucune nécessité ; mais au contraire la nécessité qui est en la chose même, c'est-à-dire la nécessité de l'existence de Dieu, me détermine à avoir cette pensée.* »[3] À partir du moment où j'ai l'idée de Dieu, je suis forcé d'admettre son existence.

L'idée de Dieu se révèle donc très différente de toutes les autres idées. C'est la seule idée dont l'essence implique nécessairement l'existence. Mais cette liaison nécessaire entre l'idée d'un être parfait et l'existence d'un tel être n'est pas une simple relation logique. C'est une intuition, une expérience spirituelle, celle de la présence en moi d'un infini qui s'impose à moi.

C'est faute de reconnaître la spécificité de l'idée de Dieu que les adversaires de cette preuve la définissent comme un sophisme. Pour toute autre idée, ils ont raison, je ne peux pas déduire l'existence d'une chose à partir de l'idée que j'en ai. Seule l'idée de Dieu résiste à cet argument. Ainsi, dans la *Critique de la raison pure*[4], Kant procède à la critique de la preuve de l'existence de Dieu proposée par Descartes, qu'il dénomme argument ontologique. Kant observe que l'existence ne se déduit pas de l'idée, car elle n'est pas un attribut du concept de l'objet. Entre les cent thalers que j'ai dans la poche et ceux que j'imagine, il n'y a pas de différence au niveau de l'idée :

1. Méditation cinquième, p. 95.
2. *Ibid.*
3. *Ibid.*
4. Voir **Documents**, Accueil et postérité, p. 174.

le concept de cent thalers est le même dans les deux cas. En revanche, soit j'ai réellement cent thalers, soit je ne fais que les imaginer sans les posséder. L'idée de cent thalers n'implique donc pas leur réalité dans mon porte-monnaie. Mais l'idée de cent thalers n'est pas de même nature que l'idée de Dieu. L'exemple proposé par Kant est une idée semblable à celle de la montagne et de la vallée choisie par Descartes. Ce sont des idées qui représentent des objets finis, dont l'idée n'implique pas l'existence. Kant confond l'idée de Dieu, d'un être infini et parfait, avec les idées d'objets, d'êtres finis[1] ; il n'aperçoit pas la différence essentielle posée par Descartes qui seule lui permet d'éviter l'écueil du sophisme. Il n'y a que dans l'idée de Dieu que l'essence et l'existence sont indissociables.

Ainsi la preuve de l'existence de Dieu proposée dans la Méditation cinquième, si elle diffère dans sa forme de la preuve proposée dans la Méditation troisième, conduit au même constat : l'idée de Dieu me révèle la présence d'un infini qui me dépasse. La pensée ne peut pas refuser à Dieu l'existence. Je ne peux nier Dieu qu'à condition de ne pas avoir son idée dans mon esprit. La preuve ontologique est donc, elle aussi, tout autant une preuve de la limitation de mon esprit qu'une preuve de l'infinité de Dieu.

L'erreur, conséquence de la liberté

Voir **Méditation quatrième**.

« [...] *lorsque je me regarde seulement comme venant de Dieu, et que je me tourne tout entier vers lui, je ne découvre en moi aucune cause d'erreur ou de fausseté ; mais aussitôt après, revenant à moi, l'expérience me fait connaître que je suis néanmoins sujet à une infinité d'erreurs.* »[2]

1. Position du problème : pourquoi est-ce que je me trompe parfois ?

À l'occasion de la preuve de l'existence de Dieu dans la Méditation troisième, Descartes a affirmé la véracité divine[3]. Dieu étant un être absolument parfait, il ne peut pas vouloir me tromper « *puisqu'en toute fraude et tromperie il se rencontre quelque sorte d'imperfection* »[4]. L'hypothèse d'un Dieu trompeur ou celle du malin génie est donc rejetée. Dieu ne me trompe

1. C'est le reproche que Hegel, dans le paragraphe 51 de l'*Encyclopédie*, adresse à Kant concernant sa critique de l'argument ontologique.
2. Méditation quatrième, p. 85.
3. Méditation troisième, p. 83, et voir **Grandes thèses** : L'existence de Dieu, p. 130.
4. Méditation quatrième, p. 84.

pas ; au contraire, il est le garant de toute vérité[1]. Par conséquent, si je me trompe, ce n'est pas parce que Dieu s'amuse à m'abuser.

D'autre part, j'ai reçu de Dieu la faculté de juger, de distinguer le vrai d'avec le faux. Cette faculté doit être naturellement droite, puisqu'elle vient de Dieu. « [...] *et puisqu'il est impossible qu'il veuille me tromper il est certain aussi qu'il ne me l'a pas donnée telle que je puisse jamais faillir lorsque j'en userai comme il faut.* »[2]

Mais alors comment expliquer que je me trompe parfois ? L'erreur est un fait d'expérience que je ne peux nier. Comment expliquer mes nombreuses erreurs si Dieu ne me trompe pas et si ma faculté de juger est droite ?

Le problème de l'explication de l'erreur posé ici par Descartes est une laïcisation du problème du mal. Descartes ne se demande pas, comme le font les théologiens : pourquoi existe-t-il du mal dans le monde créé par Dieu, être tout-puissant et souverainement bon ? Mais il pose le problème du faux et de l'erreur face à la véracité divine. Dieu garantit la vérité de mes idées claires et distinctes ; mais je suis cependant très souvent dans l'erreur. Dieu est-il alors responsable de mes erreurs ?

2. Première explication : je me trompe car je suis un être fini

« [...] *il arrive que je me trompe de ce que la puissance que Dieu m'a donnée pour discerner le vrai d'avec le faux n'est pas en moi infinie.* »[3]

La première solution envisagée par Descartes pour expliquer l'erreur est une solution par la négation. Si l'homme est sujet à l'erreur, c'est parce qu'il est un être imparfait, qu'il possède des facultés limitées. C'est à cause de la finitude inhérente à sa nature que l'homme se trompe parfois. L'erreur vient donc de l'homme et non de Dieu. L'erreur est assimilée à un manque, un non-être, bref à une négation. Je ne peux pas tout savoir puisque je ne suis pas Dieu, mais un être fini. « [...] *en tant que je ne suis pas moi-même le souverain Être et qu'il me manque plusieurs choses, je me trouve exposé à une infinité de manquements ; de façon que je ne me dois pas étonner si je me trompe.* »[4] L'homme est un être créé et non créateur, il est donc un être fini, limité. Et il serait absurde d'accuser Dieu de ne pas lui avoir donné des facultés infinies, la créature étant toujours moins parfaite que son créateur.

Cette explication de l'erreur est ainsi parfaitement conciliable avec la bonté de Dieu. Dieu est cause de l'être, et non du non-être. Mes erreurs sont simplement dues au fait que je suis une créature finie. Et l'erreur est défi-

---

1. Voir **Problématiques essentielles** : Le statut épistémologique de Dieu, p. 27.
2. Méditation quatrième, p. 85.
3. *Ibid.*
4. *Ibid.*

nie comme un défaut de perfection, comme une simple ignorance, un manque de connaissance.

3. Seconde explication : je me trompe car je suis libre de me tromper

« *Toutefois cela ne me satisfait pas encore tout à fait, car l'erreur n'est pas une pure négation, c'est-à-dire n'est pas le simple défaut ou manquement de quelque perfection qui ne m'est point due, mais c'est une privation de quelque connaissance qu'il semble que je devrais avoir.* »[1]

Se tromper, ce n'est pas simplement ne pas tout savoir, ce qui est normal puisque je ne suis pas Dieu, mais c'est avoir une connaissance fausse sur des questions qui sont à ma portée et à propos desquelles je ne devrais pas me tromper. L'erreur n'est donc pas un manque de connaissance, c'est une connaissance mauvaise. Ne pas connaître l'origine du monde n'est pas une erreur ou une ignorance. En revanche, penser que le Soleil tourne autour de la Terre est une erreur, car j'ai les moyens de connaître la vérité sur ce sujet. L'erreur n'est pas une absence de vérité, une impossibilité de la connaître, c'est l'affirmation du faux. Reconnaître que la faculté de l'homme est limitée ne suffit donc pas à expliquer l'erreur. Il s'agit désormais d'expliquer pourquoi je me trompe sur des questions qui sont à ma portée.

« [...] *venant à me regarder de plus près et à considérer quelles sont mes erreurs* [...], *je trouve qu'elles dépendent du concours de deux causes, à savoir : de la faculté de connaître qui est en moi, et de la faculté d'élire, ou bien de mon libre arbitre, c'est-à-dire de mon entendement, et ensemble de ma volonté.* »[2] Ce n'est ni mon entendement, ni ma volonté, en tant que facultés, qui sont causes de l'erreur, mais c'est l'usage que j'en fais. C'est donc moi, et non pas Dieu qui m'a créé, qui suis responsable de mes erreurs.

Considérons d'abord l'entendement. Ma faculté de connaître est limitée, mais elle est saine. Je peux connaître ce qui est à ma portée. De plus, l'entendement ne peut pas être responsable de l'erreur car il se contente de proposer des idées, de les concevoir, sans les affirmer ou les nier. Il est donc innocent car il ne prend aucune responsabilité. Il propose ses représentations à la volonté qui décide si ce sont des représentations vraies ou fausses. Je peux par exemple avoir l'idée d'un cheval ailé, mon entendement a la capacité de forger cette idée, mais c'est ma volonté qui admettra cette idée comme une idée vraie ou fausse, conforme ou non à la réalité. Il n'y a donc aucune erreur dans l'entendement.

Considérons maintenant la volonté. C'est elle qui prend la responsabilité d'affirmer ou de nier. Mais elle est d'une nature irréprochable, elle n'est ni viciée, ni imparfaite. Au contraire, elle est aussi parfaite que je pour-

1. Méditation quatrième, p. 85.
2. Méditation quatrième, p. 87.

rais le souhaiter, étant si grande que *« c'est elle principalement qui me fait connaître que je porte l'image et la ressemblance de Dieu*[1] ». Ma volonté ne peut donc pas être responsable de l'erreur, elle est infinie et à l'image de la volonté de Dieu. Elle tend naturellement vers le bien et la vérité ; elle n'est pas le pouvoir de choisir le mal en connaissance de cause. Elle n'est pas viciée mais toujours droite, selon Descartes.

L'entendement et la volonté, facultés que Dieu a données, ne doivent donc pas être remis en cause.

Considérons enfin l'usage que je fais de ma volonté. « [...] *de cela seul que la volonté étant beaucoup plus ample et plus étendue que l'entendement, je ne la contiens pas dans les mêmes limites, mais je l'étends aussi aux choses que je n'entends pas* [...], *ce qui fait que je me trompe et que je pèche.* »[2] Mon entendement étant limité, il ne peut pas tout connaître, et il ne peut pas connaître tout ce que je peux connaître immédiatement. Il faut du temps et des efforts pour avoir des idées claires et distinctes. Or, par précipitation et par impatience, je vais affirmer comme vraie une proposition encore confuse. C'est cet usage abusif de ma volonté qui est responsable de l'erreur : j'affirme comme vraie une proposition sans clarté ni distinction. Je ne respecte donc pas l'ordre de la connaissance qui est d'attendre de concevoir clairement et distinctement l'idée pour l'affirmer ou la nier. Profitant de la force de ma volonté, je me décide, sans attendre que le travail de l'entendement soit achevé. La nature de ma volonté est saine, c'est moi qui n'use pas correctement de ma volonté dont Dieu m'a accordé le libre usage. Je suis donc seul responsable de mes erreurs. En ce sens, loin de faire, comme Socrate, du péché une simple erreur, un défaut de connaissance, Descartes transforme l'erreur en péché. *« C'est pécher que de ne pas se servir comme il faut de la raison et ici la première règle de la méthode est devenue un onzième commandement de Dieu. »*[3]

L'erreur s'explique donc par le mauvais usage que je fais de ma volonté ; cet usage est certes une imperfection, mais je n'ai pas de raison de m'en plaindre et d'en accuser Dieu. En effet, j'ai un usage libre de ma volonté, et il ne tient qu'à moi de l'appliquer de façon téméraire ou de le suspendre. Il ne dépend ainsi que de moi de ne jamais me tromper puisque je suis responsable de mes erreurs.

En découvrant la cause de l'erreur, Descartes découvre en même temps la manière d'éviter l'erreur et de parvenir à la connaissance de la vérité, à savoir *« retenir fermement la résolution de ne jamais donner mon jugement sur les choses dont la vérité ne m'est pas clairement connue. »*[4] Je suis libre de suspendre mon jugement et de pratiquer le doute tant que mes idées ne sont pas claires et distinctes. L'homme est libre d'avoir des idées vraies ou fausses.

---

1. Méditation quatrième, p. 88, et voir **Concepts clés** : la volonté, p. 120.
2. Méditation quatrième, p. 89.
3. Henri Gouhier, *La Pensée métaphysique de Descartes*, Vrin, 1987.
4. Méditation quatrième, p. 91.

L'union de l'âme et du corps

Voir **Méditation sixième**.

« La nature m'enseigne aussi, par ces sentiments de douleur, de faim, de soif, etc., que je ne suis pas seulement logé dans mon corps ainsi qu'un pilote en son navire, mais outre cela que je lui suis conjoint très étroitement, et tellement confondu et mêlé que je compose comme un seul tout avec lui. » [1]

Descartes affirme à la fois qu'il existe une réelle distinction entre l'âme et le corps de l'homme, que ce sont deux substances distinctes, et qu'elles forment une union. L'âme, le corps et leur union constituent trois notions primitives distinctes qu'il faut se garder de confondre, *« car, étant primitives, chacune d'elles ne peut être entendue que par elle-même »* [2]. Mais comment comprendre que, si l'âme et le corps sont deux notions distinctes, elles forment cependant une unité indissociable ? N'est-il pas contradictoire d'affirmer en même temps que l'âme et le corps sont deux substances différentes, sans rapport l'une avec l'autre et qu'elles forment un seul tout ?

1. L'âme et le corps sont deux substances distinctes

J'ai une connaissance distincte de mon âme et de mon corps. Je connais mon âme indépendamment de mon corps, et avant même de savoir si j'ai un corps. Dans la Méditation seconde, l'affirmation du cogito permet de conclure à l'existence de l'âme, chose pensante, mais non à l'existence du corps [3]. En effet, le doute pèse encore sur les choses corporelles. Me voyant penser, je peux seulement conclure que j'existe comme chose pensante, comme esprit, et non pas seulement comme nature corporelle. Le malin génie invoqué pour étendre mon doute de façon radicale me trompe sur tout ce que je croyais connaître. Qu'il me trompe tant qu'il veut, s'il me trompe, il faut bien toutefois que j'existe. Mais au plus profond du doute, je ne peux avoir la certitude que j'existe que comme sujet du doute, donc comme étant capable de penser. L'affirmation de mon existence comme esprit est une conséquence nécessaire de l'expérience du doute, en revanche le doute n'exige pas de poser l'existence de mon corps. Je connais donc en premier que je suis un esprit et je peux me connaître en tant qu'esprit sans avoir besoin d'invoquer mon corps. J'ai une connaissance de mon esprit autonome par rapport à la connaissance de mon corps. « [...] *je suis une chose vraie et vraiment existante ; mais quelle chose ? Je l'ai dit : une chose qui pense. Et quoi davantage ? J'exciterai mon imagination pour voir si je ne suis*

1. Méditation sixième, p. 107.
2. Lettre à Élisabeth, 21 mai 1643.
3. Voir **Grandes thèses** : Je pense, je suis, p. 125.

point encore quelque chose de plus. Je ne suis point cet assemblage de membres que l'on appelle le corps humain. »[1]

L'esprit humain semble donc pouvoir exister indépendamment du corps. Dans la Méditation seconde, j'existe seulement comme esprit. Que peut-on en conclure ? Descartes pose une dualité dans l'homme. L'âme est une substance distincte du corps et elle est connue indépendamment du corps, de façon première. L'homme semble se définir exclusivement par son âme, plus facile à connaître que le corps. J'ai une connaissance directe de mon âme, alors que la connaissance de mon corps est dérivée. En effet l'existence du corps ne pourra être affirmée qu'au terme de la démarche métaphysique, dans la Méditation sixième. Je ne peux être certain que j'ai un corps qu'après être sorti du doute et avoir démontré que Dieu existe et n'est pas trompeur. Pour affirmer l'existence de mon propre corps, je dois avoir recours à Dieu. C'est Dieu seul qui permet de conclure à l'existence de mon corps, car il garantit l'existence des choses matérielles dont j'ai une idée claire et distincte.

On doit donc constater la différence radicale de démarche entre la connaissance de l'âme et celle du corps. Je connais mon âme directement. L'existence de mon âme est la première vérité indubitable à laquelle j'accède. En revanche, la connaissance de mon corps est dérivée. Je rencontre mon corps du dehors, son existence est conclue du fait que j'ai des idées sensibles qui ne peuvent pas avoir été formées par l'âme seule. Mon corps m'apparaît de l'extérieur, comme un objet étranger et non comme mon corps propre, comme me définissant. Si mon âme me définit, mon corps est extérieur à moi, il ne me définit pas. Le corps est connu comme un objet du monde, comme une partie de la nature physique. Comme tous les objets matériels, c'est une chose étendue. « *Je reconnus qu'il n'y avait rien qui appartînt à la nature ou à l'essence du corps, sinon qu'il est une substance étendue en longueur, largeur et profondeur, capable de plusieurs figures et de divers mouvements.* »[2] Le corps se définit comme une machine, ses lois sont celles de la mécanique. Le corps humain n'a rien de spécifiquement humain, c'est un corps semblable à celui d'un animal. C'est un corps-objet, objet d'étude pour la physique, la biologie et la médecine.

Ainsi, si j'ai un corps, je ne suis pas mon corps. Ce qui me définit en tant que sujet, c'est mon âme. « [...] *il est certain que moi, c'est-à-dire mon âme, par laquelle je suis ce que je suis, est entièrement et véritablement distincte de mon corps, et qu'elle peut être ou exister sans lui.* »[3] L'homme apparaît alors comme un être divisé, coupé en deux. Entre l'âme, pure conscience, et le corps, pure étendue, il ne semble pas y avoir d'unité possible. Si avoir une âme me définit en propre, avoir un corps semble être le fruit du hasard, étant une caractéristique inessentielle pour me définir.

1. Méditation seconde, pp. 61-62.
2. Sixièmes Réponses.
3. Méditation sixième, p. 105.

2. L'union de l'âme et du corps : une unité vécue

Toutefois, cette séparation de l'âme et du corps, résultat de la réflexion et de l'analyse philosophique, semble être remise en cause par une attention à l'expérience vécue. J'ai une idée de mon âme distincte et antérieure à celle de mon corps, mais, concrètement, je vis l'unité de l'âme et du corps.

Au plan de la connaissance théorique, je constate une dualité âme/corps, au plan de l'expérience vécue, je constate une union de l'âme et du corps. « [...] *tous ces sentiments de faim, de soif, de douleur, etc., ne sont autre chose que de certaines façons confuses de penser, qui proviennent et dépendent de l'union et comme du mélange de l'esprit avec le corps.* »[1] C'est l'analyse des sentiments qui oblige à reconnaître l'union de l'âme et du corps. En effet, si l'âme était parfaitement distincte du corps, elle saurait par l'entendement seul que tel mécanisme du corps est déréglé. Elle le concevrait sans le ressentir. Or, en réalité, quand j'ai soif, je ne constate pas seulement qu'il faut que je boive, mais je ressens la soif et j'éprouve un sentiment de douleur qui témoigne précisément de l'union de l'âme et du corps. Les états du corps ne peuvent agir sur l'âme, lui provoquer tel ou tel sentiment que si l'âme et le corps sont mêlés l'un à l'autre. S'ils étaient simplement juxtaposés, on ne pourrait pas comprendre cette interaction. L'incarnation est ainsi vécue comme un fait, elle est constatée et non démontrée.

Parce que mes idées sensibles sont troublées et confuses, j'ai conscience que mon âme est unie à mon corps, sinon je n'aurais que des idées claires et distinctes. Le corps apparaît comme un facteur d'obscurité. Je n'ai pas seulement l'idée de la soif et l'idée de mon corps qui doit boire ; je le ressens, et c'est parce que je le ressens que ces idées sont confuses. L'union de l'âme et du corps est une notion primitive, au même titre que celle de l'âme et celle du corps, mais je la connais seulement par le sentiment. Je ne fais que la vivre, la sentir. Elle apparaît donc comme obscure et peu intelligible, elle ne possède pas la clarté et l'évidence de mon âme comme chose pensante ou de mon corps comme chose étendue.

Parce que cette union est source de confusion, il convient de s'en défaire au niveau de la connaissance. La distinction de l'âme et du corps est une distinction théorique qui permet une connaissance claire de l'âme et du corps. Je ne pourrai étudier le corps, lui appliquer les lois de la physique que si je le considère seulement comme chose étendue. Dans l'ordre de la connaissance, il faut insister sur la distinction. Mais dans l'ordre de la vie, l'union indissociable de l'âme et du corps s'impose et est indispensable car elle est un guide pour déterminer l'utile et le nuisible. Descartes ne se contredit donc pas ; simplement, la distinction de l'âme et du corps et la reconnaissance de leur union n'appartiennent pas au même plan. Leur distinction est théorique, leur union est vécue.

1. Méditation sixième, p. 107.

Si Descartes brise l'unité de l'homme sur le plan théorique, en refusant de le considérer comme une seule substance et en le présentant comme le composé de deux substances, en revanche il considère l'homme comme une seule personne, un seul individu : *« la notion de l'union que chacun éprouve toujours en soi-même sans philosopher ; à savoir qu'il est une seule personne ; qui a un corps et une pensée*[1] ». L'union de l'âme et du corps est ce qui constitue l'individu singulier, mais cette union ne peut être expliquée, car l'analyser reviendrait précisément à la briser, en distinguant les éléments qui la composent. La compréhension des choses s'opère en séparant les éléments, en les étudiant un par un ; cette méthode est donc par définition inadéquate pour expliquer une union. C'est pourquoi l'unité de l'individu, composé d'une âme et d'un corps, est ressentie sans être expliquée. « *C'est en usant seulement de la vie et des conversations ordinaires, et en s'abstenant de méditer et d'étudier aux choses qui exercent l'imagination, qu'on apprend à concevoir l'union de l'âme et du corps*[2]. »

Il semble donc qu'entre philosopher et vivre il faille choisir, sans que ces deux attitudes soient intellectuellement inconciliables. L'esprit humain est peut-être trop limité pour pouvoir concevoir ensemble la distinction conceptuelle de l'âme et du corps et leur union vécue.

1. Lettre à Élisabeth, 28 juin 1643.
2. Lettre à Élisabeth, 28 juin 1643.

Sujets de dissertation

Sujet 1 :

La liberté peut-elle n'être pas infinie ?

Analyse du sujet

- Repérer une double négation dans le sujet : « ne pas » et « in-finie ». Le sujet invite à réfléchir sur le problème de savoir si la liberté peut être finie.
- Remarquer un présupposé dans le sujet : il irait de soi que la liberté est infinie, et le problème serait de savoir s'il y a encore liberté quand on possède une liberté finie.
- S'étonner devant un tel sujet : à priori nous ne concevons pas notre liberté comme infinie, et pourtant nous pensons être libres. Le problème serait plutôt pour nous de nous interroger sur l'existence d'une liberté infinie. Or, le sujet invite au contraire à réfléchir à la possibilité d'une liberté qui ne soit pas infinie.
- Le sujet pose la liberté dans un horizon théologique. L'infini est une caractéristique de Dieu. Il faudra sans doute comparer la liberté de l'homme et celle de Dieu, en mobilisant Descartes, Méditation quatrième.
- Deux termes sont mis en relation dans le sujet : la liberté et l'infini. Il va falloir articuler ces deux notions et étudier leurs divers sens possibles pour pouvoir élaborer la réflexion. Il ne revient ainsi pas au même de penser la liberté d'action comme étant finie, donc ayant des limites concrètes, et de penser la liberté de la volonté comme étant finie.
- Il faudra chercher quels sont les facteurs qui limitent la liberté. Est-ce que ce sont des facteurs externes ou internes à la liberté, à l'individu libre ?

Problématique

- Une liberté qui serait finie peut-elle encore être appelée une liberté ? Cette question exige de répondre aux deux questions suivantes :
- De quelle nature sont les limites de cette liberté ?
- Existe-t-il une liberté infinie qui serait le modèle de toute liberté ?

Plan détaillé

I - Nos actions libres rencontrent des obstacles

1. *Comment la liberté peut-elle être limitée ?*

Toute réalisation de la liberté se heurte à des obstacles de fait. Je suis bien obligé, quand j'agis, de prendre en compte la réalité. Ainsi, par exemple, je ne peux pas voler comme un oiseau. Mais faut-il conclure de ces obstacles qui entravent la liberté que la liberté est une fiction et que nous ne sommes pas libres d'agir comme nous le voulons ?

2. *Une liberté susceptible de degrés*

Les obstacles constituent des limites pour l'exercice de la liberté. La liberté apparaît susceptible de degrés, en fonction de l'indépendance que l'on possède à l'égard de ces contraintes. La liberté est donc plus ou moins limitée, plus ou moins finie. Je suis plus ou moins libre de réaliser l'action que j'ai décidé de faire. Et on peut dire qu'il y a absence de liberté seulement si je ne peux absolument pas réaliser l'action. Par exemple, un prisonnier enfermé dans sa cellule n'est pas libre d'en sortir, même s'il le désire.

Mais comment est définie cette liberté plus ou moins infinie ?

3. *Une liberté comme absence de contraintes extérieures*

Locke, *Essai sur l'entendement humain,* II, 21, 27 : « *C'est ce que nous sommes capables d'agir ou de ne pas agir en conséquence de notre choix ou volition.* »

Cette liberté est une puissance d'agir sans contraintes extérieures. Une action libre est une action qui n'est pas entravée, qui n'est pas empêchée. Les obstacles à l'action peuvent être plus ou moins grands ; seuls des obstacles qui interdisent l'action exigent de reconnaître que le sujet n'est pas libre de réaliser l'action choisie. Mais il n'y a jamais d'indépendance absolue, de contrainte nulle, donc la liberté est nécessairement finie.

► La liberté peut donc être limitée, mais cette liberté est une liberté d'exercice, une liberté d'accomplir l'action voulue. Elle est limitée par des contraintes extérieures à elle, mais est-elle en elle-même infinie ? Reconnaître que la liberté d'action est finie ne semble pas suffire pour régler la question. Suis-je libre de vouloir sans subir aucune contrainte qui ne soit plus externe mais interne ? Puis-je vouloir tout ce que je veux ? Est-ce que ma liberté de vouloir est finie ou infinie ?

II - Si nos volontés sont contraintes, elles ne sont plus libres

1. *Une liberté nécessairement infinie*

On passe de l'étude des obstacles de fait à la liberté d'action, à l'étude des limites internes à la volonté. Si ma volonté est limitée, peut-on encore dire que je peux choisir ce que je veux ? Comment la liberté de la volonté peut-elle être finie sans être supprimée ? Pour Descartes, dans la Méditation quatrième, la liberté est formellement infinie. C'est une évidence que la liberté humaine doit être infinie ou n'être pas. Je suis libre absolument de vouloir une chose ou son contraire. Si ma volonté est entravée, conditionnée, alors je ne choisis plus en fonction de ma volonté, et je ne suis plus libre. Je possède donc la même liberté de la volonté que Dieu. Mais cette liberté n'est-elle pas un pur arbitraire : je veux ceci et non cela car tel est mon bon plaisir ? Cette liberté n'est-elle pas en réalité limitée par une absence de raison à choisir ceci plutôt que cela ? Et finalement, elle se révélerait parfaitement impuissante et incapable de s'exercer : je ne peux pas choisir car je ne sais que choisir.

2. *Une liberté infinie mais plus ou moins éclairée*

Il convient de distinguer l'infinité du libre arbitre et sa perfection plus ou moins grande. Ce n'est pas parce que ma liberté n'est limitée par rien qu'elle s'exerce de façon pertinente. La liberté de la volonté est donc elle aussi susceptible de degrés : elle peut être plus ou moins éclairée par la connaissance. Plus je connais, plus je choisis de façon ferme et assurée. Plus je suis ignorant, plus je choisis de façon indifférente. Descartes, dans la Méditation quatrième (p. 88), affirme que la liberté de la volonté éclairée par l'entendement est le plus haut degré de la liberté. Mais si la liberté admet des degrés quant à sa perfection, elle n'en reste pas moins infinie, et donc sans degrés : j'ai toute liberté de choisir ce que je veux mais ce choix est plus ou moins judicieux. Celui qui est savant et celui qui est ignorant sont également libres, seulement l'un se décide avec raison, l'autre sans raison. Ces degrés de perfection de la liberté ne constituent donc pas des limites pour la liberté.

► Mais n'est-il pas paradoxal d'attribuer à l'homme une liberté infinie ? Comment l'homme qui est lui-même un être limité peut-il posséder une puissance qui ne soit limitée par rien ? Et même s'il la possède, peut-il en faire usage ? Ne faudrait-il pas en toute rigueur n'attribuer cette liberté qu'à Dieu seul ?

III - Une liberté aussi infinie (ou finie) que l'homme

1. *La liberté de l'homme ne peut pas être celle de Dieu*

Cela ne pose pas de problème d'attribuer à Dieu une liberté infinie, Dieu étant lui-même conçu comme un être infini, sans limites. Il y a chez Dieu une adéquation entre le sujet de la liberté et la puissance de la liberté. En revanche, cela semble beaucoup plus problématique pour l'être humain. Quel sens cela peut-il avoir de lui conférer une puissance de vouloir infinie ? Ne doit-on pas penser un équilibre entre le sujet de liberté et la puissance de liberté afin d'éviter de poser un contenu plus grand que le contenant ?

2. *Les limites de la liberté sont celles de l'homme*

Cette acceptation d'une finitude de la liberté liée à la condition humaine est la seule possibilité pour pouvoir maintenir l'affirmation de la liberté humaine. Si l'on s'entête dans l'idée que la liberté ne peut qu'être infinie, alors on ne peut que refuser de l'attribuer à l'homme. Or, refuser de reconnaître que l'homme est libre va à l'encontre de l'expérience proprement humaine de la liberté. Le fait que je me considère comme responsable de mes choix m'assure que ces choix ont été librement choisis par moi. Le problème est donc de construire une conception de la liberté qui soit à la mesure de l'homme, et non de Dieu. Il s'agit de déterminer les limites *a priori*

– limites indépendantes de l'exercice de la liberté – de la liberté humaine. Ces limites sont les corollaires des limites propres à l'être humain. Ainsi, une détermination de l'être humain est d'être soumis au temps, contrairement à Dieu qui est hors du temps. La liberté humaine est une liberté temporelle, qui s'exerce nécessairement dans le temps. Le temps constitue donc une limite pour la liberté humaine, car celle-ci a pour horizon la mort, comme le remarque Heidegger dans *Être et temps.*

Conclusion

À moins de refuser d'accorder à l'homme la liberté, elle peut être finie, et la liberté humaine est même nécessairement finie du fait que c'est celle d'un être lui-même fini. Mais il ne s'agit pas de limites individuelles, variables selon les individus. Les hommes possèdent tous en droit une égale liberté. Or n'est-ce pas alors cette égale liberté de la volonté qui constituerait son infinité pour l'homme ?

Sujet 2 :

Puis-je penser ce que je veux ?

Analyse du sujet

- Il s'agit tout d'abord de donner sens à l'énoncé. Pourquoi se poser cette question ? Est-ce que c'est moi qui suis maître de ma pensée ? Ou bien est-ce que je crois être maître de ma pensée, mais ce serait seulement une illusion ? Ma pensée serait en réalité conditionnée, orientée.
- Si ma pensée ne m'appartient pas en propre, qu'est-ce qui alors m'appartient ? *A priori*, la pensée semble appartenir à ma volonté. Ainsi, pour Épictète, l'esclave est toujours libre de penser ce qu'il veut, le prisonnier aussi. C'est d'ailleurs la seule chose dont on ne peut les priver.
- Pour comprendre pourquoi cette question se pose et pour dégager le problème qu'elle soulève, il convient d'analyser les termes de l'énoncé.
- « Puis-je ». Il y a deux sens au verbe « pouvoir » :

– Ai-je la capacité, les moyens de penser ce que je veux ?
– Ai-je le droit de penser ce que je veux ?

Il y a donc deux aspects à étudier : un problème de possibilité et un problème de légitimité, de morale. Il conviendra de traiter ces deux aspects.

D'une part, le problème de savoir si j'ai les moyens de penser réellement ce que je veux. Ceci revient au problème de savoir si et comment ma pensée est conditionnée, et s'il est possible de dépasser ces entraves.

D'autre part, le problème de savoir si j'ai le droit de penser ce que je veux. Ceci revient au problème de savoir si certaines pensées doivent ne jamais être pensées (par exemple l'eugénisme, l'euthanasie...). C'est donc un problème qui concerne les limites morales de la pensée. Il faudra également chercher à savoir qui décide de ces limites, qui me les impose. Est-ce moi-même, ou bien l'État, un pouvoir religieux, l'opinion publique... ?

- Analyse de la pensée : il faut se donner une première définition. La pensée au sens le plus large concerne tous les phénomènes de l'esprit. Voir la définition de Descartes dans la Méditation seconde : *« Qu'est-ce qu'une chose qui pense ? c'est une chose qui doute, qui entend, "qui conçoit", qui affirme, qui nie, qui veut, qui ne veut pas, qui imagine aussi, et qui sent »* (pp. 62-63). Il ne faut donc pas limiter d'emblée la pensée à la pensée rationnelle ; la pensée est l'ensemble de tous les phénomènes de l'esprit dont on a conscience (les rêves en sont donc exclus). Par conséquent, le sujet invite à prendre en compte également la pensée imaginative.
- Analyse de la volonté : la volonté est aussi un acte de l'esprit, ou plutôt une faculté. La volonté consiste à se déterminer à agir ou à ne pas agir. C'est une puissance de choix et de décision. Voir la définition de Descartes dans la Méditation quatrième : *« elle consiste seulement en ce que nous pouvons faire une même chose ou ne la faire pas, c'est-à-dire affirmer ou nier, poursuivre ou fuir une même chose ; ou plutôt elle consiste seulement en ce que, pour affirmer ou nier, poursuivre ou fuir les choses que l'entendement nous propose, nous agissons de telle sorte que nous ne sentons point qu'aucune force extérieure ne nous y contraigne »* (p. 88). C'est moi qui décide de mon plein gré.

Problématique

- Est-ce moi qui décide du sujet de ma pensée ? Suis-je libre de penser à ce que je veux ? Il s'agit de réfléchir au choix de ce à quoi je pense.
- Est-ce que c'est moi qui dirige ma pensée dans ce que je pense ? Puis-je penser comme je le veux à l'objet de ma pensée ? Ou bien ma pensée est-elle déterminée soit par la nature de l'objet, soit par des influences extérieures ?
- Le sujet nous invite donc à nous poser les question suivantes :

– Ai-je la capacité de choisir ce à quoi je pense et de le penser comme je le veux ?
– Et en ai-je le droit ?

Plan détaillé

I - Ai-je la capacité de penser ce que je veux ?

Étude des limites de la pensée volontaire. L'éducation, l'influence sociale, le langage, l'inconscient, la structure de notre cerveau sont autant de limites qui nous empêchent d'être maîtres de nos pensées.

Ces limites peuvent être classées en deux ordres différents : certaines sont des limites d'ordre culturel, d'autres des limites d'ordre physiologique. Les limites d'ordre culturel peuvent être dépassées, les autres non.

II - Ces limites sont-elles insurmontables ?

Une première attitude est possible pour dépasser les limites d'ordre culturel : choisir de douter de tout volontairement. [Voir la Méditation première.] Je peux douter de tout ce que je veux, pourvu que je le veuille et que je m'y applique avec attention. Mais si je ne suis libre que de douter, c'est réduire de façon considérable le champ de la pensée volontaire.

Défendre l'idée que penser par soi-même est une conquête qui nécessite une éducation critique. On apprend à penser par soi-même, ce n'est pas quelque chose d'inné, mais d'acquis.

Mais si penser par soi-même exige une éducation, ne court-on pas le risque que la pensée soit alors gouvernée par la raison, la connaissance, et non plus par la volonté ? Plus je suis savant, et moins je suis libre de penser ce que je veux. Il y aurait alors une limitation d'ordre interne à ma pensée. Mais est-ce une limitation volontaire ? Et de quel ordre est cette contrainte ?

III - Ai-je le droit de penser ce que je veux ?

Étude d'une contrainte d'ordre théorique : penser selon ma raison est une plus grande liberté. Je ne cesse pas de penser ce que je veux, seulement ma volonté est éclairée par ma raison. Cependant, ce n'est pas moi qui crée la vérité ; par conséquent, si je veux penser de façon correcte, je dois me plier à mon objet d'étude. Je ne peux pas penser ce que je veux et n'importe quoi du cycle de la Lune si je veux le connaître. En revanche, si mon but est de rêver à propos de la lune, je peux laisser ma pensée vagabonder. Tout dépend donc de ce que je recherche : savoir ce qu'est l'objet réellement, ou simplement l'imaginer.

Étude d'une contrainte d'ordre moral : une contrainte morale extérieure est une atteinte à ma liberté de penser. Penser au procès de Galilée : l'Église lui a ordonné de renier sa théorie de l'héliocentrisme[1] car elle était en contradiction avec les positions défendues par l'Église.

En revanche, une contrainte intérieure ne porte pas atteinte à ma liberté de penser car c'est un choix personnel, donc un acte de la volonté.

Conclusion

Si mes capacités de penser ne sont pas sans limites, bien qu'elles puissent toujours être repoussées plus loin, en revanche je suis seul habilité à déterminer ce que j'ai le droit de penser. Si autrui impose des contraintes à ma pensée, il fait acte de terrorisme intellectuel en portant atteinte à ma liberté de penser. Penser n'est pas agir : si j'ai *a priori* le droit de penser tout ce que je veux, cela ne veut pas dire que je peux mettre en pratique toutes ces pensées.

1. Voir note 1, p. 15.

Commentaire d'extrait

La perception du morceau de cire est une inspection de l'esprit

Il faut donc demeurer d'accord que je ne saurais pas même comprendre par l'imagination ce que c'est que ce morceau de cire, et qu'il n'y a que mon entendement seul qui le comprenne. Je dis ce morceau de cire en particulier, car pour la cire en général, il est encore plus évident. Mais quel est ce morceau de cire qui ne peut être compris que par l'entendement ou par l'esprit ? Certes, c'est le même que je vois, que je touche, que j'imagine, et enfin c'est le même que j'ai toujours cru que c'était au commencement. Or, ce qui est ici grandement à remarquer, c'est que sa perception n'est point une vision, ni un attouchement, ni une imagination, et ne l'a jamais été, quoiqu'il le semblât ainsi auparavant ; mais seulement une inspection de l'esprit, laquelle peut être imparfaite et confuse, comme elle était auparavant, ou bien claire et distincte, comme elle est à présent, selon que mon attention se porte plus ou moins aux choses qui sont en elle, et dont elle est composée.

Méditation seconde, p. 65.

Problème

Comment acquérons-nous une connaissance du réel ?

Thèse

Nous ne connaissons pas le réel par les sens ou par l'imagination, mais par l'entendement.

Plan

1. Chaque objet sensible particulier est connu par l'entendement seul.
2. La simple perception de cet objet n'est pas d'ordre sensible, mais c'est une inspection de l'esprit.

Introduction

Ce texte se situe à la fin de la Méditation seconde. Descartes a montré l'évidence indubitable du « je pense, donc je suis ». J'existe en tant que chose pensante, et l'âme est plus aisée à connaître que le corps. Or, Descartes rencontre un point de résistance : « *je ne puis m'empêcher de croire que les choses corporelles* [...] *ne soient beaucoup plus distinctement connues que cette je ne sais quelle partie de moi-même qui ne tombe point sous l'imagination* »[1]. Non seulement je ne peux m'empêcher de croire en l'existence des objets sensibles, mais, de plus, je suis persuadé qu'ils sont connus plus facilement que l'âme, objet incorporel. Afin de rompre cette résistance, Descartes propose un retour en arrière. Il décide d'étudier un objet sensible, matériel – un morceau de cire – et d'étudier si cet objet est effectivement connu plus facilement que l'esprit humain. Il s'agit donc de se demander comment nous appréhendons le morceau de cire, par quel moyen nous en avons une connaissance. Mais l'enjeu de ce texte n'est pas seulement le problème de la formation d'une connaissance des objets sensibles, son enjeu est avant tout de déterminer si le cogito est bien la première vérité, c'est-à-dire la plus facile à connaître.

Développement

1. Je connais le morceau de cire par l'entendement et non par l'imagination

Seul l'entendement, c'est-à-dire la faculté de former des idées, permet de savoir ce qu'est le morceau de cire ; l'imagination, qui forme des images des choses sensibles, en est incapable. En effet, si je forme une image du morceau de cire, laquelle choisirai-je ? Celle du morceau de cire fondue ou dure ? Une simple image est insuffisante pour rendre compte de ce qu'est le morceau de cire, car elle négligera nécessairement tel ou tel aspect de la cire, ne pouvant en retenir qu'un seul. En effet, le tort de l'imagination est de s'en tenir aux apparences de la chose et de ne pas pouvoir dire ce qu'est la chose en elle-même. L'imagination ne fait que former des images du morceau de cire à partir de ce que nous percevons par les sens ; elle n'opère aucun passage à l'abstraction. Or, pour savoir ce qu'est le morceau de cire en lui-même, quelle que soit son apparence (dureté ou mollesse), il faut le considérer en lui-même, en faisant abstraction de ses diverses qualités variables. Seul l'entendement permet de se représenter ce qu'est la chose « toute nue », c'est-à-dire une chose étendue. L'imagination n'est pas assez puissante pour se former une image de ce qu'est une chose étendue capable d'une infinité de changements. Il est impossible d'avoir présent à l'esprit en même temps cette infinité de changements ; donc on ne peut pas la concevoir par l'imagination, mais seulement par une idée.

C'est donc par l'entendement que nous pouvons avoir une connaissance du morceau de cire. En effet, la connaissance que nous avons de la cire ne dépend pas de ses formes changeantes mais de ce qu'elle est en elle-même et qui demeure, quel que soit son mode d'apparition. Or, ce qui, dans la cire, demeure, ne peut être vu ou touché. Seul un jugement per-

1. Méditation seconde, p. 63.

met de définir l'identité du morceau de cire, ce qui en lui demeure le même malgré ses divers changements. Cette identité du morceau de cire ne se donne pas, elle n'est pas connue par une sensation, mais elle est élaborée, c'est-à-dire construite par l'esprit. Il s'agit en effet de comprendre que le morceau de cire est une seule chose matérielle, capable d'une infinité de modifications. Cette compréhension est opérée par l'esprit, indépendamment de toutes les informations que m'offrent mes sens.

Savoir ce qu'est le morceau de cire n'est pas une connaissance sensible que nous offrent nos sens, mais c'est une connaissance construite par l'esprit, une connaissance rationnelle. Descartes répond ici au préjugé qui veut que la connaissance sensible soit plus facile à acquérir que la connaissance rationnelle, puisque les objets matériels que nous pensions connaître par les sens sont en réalité connus par l'esprit. Il n'y a de connaissance que rationnelle.

Mais Descartes ne s'arrête pas là ; il ajoute que la perception du morceau de cire est elle aussi l'œuvre de l'esprit et non des sens.

2. Je perçois le morceau de cire par une inspection de l'esprit

Cette affirmation de Descartes doit étonner. Autant nous pouvons admettre relativement facilement que nous n'avons la connaissance d'un objet matériel que par l'entendement, autant nous sommes persuadés que nous percevons cet objet par nos sens. Si la compréhension de l'objet est l'œuvre de l'entendement, sa perception, c'est-à-dire le fait d'avoir conscience de l'objet et de le percevoir comme extérieur à moi, est l'œuvre des sens. Je perçois un objet parce que je le vois, je le sens, je le touche. Or, Descartes affirme le contraire : la perception de la cire n'est pas une vision ou une imagination mais bien une inspection de l'esprit. Dire « c'est de la cire » ne renvoie pas à une sensation mais à un jugement de l'esprit.

Comment comprendre que Descartes considère la perception comme un acte de l'esprit et non comme un acte des sens ?

Pour répondre à cette question, il faut réfléchir à l'appréhension d'un objet matériel. Par l'entremise de mes sens, je n'ai qu'une connaissance parcellaire de l'objet. Je vois une forme, je sens une odeur, je touche quelque chose de doux ou de rugueux, de chaud ou de froid. Mais ces sensations sont distinctes les unes des autres. Comment vais-je associer ce que je vois avec ce que je touche et poser l'existence d'un objet unique ? Et comment vais-je associer mes différentes visions selon les angles de vue différents et affirmer que ces visions se rapportent toutes à un même objet ? Mes sensations sont toutes singulières et sans lien les unes avec les autres. Seul un jugement permet de les associer, de les synthétiser et d'affirmer ceci : « c'est un morceau de cire ». Mes sensations ne permettent pas de poser l'existence de l'objet car rien ne m'assure en elles qu'elles se rapportent au même objet. On comprend alors pourquoi Descartes considère que la perception est une inspection de l'esprit. C'est l'entendement qui synthétise les sensations multiples et variées pour reconnaître qu'elles se réfèrent toutes à un objet unique. Une perception est donc toujours un jugement. Si je me fonde seulement sur mes sensations, il est impossible d'affirmer : « ceci est un morceau de cire ». La perception de l'objet n'est donc par reçue de l'expérience, mais construite par l'esprit ; c'est une pensée.

Or, si c'est une pensée, au point où nous en sommes dans la *Seconde Méditation*, elle renvoie non pas à l'existence de l'objet matériel mais seulement à l'existence du sujet qui pense. L'existence de l'objet matériel est encore douteuse ; rien ne m'assure en effet que mes pensées correspondent à des objets réels. En revanche, toute pensée réaffirme l'existence du sujet de cette pensée. Par conséquent, dire : « ceci est un morceau de cire » ne renvoie pas à l'existence du morceau de cire, mais à l'existence du sujet qui a cette idée.

Conclusion

Le détour par l'analyse du morceau de cire, loin de diminuer la force de la démonstration de Descartes, la renforce. C'est une réaffirmation du cogito. Toute connaissance – et toute perception d'un objet matériel – renvoie d'abord à l'existence du sujet qui pense et non à celle de l'objet. On est donc forcé de reconnaître que l'âme est plus aisée à connaître que le corps et que tout objet matériel, puisque finalement toute connaissance d'un objet matériel nous en apprend immédiatement plus sur l'esprit que sur l'objet lui-même. Nous connaissons donc réellement l'esprit, sujet de la pensée, avant même de connaître les choses matérielles, objets de la pensée, car toute connaissance d'objet est tout d'abord une pensée que forme un sujet.

Prolongements

1. Descartes ne dévalorise-t-il pas les qualités changeantes de l'objet, ses apparences, au profit du concept de l'objet ? Cette attitude ne conduit-elle pas à passer à côté de la spécificité du sensible ?
2. Comparez l'attitude de Descartes devant les changements du morceau de cire avec celle de Monet devant les différents éclairages de la cathédrale de Rouen. Pensez-vous que Monet cherchait dans l'objet la même chose que Descartes ?
3. Essayez de comprendre pourquoi, à ce stade des *Méditations*, tout rapport au monde renvoie le sujet à lui-même au lieu de le sortir de lui-même, à partir de cette citation de Husserl : « *Tout ce qui est "monde", tout être spatial et temporel existe pour moi, c'est-à-dire vaut pour moi, du fait même que j'en fais l'expérience, le perçois, le remémore, y pense de quelque manière, porte sur lui des jugements d'existence ou de valeur, le désire, et ainsi de suite* [1]. »

1. Husserl, *Méditations cartésiennes*, Vrin, 1953, p. 18.

Autour de l'œuvre

Extraits des Réponses aux Objections

DESCARTES – Deuxièmes Réponses - voir Méditation troisième.

Nous donnons ici seulement le texte des Réponses de Descartes qui a valeur en lui-même. Nous avons retenu la fin des Secondes Réponses ; tout d'abord la définition de l'ordre géométrique et la distinction des deux manières de démontrer : l'analyse, qui est la voie de la découverte (et qui est l'ordre des *Méditations* elles-mêmes) ; la synthèse, qui est l'ordre didactique ; ensuite apparaîtra l'Exposé géométrique synthétique qui termine les Secondes Réponses et qui a servi de modèle à Spinoza lors de la rédaction de son *Éthique*, à la façon des géomètres.

Dans la façon d'écrire des géomètres, je distingue deux choses, à savoir l'ordre, et la manière de démontrer.

L'ordre consiste en cela seulement, que les choses qui sont proposées les premières doivent être connues sans l'aide des suivantes, et que les suivantes doivent après être disposées de telle façon, qu'elles soient démontrées par les seules choses qui les précèdent. Et certainement j'ai tâché, autant que j'ai pu, de suivre cet ordre en mes Méditations. Et c'est ce qui a fait que je n'ai pas traité, dans la seconde, de la distinction de l'esprit d'avec le corps, mais seulement dans la sixième, et que j'ai omis de parler de beaucoup de choses dans tout ce traité, parce qu'elles présupposaient l'explication de plusieurs autres.

La manière de démontrer est double : l'une se fait par l'analyse ou résolution, et l'autre par la synthèse ou composition.

L'analyse montre la vraie voie par laquelle une chose a été méthodiquement inventée, et fait voir comment les effets dépendent des causes ; en sorte que, si le lecteur la veut suivre, et jeter les yeux soigneusement sur tout ce qu'elle contient, il n'entendra pas moins parfaitement la chose ainsi démontrée, et ne la rendra pas moins sienne, que si lui-même l'avait inventée.

Mais cette sorte de démonstration n'est pas propre à convaincre les lecteurs opiniâtres ou peu attentifs : car si on laisse échapper, sans y prendre garde, la moindre des choses qu'elle propose, la nécessité de ses conclusions ne paraîtra point ; on n'a pas coutume d'y exprimer fort amplement les choses qui sont assez claires de soi-même, bien que ce soit ordinairement celles auxquelles il faut le plus prendre garde.

La synthèse, au contraire, par une voie tout autre, et comme en examinant les causes par leurs effets (bien que la preuve qu'elle contient soit souvent aussi des effets par les causes), démontre à la vérité clairement ce qui est contenu en ses conclusions, et se sert d'une longue suite de définitions, de demandes, d'axiomes, de théorèmes et de problèmes, afin que, si on lui nie quelques conséquences, elle fasse voir comment elles sont contenues dans les antécédents, et qu'elle arrache le consentement du lecteur, tant obstiné et opiniâtre qu'il puisse être ; mais elle ne donne pas, comme l'autre, une entière satisfaction aux esprits de ceux qui désirent d'apprendre, parce qu'elle n'enseigne pas la méthode par laquelle la chose a été inventée.

Les anciens géomètres avaient coutume de se servir seulement de cette synthèse dans leurs écrits, non qu'ils ignorassent entièrement l'analyse, mais, à mon avis, parce qu'ils en faisaient tant d'état, qu'ils la réservaient pour eux seuls, comme un secret d'importance.

Pour moi, j'ai suivi seulement la voie analytique dans mes Méditations, parce qu'elle me semble être la plus vraie, et la plus propre pour enseigner ; mais quant à la synthèse, laquelle sans doute est celle que vous désirez ici de moi, encore que, touchant les choses qui se traitent en la géométrie, elle puisse utilement être mise après l'analyse, elle ne convient pas toutefois si bien aux matières qui appartiennent à la métaphysique. Car il y a cette différence, que les premières notions qui sont supposées pour démontrer les propositions géométriques, ayant de la convenance avec les sens, sont reçues facilement d'un chacun ; c'est pourquoi il n'y a point là de difficulté, sinon à bien tirer les conséquences, ce qui se peut faire par toutes sortes de personnes, même par les moins attentives, pourvu seulement qu'elles se ressouviennent des choses précédentes ; et on les oblige aisément à s'en souvenir, en distinguant autant de diverses propositions qu'il y a de choses à remarquer dans la difficulté proposée, afin qu'elles s'arrêtent séparément sur chacune, et qu'on les leur puisse citer par après, pour les avertir de celles auxquelles elles doivent penser. Mais au contraire, touchant les questions qui appartiennent à la métaphysique, la principale difficulté est de concevoir clairement et distinctement les premières notions. Car, encore que de leur nature elles ne soient pas moins claires, et même que souvent elles soient plus claires que celles qui sont considérées par les géomètres, néanmoins, d'autant qu'elles semblent ne s'accorder pas avec plusieurs préjugés que nous avons reçus par les sens, et auxquels nous sommes accoutumés dès notre enfance, elles ne sont parfaitement comprises que par ceux qui sont fort attentifs et qui s'étudient à détacher, autant qu'ils peuvent, leur esprit du commerce des sens ; c'est pourquoi, si on les proposait toutes seules, elles seraient aisément niées par ceux qui ont l'esprit porté à la contradiction.

Ce qui a été la cause pourquoi j'ai plutôt écrit des Méditations que des disputes ou des questions, comme font les philosophes, ou bien des théorèmes ou des problèmes, comme les géomètres, afin de témoigner par là que je n'ai écrit que pour ceux qui se voudront donner la peine de méditer avec moi sérieusement et considérer les choses avec attention. Car, de cela même que quelqu'un se prépare pour impugner la vérité, il se rend moins propre à la comprendre, d'autant qu'il détourne son esprit de la considération des raisons qui la persuadent, pour l'appliquer à la recherche de celles qui la détruisent.

Mais néanmoins, pour témoigner combien je défère à votre conseil, je tâcherai ici d'imiter la synthèse des géomètres, et y ferai un abrégé des principales raisons dont j'ai usé pour démontrer l'existence de Dieu, et la distinction qui est entre l'esprit et le corps humain : ce qui ne servira peut-être pas peu pour soulager l'attention des lecteurs.

Raisons qui prouvent l'existence de Dieu et la distinction qui est entre l'esprit et le corps humain disposées d'une façon géométrique

Définitions

I. Par le nom de *pensée,* je comprends tout ce qui est tellement en nous, que nous en sommes immédiatement connaissants. Ainsi toutes les opérations de la volonté, de l'entendement, de l'imagination et des sens, sont des pensées. Mais j'ai ajouté *immédiatement,* pour exclure les choses qui suivent et dépendent de nos pensées : par exemple, le mouvement volontaire a bien, à la vérité, la volonté pour son principe, mais lui-même néanmoins n'est pas une pensée.

II. Par le nom d'*idée,* j'entends cette forme de chacune de nos pensées, par la perception immédiate de laquelle nous avons connaissance de ces mêmes pensées. En telle sorte que je ne puis rien exprimer par des paroles, lorsque j'entends ce que je dis, que de cela même il ne soit certain que j'ai en moi l'idée de la chose qui est signifiée par mes paroles. Et ainsi je n'appelle pas du nom d'idée les seules images qui sont dépeintes en la fantaisie ; au contraire, je ne les appelle point ici de ce nom, en tant qu'elles sont en la fantaisie corporelle, c'est-à-dire en tant qu'elles sont dépeintes en quelques parties du cerveau, mais seulement en tant qu'elles informent l'esprit même, qui s'applique à cette partie du cerveau.

III. Par la *réalité objective d'une idée*, j'entends l'entité ou l'être de la chose représentée par l'idée, en tant que cette entité est dans l'idée ; et de la même façon, on peut dire une perfection objective, ou un artifice objectif, etc. Car tout ce que nous concevons comme étant dans les objets des idées, tout cela est objectivement, ou par représentation, dans les idées mêmes.

IV. Les mêmes choses sont dites être *formellement* dans les objets des idées, quand elles sont en eux telles que nous les concevons ; et elles sont dites y être *éminemment*, quand elles n'y sont pas à la vérité telles, mais qu'elles sont si grandes, qu'elles peuvent suppléer à ce défaut par leur excellence.

V. Toute chose dans laquelle réside immédiatement, comme dans son sujet, ou par laquelle existe quelque chose que nous concevons, c'est-à-dire quelque propriété, qualité, ou attribut, dont nous avons en nous une réelle idée, s'appelle *Substance*. Car nous n'avons point d'autre idée de la substance précisément prise, sinon qu'elle est une chose dans laquelle existe formellement, ou éminemment, ce que nous concevons, ou ce qui est objectivement dans quelqu'une de nos idées, d'autant que la lumière naturelle nous enseigne que le néant ne peut avoir aucun attribut réel.

VI. La substance, dans laquelle réside immédiatement la pensée, est ici appelée *Esprit*. Et toutefois ce nom est équivoque, en ce qu'on l'attribue aussi quelquefois au vent et aux liqueurs fort subtiles ; mais je n'en sache point de plus propre.

VII. La substance, qui est le sujet immédiat de l'extension et des accidents qui présupposent l'extension, comme de la figure, de la situation, du mouvement local, etc., s'appelle *Corps*. Mais de savoir si la substance qui est appelée *Esprit* est la même que celle que nous appelons *Corps*, ou bien si elles sont deux substances diverses et séparées, c'est ce qui sera examiné ci-après.

VIII. La substance que nous entendons être souverainement parfaite, et dans laquelle nous ne concevons rien qui enferme quelque défaut, ou limitation de perfection, s'appelle *Dieu*.

IX. Quand nous disons que quelque attribut est contenu dans la nature ou dans le concept d'une chose, c'est de même que si nous disions que cet attribut est vrai de cette chose, et qu'on peut assurer qu'il est en elle.

X. Deux substances sont dites être distinguées réellement, quand chacune d'elles peut exister sans l'autre.

Demandes

Je demande, *premièrement*, que les lecteurs considèrent combien faibles sont les raisons qui leur ont fait jusques ici ajouter foi à leurs sens, et combien sont incertains tous les jugements qu'ils ont depuis appuyés sur eux ; et qu'ils repassent si longtemps et si souvent cette considération en leur esprit, qu'enfin ils acquièrent l'habitude de ne se plus confier si fort en leurs sens ; car j'estime que cela est nécessaire pour se rendre capable de connaître la vérité des choses métaphysiques, lesquelles ne dépendent point des sens.

En second lieu, je demande qu'ils considèrent leur propre esprit, et tous ceux de ses attributs dont ils reconnaîtront ne pouvoir en aucune façon douter, encore même qu'ils supposassent que tout ce qu'ils ont jamais reçu par les sens fût entièrement faux ; et qu'ils ne cessent point de le considérer, que premièrement ils n'aient acquis l'usage de le concevoir distinctement, et de croire qu'il est plus aisé à connaître que toutes les choses corporelles.

En troisième lieu, qu'ils examinent diligemment les propositions qui n'ont pas besoin de preuve pour être connues, et dont chacun trouve les notions en soi-même, comme sont celles-ci : *qu'une même chose ne peut pas être et n'être point tout ensemble ; que le rien ne peut pas être la cause efficiente d'aucune chose*, et autres semblables ; et qu'ainsi ils exercent cette clarté de l'entendement qui leur a été donnée par la nature, mais que les perceptions des sens ont accoutumé de troubler et d'obscurcir, qu'ils l'exercent, dis-je, toute pure et délivrée de leurs préjugés ; car par ce moyen la vérité des axiomes suivants leur sera fort évidente.

En quatrième lieu, qu'ils examinent les idées de ces natures, qui contiennent en elles un assemblage de plusieurs attributs ensemble, comme est la nature du triangle, celle du carré ou de quelque autre figure ; comme aussi la nature de l'esprit, la nature du corps, et, par-dessus toutes, la nature de Dieu ou d'un être souverainement parfait. Et qu'ils prennent garde qu'on peut assurer avec vérité, que toutes ces choses-là sont en elles, que nous concevons clairement y être contenues. Par exemple, parce que, dans la nature du triangle rectiligne, il est contenu que ses trois angles sont égaux à deux droits, et que dans la nature du corps ou d'une chose étendue la divisibilité y est comprise (car nous ne concevons point de chose étendue si petite, que nous ne la puissions diviser, au moins par la pensée), il est vrai de dire que les trois angles de tout triangle rectiligne sont égaux à deux droits, et que tout corps est divisible.

En cinquième lieu, je demande qu'ils s'arrêtent longtemps à contempler la nature de l'être souverainement parfait ; et, entre autres choses, qu'ils considèrent que, dans les idées de toutes les autres natures, l'existence possible se trouve bien contenue, mais que, dans l'idée de Dieu, non seulement l'existence possible y est contenue, mais de plus la nécessaire. Car, de cela seul, et sans aucun raisonnement, ils connaîtront que Dieu existe ; et il ne leur sera pas moins clair et évident, sans autre preuve, qu'il leur est manifeste que deux est un nombre pair, et que trois est un nombre impair, et choses semblables. Car il y a des choses qui sont ainsi connues sans preuves par quelques-uns, que d'autres n'entendent que par un long discours et raisonnement.

En sixième lieu, que, considérant avec soin tous les exemples d'une claire et distincte perception, et tous ceux dont la perception est obscure et confuse, desquels j'ai parlé dans mes *Méditations,* ils s'accoutument à distinguer les choses qui sont clairement connues, de celles qui sont obscures ; car cela s'apprend mieux par des exemples que par des règles, et je pense qu'on n'en peut donner aucun exemple, dont je n'aie touché quelque chose.

En septième lieu, je demande que les lecteurs, prenant garde qu'ils n'ont jamais reconnu aucune fausseté dans les choses qu'ils ont clairement conçues, et qu'au contraire ils n'ont jamais rencontré, sinon par hasard, aucune vérité dans les choses qu'ils n'ont conçues qu'avec obscurité, ils considèrent que ce serait une chose entièrement déraisonnable, si, pour quelques préjugés des sens, ou pour quelques suppositions faites à plaisir, et fondées sur quelque chose d'obscur et d'inconnu, ils révoquaient en doute les choses que l'entendement conçoit clairement et distinctement. Au moyen de quoi ils admettront facilement les axiomes suivants pour vrais et indubitables, bien que j'avoue que plusieurs d'entre eux eussent pu être mieux expliqués et eussent dû être plutôt proposés comme des théorèmes que comme des axiomes, si j'eusse voulu être plus exact.

Axiomes ou Notions communes

I. Il n'y a aucune chose existante de laquelle on ne puisse demander quelle est la cause pourquoi elle existe. Car cela même se peut demander de Dieu ; non qu'il ait besoin d'aucune cause pour exister, mais parce que l'immensité même de sa nature est la cause ou la raison pour laquelle il n'a besoin d'aucune cause pour exister.

II. Le temps présent ne dépend point de celui qui l'a immédiatement précédé ; c'est pourquoi il n'est pas besoin d'une moindre cause pour conserver une chose, que pour la produire la première fois.

III. Aucune chose, ni aucune perfection de cette chose actuellement existante, ne peut avoir le *Néant*, ou une chose non existante, pour la cause de son existence.

IV. Toute la réalité ou perfection qui est dans une chose se rencontre formellement, ou éminemment, dans sa cause première et totale.

V. D'où il suit aussi que la réalité objective de nos idées requiert une cause, dans laquelle cette même réalité soit contenue, non seulement objectivement, mais même formellement, ou éminemment. Et il faut remarquer que cet axiome doit si nécessairement être admis, que de lui seul dépend la connaissance de toutes les choses, tant sensibles qu'insensibles. Car d'où savons-nous, par exemple, que le ciel existe ? Est-ce parce que nous le voyons ? Mais cette vision ne touche point l'esprit, sinon en tant qu'elle est une idée : une idée, dis-je, inhérente en l'esprit même, et non pas une image dépeinte en la fantaisie ; et, à l'occasion de cette idée, nous ne pouvons pas juger que le ciel existe, si ce n'est que nous supposions que toute idée doit avoir une cause de sa réalité objective, qui soit réellement existante ; laquelle cause nous jugeons que c'est le ciel même ; et ainsi des autres.

VI. Il y a divers degrés de réalité ou d'entité : car la substance a plus de réalité que l'accident ou le mode, et la substance infinie que la finie. C'est pourquoi aussi il y a plus de réalité objective dans l'idée de la substance que dans celle de l'accident, et dans l'idée de la substance infinie que dans l'idée de la substance finie.

VII. La volonté se porte volontairement, et librement (car cela est de son essence), mais néanmoins infailliblement, au bien qui lui est clairement connu. C'est pourquoi, si elle vient à connaître quelques perfections qu'elle n'ait pas, elle se les donnera aussitôt, si elles sont en sa puissance ; car elle connaîtra que ce lui est un plus grand bien de les avoir, que de ne les avoir pas.

VIII. Ce qui peut faire le plus, ou le plus difficile, peut aussi faire le moins, ou le plus aisé.

IX. C'est une chose plus grande et plus difficile de créer ou conserver une substance, que de créer ou conserver ses attributs ou propriétés ; mais ce n'est pas une chose plus grande, ou plus difficile, de créer une chose que de la conserver, ainsi qu'il a déjà été dit.

X. Dans l'idée ou le concept de chaque chose, l'existence y est contenue, parce que nous ne pouvons rien concevoir que sous la forme d'une chose qui existe ; mais avec cette différence que, dans le concept d'une chose limitée, l'existence possible ou contingente est seulement contenue, et dans le concept d'un être souverainement parfait, la parfaite et nécessaire y est comprise.

PROPOSITION PREMIÈRE [1]

L'EXISTENCE DE DIEU SE CONNAÎT DE LA SEULE CONSIDÉRATION DE SA NATURE

Démonstration

Dire que quelque attribut est contenu dans la nature ou dans le concept d'une chose, c'est le même que de dire que cet attribut est vrai de cette chose, et qu'on peut assurer qu'il est en elle (par la définition neuvième).

Or est-il que l'existence nécessaire est contenue dans la nature ou dans le concept de Dieu (par l'axiome dixième).

Donc il est vrai de dire que l'existence nécessaire est en Dieu, ou bien que Dieu existe.

Et ce syllogisme est le même dont je me suis servi en ma réponse au sixième article de ces objections ; et sa conclusion peut être connue sans preuve par ceux qui sont libres de tous préjugés, comme il a été dit en la cinquième demande. Mais parce qu'il n'est pas aisé de parvenir à une si grande clarté d'esprit, nous tâcherons de prouver la même chose par d'autres voies [2].

PROPOSITION SECONDE

L'EXISTENCE DE DIEU EST DÉMONTRÉE PAR SES EFFETS, DE CELA SEUL QUE SON IDÉE EST EN NOUS

Démonstration

La réalité objective de chacune de nos idées requiert une cause dans laquelle cette même réalité soit contenue, non pas objectivement, mais formellement ou éminemment (par l'axiome cinquième).

Or est-il que nous avons en nous l'idée de Dieu (par la définition deuxième et huitième), et que la réalité objective de cette idée n'est point contenue en nous, ni formellement, ni éminemment (par l'axiome sixième), et qu'elle ne peut être contenue dans aucun autre que dans Dieu même (par la définition huitième).

Donc cette idée de Dieu, qui est en nous, demande Dieu pour sa cause : et par conséquent Dieu existe (par l'axiome troisième).

---

1. Voir, concernant ces preuves de l'existence de Dieu, **Grandes thèses** : L'existence de Dieu, p. 130.
2. Dans les *Méditations*, cet argument, présenté dans la Méditation cinquième, vient après ceux de la Méditation troisième. Est-ce pour satisfaire à l'ordre des raisons ? N'est-ce pas plutôt parce que cet argument suppose que le lecteur soit « libre de tout préjugé » ?

PROPOSITION TROISIÈME

L'EXISTENCE DE DIEU EST ENCORE DÉMONTRÉE DE CE QUE NOUS-MÊMES, QUI AVONS EN NOUS SON IDÉE, NOUS EXISTONS

Démonstration

Si j'avais la puissance de me conserver moi-même, j'aurais aussi, à plus forte raison, le pouvoir de me donner toutes les perfections qui me manquent (par l'axiome VIII et IX) ; car ces perfections ne sont que des attributs de la substance, et moi je suis une substance.

Mais je n'ai pas la puissance de me donner toutes ces perfections, car autrement je les posséderais déjà (par l'axiome VII).

Donc je n'ai pas la puissance de me conserver moi-même.

En après, je ne puis exister sans être conservé tant que j'existe, soit par moi-même, supposé que j'en aie le pouvoir, soit par un autre qui ait cette puissance (par l'axiome I et II).

Or est-il que j'existe, et toutefois je n'ai pas la puissance de me conserver moi-même, comme je viens de prouver.

Donc je suis conservé par un autre.

De plus, celui par qui je suis conservé a en soi formellement, ou éminemment, tout ce qui est en moi (par l'axiome IV).

Or est-il que j'ai en moi l'idée ou la notion de plusieurs perfections qui me manquent, et ensemble l'idée d'un Dieu (par la définition II et VIII).

Donc la notion de ces mêmes perfections est aussi en celui par qui je suis conservé.

Enfin, celui-là même par qui je suis conservé ne peut avoir la notion d'aucunes perfections qui lui manquent, c'est-à-dire qu'il n'ait point en soi formellement, ou éminemment (par l'axiome VII) ; car, ayant la puissance de me conserver, comme il a été dit maintenant, il aurait à plus forte raison le pouvoir de se les donner lui-même, s'il ne les avait pas (par l'axiome VIII et IX).

Or est-il qu'il a la notion de toutes les perfections que je reconnais me manquer, et que je conçois ne pouvoir être qu'en Dieu seul, comme je viens de prouver.

Donc il les a déjà toutes en soi formellement, ou éminemment ; et ainsi il est Dieu.

COROLLAIRE

Dieu a créé le ciel et la terre, et tout ce qui y est contenu, et outre cela, il peut faire toutes les choses que nous concevons clairement, en la manière que nous le concevons

Démonstration

Toutes ces choses suivent clairement de la proposition précédente. Car nous y avons prouvé l'existence de Dieu, parce qu'il est nécessaire qu'il y ait un être qui existe, dans lequel toutes les perfections, dont il y a en nous quelque idée, soient contenues formellement, ou éminemment.

Or est-il que nous avons en nous l'idée d'une puissance si grande, que, par celui-là seul en qui elle se retrouve, non seulement le ciel et la terre, etc., doivent avoir été créés, mais aussi toutes les autres choses que nous connaissons comme possibles.

Donc, en prouvant l'existence de Dieu, nous avons aussi prouvé de lui toutes ces choses.

PROPOSITION QUATRIÈME

L'esprit et le corps sont réellement distincts

Démonstration

Tout ce que nous concevons clairement peut être fait par Dieu en la manière que nous le concevons (par le corollaire précédent).

Mais nous concevons clairement l'esprit, c'est-à-dire une substance qui pense, sans le corps, c'est-à-dire sans une substance étendue (par la demande 2) ; et d'autre part nous concevons aussi clairement le corps sans l'esprit (ainsi que chacun accorde facilement).

Donc, au moins par la toute-puissance de Dieu, l'esprit peut être sans le corps, et le corps sans l'esprit.

Maintenant les substances qui peuvent être l'une sans l'autre sont réellement distinctes (par la définition X).

Or est-il que l'esprit et le corps sont des substances (par les définitions V, VI et VII) qui peuvent être l'une sans l'autre (comme je le viens de prouver).

Donc l'esprit et le corps sont réellement distincts.

Et il faut remarquer que je me suis ici servi de la toute-puissance de Dieu pour en tirer ma preuve ; non qu'il soit besoin de quelque puissance extraordinaire pour séparer l'esprit d'avec le corps, mais parce que, n'ayant traité que de Dieu seul dans les propositions précédentes, je ne la pouvais tirer d'ailleurs que de lui. Et il n'importe aucunement par quelle puissance deux choses soient séparées, pour que nous connaissions qu'elles sont réellement distinctes.

GASSENDI – Cinquièmes Objections - voir Première Méditation et Méditation seconde.

Les objections de Gassendi, proposées dans un esprit matérialiste, sont surtout intéressantes en ce qu'elles témoignent que l'auteur n'a rien compris à Descartes.

Pierre Gassend dit Gassendi (1592-1655), ordonné prêtre en 1616, enseigne la philosophie à l'université d'Aix-en-Provence (il y fait surtout, entre 1617 et 1623, des observations astronomiques et se déclarera plus tard partisan de Copernic et de Galilée) ; puis, à partir de 1623, il est nommé prévôt de la cathédrale de Digne, ce qui ne l'empêchera pas d'enseigner les mathématiques à Paris au Collège royal (Collège de France) et de se lier d'amitié avec les personnalités les plus éminentes du monde savant à Paris.

Influencé par Épicure et les matérialistes, il ne comprend pas le spiritualisme cartésien (ironiquement, il appelle Descartes : « oh, esprit ! » et Descartes lui répond : « oh, chair ! »). Il n'a compris ni le doute cartésien, ni le cogito. Nous donnons ici le tout début des Cinquièmes Objections :

Il y a une chose que je ne comprends pas bien, qui est de savoir pourquoi vous n'avez pas mieux aimé tout simplement et en peu de paroles tenir toutes les choses que vous aviez connues jusque-là pour incertaines (afin puis après de mettre à part celles que vous reconnaîtrez être vraies), que les tenant toutes pour fausses ne vous pas tant dépouiller d'un ancien préjugé que vous revêtir d'un autre tout nouveau. Et remarquez qu'il a été nécessaire pour cela de feindre un Dieu trompeur ou je ne sais quel mauvais génie qui employât toute son industrie à nous surprendre bien qu'il semble que c'eût été assez d'alléguer pour raison de votre défiance le peu de lumière de l'esprit humain et la seule faiblesse de la nature. Outre cela vous feignez que vous dormez afin que vous ayez occasion de révoquer toutes choses en doute. Mais, pouvez-vous pour cela assez sur vous-même que de croire que vous ne soyez point éveillé, et que toutes les choses qui sont et qui se passent devant vos yeux soient fausses et trompeuses ? Quoi que vous en disiez, il n'y aura personne qui se persuade que vous soyez pleinement persuadé qu'il n'y a rien de vrai de tout ce que vous avez jamais connu, et que les sens, ou le sommeil, ou Dieu, ou un mauvais génie, vous ont continuellement imposé. N'eût-ce pas été une chose plus digne de la candeur d'un philosophe et du zèle de la vérité de dire les choses simplement, de bonne foi, et comme elles sont, que non pas, comme on vous pourrait objecter, recourir à cette machine, forger ces illusions, rechercher ces détours et ces nouveautés ? Néanmoins, puisque vous l'avez ainsi trouvé bon, je ne contesterai pas davantage[1].

CONTRE LA SECONDE MÉDITATION

DE LA NATURE DE L'ESPRIT HUMAIN ; ET QU'IL EST PLUS AISÉ À CONNAÎTRE QUE LE CORPS

Touchant la seconde, je vois que vous n'êtes pas encore hors de votre illusion, et néanmoins qu'à travers de ces fantômes vous ne laissez pas d'apercevoir qu'au moins est-il vrai que vous, qui êtes ainsi charmé et enchanté, êtes quelque chose ; c'est pourquoi vous concluez que cette proposition : « je suis, j'existe », autant de fois que vous la proférez ou que vous la concevez en votre esprit, est nécessairement vraie. Mais je ne vois pas que vous ayez eu besoin d'un si grand appareil, puisque d'ailleurs vous étiez déjà certain de votre existence, et que vous pouviez inférer la même chose de quelque autre que ce fût de vos actions, étant manifeste par la lumière naturelle que tout ce qui agit est ou existe.

Vous ajoutez à cela que néanmoins vous ne savez pas encore assez ce que vous êtes.

DESCARTES - Cinquièmes Réponses

Car, encore que vous n'ayez pas tant employé les raisons d'un philosophe pour réfuter mes opinions que les artifices d'un orateur pour les éluder, cela ne laisse pas de m'être très agréable, et ce d'autant plus, que je conjecture de là qu'il est difficile d'apporter contre moi des raisons différentes de celles qui sont contenues dans les précédentes objections que vous avez lues. Car certainement, s'il y en eût

1. Manifestement Gassendi n'a pas voulu comprendre la portée métaphysique du doute cartésien. Descartes, indigné, souhaitait que ces Objections ne figurent pas dans la traduction française. Si nous donnons ce texte, et les Réponses de Descartes, c'est qu'il y a là un excellent exemple de la difficulté qu'ont les philosophes de se comprendre mutuellement. Aux yeux de Descartes, Gassendi est par excellence le lecteur encombré de préjugés sensualistes et matérialistes.

eu quelques-unes, elles ne vous auraient pas échappé ; et je m'imagine que tout votre dessein en ceci n'a été que de m'avertir des moyens dont ces personnes de qui l'esprit est tellement plongé et attaché aux sens qu'ils ne peuvent rien concevoir qu'en imaginant, et qui, partant, ne sont pas propres pour les spéculations métaphysiques, se pourraient servir pour éluder mes raisons, et me donner lieu en même temps de les prévenir. C'est pourquoi, ne pensez pas que vous répondant ici, j'estime répondre à un parfait et subtil philosophe, tel que je sais que vous êtes ; mais comme si vous étiez du nombre de ces hommes de chair dont vous empruntez le visage, je vous adresserais seulement la réponse que je leur voudrais faire.

Des choses qui ont été objectées contre la première méditation

Vous dites que vous approuvez le dessein que j'ai eu de délivrer l'esprit de ses anciens préjugés, qui est tel en effet que personne n'y peut trouver à redire ; mais vous voudriez que je m'en fusse acquitté « simplement et en peu de paroles », c'est-à-dire, en un mot, « négligemment et sans tant de précautions » ; comme si c'était une chose si facile que de se délivrer de toutes les erreurs dont nous sommes imbus dès notre enfance, et que l'on pût faire trop exactement ce qu'on ne doute point qu'il ne faille faire. Mais certes je vois bien que vous avez voulu m'indiquer qu'il y en a plusieurs qui disent seulement de bouche qu'il faut soigneusement éviter la prévention, mais qui pourtant ne l'évitent jamais, parce qu'ils ne s'étudient point à s'en défaire, et se persuadent qu'on ne doit point tenir pour des préjugés ce qu'ils ont une fois reçu pour véritable. Certainement vous jouez ici parfaitement bien leur personnage, et n'omettez rien de ce qu'ils me pourraient objecter, mais cependant vous ne dites rien qui sente tant soit peu son philosophe. Car, où vous dites qu'il n'était « pas besoin de feindre un Dieu trompeur, ni que je dormais », un philosophe aurait cru être obligé d'ajouter la raison pourquoi ces choses ne peuvent être révoquées en doute, ou s'il n'en eût point eu, comme de vrai il n'y en a point, il se serait abstenu de dire cela. Il n'aurait pas non plus ajouté qu'il suffisait en ce lieu-là d'alléguer, pour raison de notre défiance, le peu de lumière de l'esprit humain, ou la faiblesse de notre nature ; car il ne sert de rien, pour corriger nos erreurs, de dire que nous nous trompons parce que notre esprit n'est pas beaucoup clairvoyant, ou que notre nature est infirme ; car c'est le même que si nous disions que nous errons parce que nous sommes sujets à l'erreur. Et certes on ne peut pas nier qu'il ne soit plus utile de prendre garde, comme j'ai fait, à toutes les choses où il peut arriver que nous errions, de peur que nous ne leur donnions trop légèrement notre créance. Un philosophe n'aurait pas dit aussi qu'en « tenant toutes choses pour fausses, je ne me dépouille pas tant de mes anciens préjugés, que je me revêts d'un autre tout nouveau » ; ou bien il eût premièrement tâché de montrer qu'une telle supposition nous pouvait induire en erreur ; mais tout au contraire, vous assurez un peu après qu'il n'est pas possible que je puisse obtenir cela de moi, que de douter de la vérité et certitude de ces choses que j'ai supposées être fausses ; c'est-à-dire que je puisse me revêtir de ce nouveau préjugé dont vous appréhendiez que je me laissasse prévenir. Et un philosophe ne serait pas plus étonné de cette supposition que de voir quelquefois une personne qui, pour redresser un bâton qui est courbé, le recourbe de l'autre part, car il n'ignore pas que souvent on prend ainsi des choses fausses pour véritables, afin d'éclaircir davantage la vérité, comme lorsque les astronomes imaginent au ciel un équateur, un zodiaque et d'autres cercles, ou que les géomètres ajoutent de nouvelles lignes à des figures données, et souvent aussi les philosophes en beaucoup de rencontres ; et celui qui appelle cela « recourir à une machine, forger des illusions, rechercher des détours et des nouveautés », et qui dit que cela est « indigne de la candeur d'un philosophe et du zèle de la vérité », montre bien qu'il ne se veut pas lui-même servir de cette candeur philosophique, ni mettre en usage les raisons, mais seulement donner aux choses le fard et les couleurs de la rhétorique.

DES CHOSES QUI ONT ÉTÉ OBJECTÉES CONTRE LA SECONDE MÉDITATION

Vous continuez ici à nous amuser par des feintes et des déguisements de rhétorique, au lieu de nous payer de bonnes et solides raisons ; car vous feignez que je me moque lorsque [je] parle tout de bon, et vous prenez comme une chose dite sérieusement et avec quelque assurance de vérité ce que je n'ai proposé que par forme d'interrogation et selon l'opinion du vulgaire, pour en faire par après une plus exacte recherche. Car quand j'ai dit qu'il fallait « tenir pour incertains, ou même pour faux, tous les témoignages que nous recevons des sens », je l'ai dit tout de bon ; et cela est si nécessaire pour bien entendre ces *Méditations*, que celui qui ne peut, ou qui ne veut pas admettre cela, n'est pas capable de rien dire à l'encontre qui puisse mériter réponse. Mais cependant il faut prendre garde à la différence qui est entre les actions de la vie et la recherche de la vérité, laquelle j'ai tant de fois inculquée ; car, quand il est question de la conduite de la vie, ce serait une chose tout à fait ridicule de ne s'en pas rapporter aux sens ; d'où vient qu'on s'est toujours moqué de ces sceptiques qui négligeaient jusqu'à tel point toutes les choses du monde, que, pour empêcher qu'ils ne se jetassent eux-mêmes dans des précipices, ils devaient être gardés par leurs amis ; et c'est pour cela que j'ai dit en quelque part : « qu'une personne de bon sens ne pouvait douter sérieusement de ces choses » ; mais lorsqu'il s'agit de la recherche de la vérité et de savoir quelles choses peuvent être certainement connues par l'esprit humain, il est sans doute du tout contraire à la raison de ne vouloir pas rejeter sérieusement ces choses-là comme incertaines, ou même aussi comme fausses, afin de remarquer que celles qui ne peuvent pas être ainsi rejetées sont en cela même plus assurées, et à notre égard plus connues et plus évidentes.

Quant à ce que j'ai dit que « je ne connaissais pas encore assez ce que c'est qu'une chose qui pense », il n'est pas vrai, comme vous dites, que je l'aie dit tout de bon, car je l'ai expliqué en son lieu ; ni même que j'aie dit que je ne doutais nullement en quoi consistait la nature du corps, et que je ne lui attribuais point la faculté de se mouvoir soi-même ; ni aussi que j'imaginais l'âme comme un vent ou un feu, et autres choses semblables que j'ai seulement rapportées en ce lieu-là, selon l'opinion du vulgaire, pour faire voir par après qu'elles étaient fausses. Mais avec quelle fidélité dites-vous que « je rapporte à l'âme les facultés de marcher, de sentir, d'être nourri », etc., afin que vous ajoutiez immédiatement après ces paroles : « Je vous accorde tout cela, pourvu que nous nous donnions garde de votre distinction d'entre l'esprit et le corps » ? car en ce lieu-là même j'ai dit en termes exprès que la nutrition ne devait être rapportée qu'au corps ; et, pour ce qui est du sentiment et du marcher, je les rapporte aussi, pour la plus grande partie, au corps, et je n'attribue rien à l'âme de ce qui les concerne que cela seul qui est une pensée.

De plus, quelle raison avez-vous de dire qu'il n'était pas « besoin d'un si grand appareil pour prouver mon existence » ? Certes je pense avoir fort bonne raison de conjecturer de vos paroles mêmes que l'appareil dont je me suis servi n'a pas encore été assez grand, puisque je n'ai pu faire encore que vous comprissiez bien la chose ; car, quand vous dites que j'eusse pu conclure la même chose de chacune autre de mes actions indifféremment, vous vous méprenez bien fort, parce qu'il n'y en a pas une de laquelle je sois entièrement certain, j'entends de cette certitude métaphysique de laquelle seule il est ici question, excepté la pensée. Car, par exemple, cette conséquence ne serait pas bonne : *Je me promène, donc je suis,* sinon en tant que la connaissance intérieure que j'en ai est une pensée, de laquelle seule cette conclusion est certaine, non du mouvement du corps, lequel parfois peut être faux, comme dans nos songes, quoiqu'il nous semble alors que nous nous promenions, de façon que de ce que je pense me promener je puis fort bien inférer l'existence de mon esprit, qui a cette pensée, mais non celle de mon corps, lequel se promène. Il en est de même de toutes les autres.

DESCARTES – Sixièmes Objections, faites par divers théologiens et philosophes – voir Méditation quatrième.

Le passage présenté ici expose des objections concernant la conception cartésienne de la liberté [1]. Ce qui est reproché ici à Descartes est sa conception de la liberté d'indifférence. Si la volonté, quand elle est éclairée par l'entendement, n'est plus indifférente dans son choix, alors, concernant la liberté de Dieu, comment affirmer à la fois que Dieu est tout connaissant et qu'il a été indifférent à créer ce monde-ci plutôt qu'un autre ou que plusieurs mondes ?

Le sixième scrupule vient de l'indifférence du jugement, ou de la liberté, laquelle tant s'en faut que, selon votre doctrine, elle rende le franc arbitre plus noble et plus parfait, qu'au contraire c'est dans l'indifférence que vous mettez son imperfection ; en sorte que, tout autant de fois que l'entendement connaît clairement et distinctement les choses qu'il faut croire, qu'il faut faire, ou qu'il faut omettre, la volonté pour lors n'est jamais indifférente. Car ne voyez-vous pas que par ces principes vous détruisez entièrement la liberté de Dieu, de laquelle vous ôtez l'indifférence, lorsqu'il crée ce monde-ci plutôt qu'un autre, ou lorsqu'il n'en crée aucun ? étant néanmoins de la foi de croire que Dieu a été de toute éternité indifférent à créer un monde ou plusieurs, ou même à n'en créer pas un. Et qui peut douter que Dieu n'ait toujours vu très clairement toutes les choses qui étaient à faire ou à laisser ? Si bien que l'on ne peut pas dire que la connaissance très claire des choses et leur distincte perception ôte l'indifférence du libre arbitre, laquelle ne conviendrait jamais avec la liberté de Dieu, si elle ne pouvait convenir avec la liberté humaine, étant vrai que les essences des choses, aussi bien que celles des nombres, sont indivisibles et immuables ; et partant, l'indifférence n'est pas moins comprise dans la liberté du franc arbitre de Dieu, que dans la liberté du franc arbitre des hommes.

1. Voir **Concepts clés** : la volonté, p. 120.

DESCARTES – Sixièmes Réponses - voir Méditation quatrième.

Descartes répond à cette objection en distinguant l'indifférence de la liberté de Dieu de celle de l'homme. Dieu a été parfaitement libre de créer ceci plutôt que cela, il l'a choisi de façon indifférente, il n'y a pas été déterminé par l'idée du Bien, pour la simple raison que c'est Dieu qui crée ce qui est vrai, ce qui est bien. En revanche, l'homme fait usage de sa liberté dans un monde où la vérité et le bien ont été déterminés par Dieu. Il est donc d'autant plus libre que sa volonté n'est pas indifférente mais connaît le vrai et le bien.

Quant à la liberté du franc arbitre, il est certain que celle qui se retrouve en Dieu est bien différente de celle qui est en nous, d'autant qu'il répugne que la volonté de Dieu n'ait pas été de toute éternité indifférente à toutes les choses qui ont été faites ou qui se feront jamais, n'y ayant aucune idée qui représente le bien ou le vrai, ce qu'il faut croire, ce qu'il faut faire, ou ce qu'il faut omettre, qu'on puisse feindre avoir été l'objet de l'entendement divin, avant que sa nature ait été constituée telle par la détermination de sa volonté. Et je ne parle pas ici d'une simple priorité de temps, mais bien davantage je dis qu'il a été impossible qu'une telle idée ait précédé la détermination de la volonté de Dieu par une priorité d'ordre, ou de nature, ou de raison raisonnée, ainsi qu'on la nomme dans l'École, en sorte que cette idée du bien ait porté Dieu à élire l'un plutôt que l'autre. Par exemple, ce n'est pas pour avoir vu qu'il était meilleur que le monde fût créé dans le temps que dès l'éternité, qu'il a voulu le créer dans le temps ; et il n'a pas voulu que les trois angles d'un triangle fussent égaux à deux droits, parce qu'il a connu que cela ne se pouvait faire autrement, etc. Mais, au contraire, parce qu'il a voulu créer le monde dans le temps, pour cela il est ainsi meilleur que s'il eût été créé dès l'éternité ; et d'autant qu'il a voulu que les trois angles d'un triangle fussent nécessairement égaux à deux droits, il est maintenant vrai que cela est ainsi, et il ne peut pas être autrement, et ainsi de toutes les autres choses. Et cela n'empêche pas qu'on ne puisse dire que les mérites des saints sont la cause de leur béatitude éternelle ; car ils n'en sont pas tellement la cause qu'ils déterminent Dieu à rien vouloir, mais ils sont seulement la cause d'un effet, dont Dieu a voulu de toute éternité qu'ils fussent la cause. Et ainsi une entière indifférence en Dieu est une preuve très grande de sa toute-puissance. Mais il n'en est pas ainsi de l'homme, lequel trouvant déjà la nature de la bonté et de la vérité établie et déterminée de Dieu, et sa volonté étant telle qu'elle ne se peut naturellement porter que vers ce qui est bon, il est manifeste qu'il embrasse d'autant plus volontiers, et par conséquent d'autant plus librement, le bon et le vrai, qu'il les connaît plus évidemment ; et que jamais il n'est indifférent que lorsqu'il ignore ce qui est de mieux ou de plus véritable, ou du moins lorsque cela ne lui paraît pas si clairement qu'il n'en puisse aucunement douter. Et ainsi l'indifférence qui convient à la liberté de l'homme est fort différente de celle qui convient à la liberté de Dieu. Et il ne sert ici de rien d'alléguer que les essences des choses sont indivisibles ; car, premièrement, il n'y en a point qui puisse convenir d'une même façon à Dieu et à la créature ; et enfin l'indifférence n'est point de l'essence de la liberté humaine, vu que nous ne sommes pas seulement libres, quand l'ignorance du bien et du vrai nous rend indifférents, mais principalement aussi lorsque la claire et distincte connaissance d'une chose nous pousse et nous engage à sa recherche.

Accueil et postérité

1. KANT – Critique de la preuve ontologique de l'existence de Dieu - voir Méditation cinquième.

C'est Kant qui a donné le nom de « preuve ontologique » à l'argument qui, dans la Méditation cinquième, conclut de l'idée de l'Être parfait à l'existence de cet Être. Nous vous proposons ci-dessous les pages célèbres où, dans la *Critique de la raison pure* (1781), Kant s'efforce de réfuter l'argument cartésien. L'existence, dit Kant, n'est pas une « perfection », ce n'est pas un concept, ce n'est pas un attribut de l'objet à côté des autres. Il n'y a pas de différence entre le concept d'une fortune de cent thalers dans votre esprit et le concept de cent thalers existant réellement dans votre gousset. Seulement, dans un cas les cent thalers n'existent pas, dans l'autre cas, ils existent. Et une existence n'est pas susceptible d'être déduite comme peut l'être l'attribut d'un concept. Je ne puis, par analyse, tirer l'existence d'un objet de sa définition. L'existence est une position absolue qui ajoute au concept sa propre réalité. Kant exprime ceci en disant qu'un jugement d'existence n'est jamais analytique mais toujours synthétique.

En lisant ces pages de Kant on se demandera si la critique kantienne est décisive contre l'argument cartésien. Elle le serait si l'argument de Descartes était un raisonnement. Sans doute l'argument a-t-il la forme d'un raisonnement. Mais il s'agit, comme c'est le cas pour le cogito, plutôt d'une expérience spirituelle, d'une intuition. Descartes, plutôt qu'il ne déduit l'existence de l'Être parfait de sa définition, fait, dans sa propre pensée, l'expérience d'un Infini qui le dépasse. Il ne part pas d'une essence abstraite pour en déduire abusivement une existence, il découvre en sa pensée la présence d'un Infini[1].

Être n'est évidemment pas un prédicat réel, c'est-à-dire un concept de quelque chose qui puisse s'ajouter au concept d'une chose. C'est simplement la position d'une chose ou de certaines déterminations en soi. Dans l'usage logique, ce n'est que la copule d'un jugement. Cette proposition : *Dieu est tout-puissant,* renferme deux concepts qui ont leurs objets : Dieu et toute-puissance ; le petit mot *est* n'est pas du tout encore par lui-même un prédicat, c'est seulement ce qui met le prédicat *en relation* avec le sujet. Or, si je prends le sujet (Dieu) avec tous ses prédicats (dont la toute-puissance fait aussi par-

1. Voir **Grandes thèses** : L'existence de Dieu, p. 135 et p. 137.

tie) et que je dise : *Dieu est,* ou il est un Dieu, je n'ajoute aucun nouveau prédicat au concept de Dieu, mais je ne fais que poser le sujet en lui-même avec tous ses prédicats, et en même temps, il est vrai, l'*objet* qui correspond à mon *concept.* Tous deux doivent exactement renfermer la même chose et, par conséquent, rien de plus ne peut s'ajouter au concept qui exprime simplement la possibilité, par le simple fait que je conçois (par l'expression : il est) l'objet de ce concept comme donné absolument. Et ainsi, le réel ne contient rien de plus que le simple possible. Cent thalers réels ne contiennent rien de plus que cent thalers possibles. Car, comme les thalers possibles expriment le concept et les thalers réels, l'objet et sa position en lui-même, au cas où celui-ci contiendrait plus que celui-là, mon concept n'exprimerait pas l'objet tout entier et, par conséquent, il n'en serait pas, non plus, le concept adéquat. Mais je suis plus riche avec cent thalers réels qu'avec leur simple concept (c'est-à-dire qu'avec leur possibilité). Dans la réalité, en effet, l'objet n'est pas simplement contenu analytiquement dans mon concept, mais il s'ajoute synthétiquement à mon concept (qui est une détermination de mon état), sans que, par cette existence en dehors de mon concept, ces cent thalers conçus soient le moins du monde augmentés.

Quand donc je conçois une chose, quels que soient et si nombreux que soient les prédicats par lesquels je la pense (même dans la détermination complète), en ajoutant, de plus, que cette chose *existe,* je n'ajoute absolument rien à cette chose. Car autrement, ce qui existerait ne serait pas exactement ce que j'avais conçu dans mon concept, mais bien quelque chose de plus, et je ne pourrais pas dire que c'est précisément l'objet de mon concept qui existe. Si je conçois aussi dans une chose toute réalité sauf une, du fait que je dis qu'une telle chose défectueuse existe, la réalité qui lui manque ne s'y ajoute pas, mais au contraire cette chose existe avec exactement le même défaut qui l'affectait lorsque je l'ai conçue, car autrement il existerait quelque chose d'autre que ce que j'ai conçu. Or, si je conçois un être à titre de réalité suprême (sans défaut), il reste toujours à savoir, pourtant, si cet être existe ou non. En effet, bien qu'à mon concept il ne manque rien du contenu réel possible d'une chose en général, il manque cependant encore quelque chose au rapport à tout mon état de pensée, à savoir que la connaissance de cet objet soit aussi possible *a posteriori.* Et ici se montre la cause de la difficulté qui règne sur ce point. S'il était question d'un objet des sens, je ne pourrais pas confondre l'existence de la chose avec le simple concept de la chose. Car le concept ne me fait concevoir l'objet que conformément aux conditions universelles d'une connaissance empirique possible en général, tandis que l'existence me le fait concevoir comme enfermé dans le contexte de toute l'expérience ; si donc, par sa liaison avec le contenu de toute l'expérience, le concept de l'objet n'est pas le moins du monde augmenté, notre pensée du moins reçoit en plus une perception possible. Si, au contraire, nous voulons penser l'existence seulement par la pure catégorie, il n'est pas étonnant que nous ne puissions indiquer aucun critérium pour la distinguer de la simple possibilité.

Quelles que soient donc la nature et l'étendue de notre concept d'un objet, il nous faut cependant sortir de ce concept pour attribuer à l'objet son existence. Pour les objets des sens, cela a lieu au moyen de leur enchaînement avec quelqu'une de mes perceptions suivant des lois empiriques ; mais pour des objets *(Objecte)* de la pensée pure, il n'y a absolument aucun moyen de connaître leur existence, parce qu'elle devrait être connue entièrement *a priori,* alors que notre conscience de toute existence (qu'elle vienne soit immédiatement de la perception, soit de raisonnements qui lient quelque chose à la perception) appartient entièrement et absolument à l'unité de l'expérience, et que si une existence hors de ce champ ne peut pas, à la vérité, être absolument déclarée impossible, elle est pourtant une supposition que nous ne pouvons justifier par rien.

Le concept d'un Être suprême est une idée très utile à beaucoup d'égards ; mais, par le fait même qu'il est simplement une idée, il est incapable d'accroître par lui seul notre connaissance par rapport à ce qui existe [...].

Par conséquent, la preuve ontologique (cartésienne) si célèbre, qui veut démontrer par concepts l'existence d'un Être suprême, fait dépenser en vain toute la peine qu'on se donne et tout le travail que l'on y consacre ; nul homme ne saurait, par de simples idées, devenir plus riche de connaissances, pas plus qu'un marchand ne le deviendrait en argent, si, pour augmenter sa fortune, il ajoutait quelques zéros à l'état de sa caisse.

Kant, *Critique de la raison pure,* trad. de A. Tremesaygues et B. Pacaud, PUF, pp. 429-431.

2. HEIDEGGER – Méthode, liberté, et primauté de l'homme chez Descartes

Dans ce texte, Heidegger, philosophe allemand du XXe siècle, explique que Descartes introduit un point de rupture par rapport à la philosophie médiévale. Descartes est le représentant d'un nouvel état d'esprit, et propose une nouvelle réflexion philosophique qui se définit essentiellement par l'importance de la méthode. Désormais, c'est l'homme qui est au premier plan, toute réflexion métaphysique part de l'homme et est centrée sur l'homme.

Le nouveau de l'époque moderne à l'opposé de l'époque médiévale consiste en ce que l'homme prend l'initiative d'acquérir à partir de lui-même et avec ses propres moyens la certitude et la sécurité de sa condition humaine au sein de l'étant dans sa totalité. La pensée essentiellement chrétienne de la certitude du salut se voit reprise dans cette initiative, mais le « salut » dont il s'agit maintenant n'est pas la félicité éternelle ; le chemin qui y mène n'est pas celui de l'abnégation de soi-même. Le salut, au sens de l'intégrité et de la santé de l'âme, est recherché exclusivement dans le libre épanouissement des facultés créatrices de l'homme. C'est pourquoi la question se pose de savoir comment une certitude, recherchée par l'homme même pour sa vie ici-bas, se peut acquérir et fonder concernant le monde et sa façon d'être homme. Tandis que dans le monde médiéval la voie du salut et la transmission de la vérité *(doctrina)* étaient immuablement établies, c'est désormais la *quête* de nouvelles voies qui devient décisive.

La question de la « méthode », qui concerne le « chemin à prendre », le fait de s'engager dans une voie, le moyen d'acquérir et de fonder une certitude établie par l'homme lui-même, passe désormais au premier plan. La « méthode » n'est pas à prendre ici au sens « méthodologique » en tant que mode d'examen et de recherche, mais au sens métaphysique en tant que voie d'une détermination de l'essence de la vérité, qui puisse exclusivement se fonder par les moyens propres de l'homme.

Aussi bien la question de la philosophie première ne saurait-elle plus désormais s'énoncer seulement par : Qu'est-ce que l'étant ? En fonction de l'affranchissement de l'homme quant aux liens de la doctrine révélationniste de l'Église, la question de la philosophie première s'énonce ainsi : Par quel chemin l'homme parvient-il de lui-même et pour lui-même à une première, inébranlable vérité, et qu'est-ce que cette première vérité ? Descartes est le premier à s'interroger dans ce sens de façon claire et décidée. Il répond : *Ego cogito, ergo sum* (« je pense, donc je suis »). Aussi n'est-ce point par hasard que les titres de ses ouvrages capitaux soulignent la primauté de la « méthode » : *Discours de la méthode* ; *Regulae ad directionem ingenii*[1] ; *Méditations de prima philosophia*[2] (et pas simplement *Prima philosophia*) ; *Principes de la philosophie (Principia philosophiae).*

1. *Règles pour la direction de l'esprit.*
2. *Méditations de philosophie première.* C'est le titre latin des *Méditations métaphysiques.*

Dans la proposition de Descartes (que nous aurons à expliciter de façon plus précise) *Cogito, ergo sum,* s'exprime généralement une primauté du moi humain et par là une nouvelle position de l'homme. L'homme n'adopte pas seulement par un acte de foi une doctrine, mais il ne va pas non plus par une voie quelconque se procurer une connaissance du monde. Autre chose ici se fait jour : l'homme se sait lui-même absolument certain en tant que l'étant dont l'être est le plus certain. L'homme devient le fondement et la mesure posés par lui-même pour fonder et mesurer toute certitude et toute vérité. À ne considérer tout d'abord que jusqu'à ce point la proposition de Descartes, aussitôt nous revient la sentence du sophiste Protagoras : l'homme est la mesure de toutes choses. On n'a cessé de confronter la proposition de Descartes et la sentence de Protagoras et l'on voudrait voir dans cette sentence comme dans la sophistique grecque en général une anticipation de la métaphysique moderne de Descartes ; car c'est d'une manière presque flagrante que de part et d'autre s'exprime la primauté de l'homme.

Heidegger, *Nietzsche,* t. II, Gallimard, pp. 108-109.

3. SARTRE – La liberté cartésienne – voir Méditation quatrième.

Dans le texte de *Situations* I consacré à la liberté cartésienne, dont nous donnons ci-dessous quelques extraits, J.-P. Sartre montre que pour Descartes, seule la liberté de Dieu (qui invente non seulement les existences mais les vérités éternelles) est une liberté absolue parce que productive. Lorsque l'homme affirme des évidences, sans doute n'est-il pas contraint (car son jugement vrai est nécessité par une illumination intérieure) mais il n'est pas créateur. La seule liberté absolue laissée à l'homme c'est celle du doute, celle du refus des fausses évidences et des idées confuses : un acte négatif qui refuse cet autre néant que sont les pensées confuses et fausses.

La liberté est une, mais elle se manifeste diversement selon les circonstances. À tous les philosophes qui s'en font les défenseurs, il est permis de poser une question préalable : à propos de quelle *situation* privilégiée avez-vous fait l'expérience de votre liberté ? C'est une chose, en effet, d'éprouver qu'on est libre sur le plan de l'action, de l'entreprise sociale ou politique, de la création dans les arts, et une autre chose de l'éprouver dans l'acte de comprendre et de découvrir. Un Richelieu, un Vincent de Paul, un Corneille, auraient eu, s'ils avaient été métaphysiciens, certaines choses à nous dire sur la liberté, parce qu'ils l'ont prise par un bout, au moment où elle se manifeste par un événement absolu, par l'apparition du nouveau, poème ou institution, dans un monde qui ne l'appelle ni ne le refuse. Descartes, qui est d'abord un métaphysicien, prend les choses par l'autre bout : son expérience première n'est pas celle de la liberté créatrice *« ex nihilo »*, mais d'abord celle de la pensée autonome qui découvre par ses propres forces des relations intelligibles entre des essences déjà existantes. C'est pourquoi, nous autres Français qui vivons depuis trois siècles sur la liberté cartésienne, nous entendons implicitement par « libre arbitre » l'exercice d'une *pensée* indépendante plutôt que la production d'un acte créateur, et finalement nos philosophes assimilent, comme Alain, la liberté avec l'acte de juger.

C'est qu'il entre toujours, dans l'ivresse de comprendre, la joie de nous sentir responsables des vérités que nous découvrons. Quel que soit le maître, il vient un moment où l'élève est tout seul en face du problème mathématique ; s'il ne détermine son esprit à saisir les relations, s'il ne produit de lui-même les conjectures et les schèmes qui s'appliquent tout comme une grille à la figure considérée et qui en dévoileront les structures principales, s'il ne provoque enfin une illumination décisive, les mots restent des signes morts, tout est appris par cœur. Ainsi puis-je sentir, si je m'examine, que l'intellection n'est pas le résultat mécanique d'un procédé de pédagogie, mais qu'elle a pour origine ma seule volonté d'attention, ma seule contention, mon seul refus de la distraction ou de la précipitation et, finalement, mon esprit tout entier, à l'exclusion radicale de tous les acteurs extérieurs. Et telle est bien l'intuition première de Descartes : il a compris, mieux que personne, que la moindre démarche de la pensée engage toute la pensée, une pensée autonome qui se pose, en chacun de ses actes, dans son indépendance plénière et absolue.

Mais cette expérience de l'*autonomie* ne coïncide pas, nous l'avons vu, avec celle de la *productivité*. C'est qu'il faut bien que la pensée ait *quelque chose* à comprendre, des rapports objectifs entre des essences, des structures, un enchaînement : bref, un ordre préétabli de relations. [...] Le problème est d'autant plus difficile que, à l'époque de Descartes, l'ordre des vérités mathématiques paraît à tous les bons esprits l'effet de la volonté divine. Et puisque cet ordre ne saurait être éludé, un Spinoza préférera lui sacrifier la subjectivité humaine : il montrera le vrai se développant et s'affirmant par sa propre puissance *à travers* ces individualités incomplètes que sont les modes finis. En face de l'ordre des essences, la subjectivité ne peut être en effet que la simple liberté d'adhérer au vrai (au sens où, pour certains moralistes, on n'a d'autre *droit* que de faire son *devoir*), ou alors elle n'est qu'une pensée confuse, une vérité mutilée dont le développement et l'éclaircissement fera disparaître le caractère subjectif. Dans le second cas, l'homme disparaît, il ne reste plus aucune différence entre pensée et vérité : le vrai, c'est la totalité du système des pensées. Si l'on veut sauver l'homme, il ne reste, puisqu'il ne peut *produire* aucune idée, mais seulement la contempler, qu'à le pourvoir d'une simple puissance négative : celle de dire *non* à tout ce qui n'est pas le vrai. Aussi trouvons-nous chez Descartes, sous l'apparence d'une doctrine unitaire, deux théories assez différentes de la liberté, selon qu'il considère cette puissance de comprendre et de juger qui est sienne ou selon qu'il veut simplement sauver l'autonomie de l'homme en face du système rigoureux des idées.

Sa réaction spontanée est d'affirmer la responsabilité de l'homme en face du vrai. Le vrai est chose humaine, puisque je dois l'affirmer pour qu'il existe. Avant mon *jugement*, qui est adhésion de ma volonté et engagement libre de mon être, il n'existe rien que des idées neutres et flottantes qui ne sont ni vraies ni fausses. Ainsi l'homme est-il l'être par qui la vérité apparaît dans le monde [...]. Heidegger a dit : Personne ne peut mourir pour moi. Mais avant lui, Descartes : Personne ne peut comprendre pour moi. Finalement, il faut dire oui ou non – et décider seul du vrai pour tout l'Univers [...].

Mais tout aussitôt intervient l'ordre préétabli. Chez un Kant, l'esprit humain constitue la vérité ; chez Descartes, il ne fait que la découvrir, puisque Dieu a fixé une fois pour toutes les relations que les essences soutiennent entre elles [...]. Pourtant, nous retrouvons dans la recherche du Vrai comme dans la poursuite du Bien une véritable autonomie de l'homme. Mais c'est seulement en tant qu'il est un néant. C'est par son néant et en tant qu'il a affaire au Néant, au Mal, à l'Erreur, que l'homme échappe à Dieu, car Dieu, qui est plénitude infinie d'être, ne saurait concevoir ni régler le néant. Il a mis en moi le positif ; il est l'auteur responsable de tout ce qui en moi *est*. Mais par ma finitude et mes limites, par ma face d'ombre, je me détourne de lui. Si je conserve une liberté d'indifférence, c'est par rapport à ce que je ne connais pas ou ce que je connais mal, aux idées tronquées, mutilées, confuses. À tous ces néants, néant moi-même, je puis dire *non* : je puis *ne pas* me décider à agir, à affirmer. Puisque l'ordre des vérités existe en dehors de moi, ce qui va me définir comme autonomie, ce n'est pas l'invention créatrice, c'est le refus. C'est en refusant jusqu'à ce que nous ne puissions plus refuser que nous sommes libres. Ainsi le doute méthodique devient le type même de l'acte libre [...].

On reconnaîtra dans ce pouvoir de s'échapper, de se dégager, de se retirer en arrière, comme une préfiguration de la négativité hégélienne. Le doute atteint toutes les propositions qui affirment quelque chose en dehors de notre pensée, c'est-à-dire que je puis mettre tous les existants entre parenthèses, je suis en plein exercice de ma liberté lorsque, vide et néant moi-même, je *néantis* tout ce qui existe. Le doute est rupture de contact avec l'être ; par lui, l'homme a la possibilité permanente de se désengluer de l'univers existant et de le contempler soudain de haut comme une pure succession de fantasmes. En ce sens, c'est la plus magnifique affirmation du règne humain : l'hypothèse du Malin Génie, en effet, montre clairement que l'homme peut échapper à toutes les tromperies, à toutes les embûches ; il y a un ordre du vrai, parce que l'homme est libre ; et si même cet ordre n'existait pas, il suffirait que l'homme fût libre pour qu'il n'y ait jamais de règne de l'erreur. C'est que l'homme, étant cette négation pure, cette pure suspension de jugement, peut, à condition de rester immobile, comme quelqu'un qui retient son souffle, se retirer à tout moment d'une nature fausse et truquée ; il peut se retirer même de tout ce qui en lui est nature : de sa mémoire, de son imagination, de son corps. Il peut se retirer du temps même et se réfugier dans l'éternité de l'instant : rien ne montre mieux que l'homme n'est pas un être de « nature ». Mais dans le moment qu'il atteint à cette indépendance inégalable, contre la toute-puissance du Malin Génie, contre Dieu même, il se surprend comme un pur néant : en face de l'*être* qui est tout entier mis entre parenthèses, il ne reste plus qu'un simple *non*, sans corps, sans souvenir ; sans savoir [...]. Personne avant Descartes n'avait mis l'accent sur la liaison du libre arbitre avec la négativité ; personne n'avait montré que la liberté ne vient point de l'homme en tant qu'il est, comme un plénum d'existence parmi d'autres pleins dans un monde sans lacune, mais en tant qu'il *n'est pas*, au contraire, en tant qu'il est fini, limité. Seulement cette liberté ne saurait être aucunement créatrice, puisqu'elle n'est *rien*.

J.-P. Sartre, « La Liberté cartésienne »,
Situations I, Gallimard, pp. 314-327.

4. VALÉRY – Une interprétation du cogito cartésien

Paul Valéry, poète français du XXe siècle, expose la compréhension qu'il a de l'importance du cogito. Ce n'est pas, selon lui, une démonstration de l'existence, mais l'affirmation du sujet, la prise de conscience de son importance. Cette interprétation peut être confirmée par le fait que Descartes parle à la première personne du singulier et nous redonne le détail de sa réflexion dans les *Méditations*.

Seule cette fameuse proposition : *Je pense, donc je suis,* lui semble une vérité inébranlable, qu'il faut prendre pour premier principe, et qui lui révèle, en outre, qu'il est une substance dont toute l'essence est de penser, entièrement indépendante du corps, du lieu, de toute chose matérielle.

*

Cette direction est de tous points remarquable. Je veux dire qu'elle l'est aussi sous certains aspects qui n'ont peut-être pas été remarqués. Elle a donné naissance à une infinité de commentaires, et à un certain nombre d'interprétations assez différentes. Chacune d'elles consiste à traiter cette formule : « Je pense, donc je suis » comme une proposition dont le sens est indiscutable, et dont il ne reste plus qu'à établir la fonction logique : les uns y voient une sorte de postulat ; les autres, la conclusion d'un syllogisme.

Je vais ici me risquer beaucoup. Je dis qu'on peut la considérer d'un tout autre regard et prétendre que cette brève et forte expression de la personnalité de l'auteur *n'a aucun sens.* Mais je dis aussi qu'elle a *une très grande valeur,* toute caractéristique de l'homme même.

Je dis que *Cogito ergo sum* n'a aucun sens, car ce petit mot *Sum* n'a aucun sens. Personne n'a, ni ne peut avoir, l'idée ou le besoin de dire : « Je suis », à moins d'être pris pour mort, et de protester qu'on ne l'est pas ; encore dirait-on : Je suis vivant. Mais il suffirait d'un cri ou du moindre mouvement. Non : « Je suis » ne peut rien apprendre à personne et ne répond à aucune question intelligible. Mais ce mot répond ici à autre chose, dont je m'expliquerai tout à l'heure. D'ailleurs, quel sens attribuer à une proposition dont la négative exprimerait le contenu aussi bien qu'elle-même ? Si le « Je suis » dit quoi que ce soit, le « Je ne suis pas » ne nous en dit ni plus ni moins.

Descartes lui-même revenant sur ces mots, dix ans après les avoir tirés de soi et fixés dans le *Discours de la méthode,* les redit avec quelque embarras, nie qu'ils procèdent d'un syllogisme ; mais affirme qu'ils énoncent une chose connue par elle-même *« simplici mentis intuitu »* (Entretien avec Burman). Mais il touche par là au point même de soudure du langage avec ce qui se passe, sans doute, en deçà de lui, et en provoque et détermine une émission particulière. Cela peut être une présentation ; mais cela peut être une sensation, ou quelque événement de sensibilité analogue. Dans ce dernier cas, la parole se produisant comme conséquence immédiate, l'insignifiance et la valeur d'un réflexe, comme on le voit par l'exclamation, l'interjection, le juron, le cri de guerre, les formules votives ou imprécatoires, sur lesquelles la pensée ne peut revenir que pour constater qu'elles ne signifient rien par elles-mêmes, mais qu'elles ont joué un rôle *instantané* dans une brusque modification de l'attente ou de l'orientation intime d'un système vivant. C'est bien là ce que je crois voir dans le *Cogito.* Ni syllogisme, ni même signification selon la lettre ; mais un acte réflexe de l'homme, ou plus exactement l'éclat d'un acte, d'un coup de force. Il y a dans un penseur de cette puissance une politique intérieure et une extérieure de la pensée, et il se fait une sorte de raison d'État contre laquelle rien ne prévaut, et qui finit toujours par débarrasser énergiquement le Moi de toutes les difficultés ou notions parasites dont il est gravé *sans les avoir trouvées en soi-même.* Descartes n'eût pas inventé de douter de son existence, lui qui ne doutait pas de sa valeur. Si le *Cogito* revient si souvent dans son œuvre, se trouve et se retrouve dans le *Discours,* dans les *Méditations,* dans les *Principes,* c'est qu'il sonne pour lui un appel à son essence d'*égotisme*[1]. Il le reprend comme le thème de son Moi lucide, le réveil crié à l'orgueil et aux ressources de son être. Jamais, jusqu'à lui, philosophe ne s'était si délibérément exposé sur le théâtre de sa pensée, payant de sa personne, osant le *Je* pendant des pages entières ; et, comme il le fait surtout, et dans un style admirable, quand il rédige ses *Méditations,* s'efforçant de nous communiquer le détail de sa discussion et de ses manœuvres intérieures, de le rendre nôtre, de nous faire semblables à lui, incertains, et puis certains comme lui, après que nous l'aurons suivi et comme épousé de doute en doute jusqu'à ce Moi le plus pur, le moins personnel, qui doit être le même en tous, et l'universel en chacun.

Paul Valéry, *Variété : une vue de Descartes,* in *Œuvres,*
« La Pléiade », Gallimard, t. I, pp. 824-826.

1. De *ego,* « moi », en latin. Disposition à parler de soi, réflexion consciente sur soi. Et par extension, culte de sa propre personnalité.

Glossaire

Il est difficile d'expliquer en quelques lignes les concepts cartésiens. Nous vous conseillons, pour une explication plus complète, de vous reporter aux **Préliminaires** et au **Dossier**.

accident

Ce qui appartient ou n'appartient pas à une substance sans lui être aucunement essentiel. C'est un terme de la philosophie aristotélicienne (l'homme est raisonnable par essence, grand ou petit par accident) que Descartes reprend parfois (lettre à Regius, décembre 1641). Chez Descartes, accident et mode sont en général synonymes.

âme

Les aristotéliciens emploient le mot « âme » aussi bien pour désigner la pensée (âme intellective) que le principe de la vie sensitive et de la vie végétative. « *Mais moi,* dit Descartes dans les Cinquièmes Réponses, *venant à prendre garde que le principe par lequel nous sommes nourris est entièrement distingué de celui par lequel nous pensons, j'ai dit que le nom d'âme, quand il est pris conjointement pour l'un et l'autre est équivoque* » et doit de préférence « *être seulement entendu de ce principe par lequel nous pensons ; aussi l'ai-je le plus souvent appelé du nom d'esprit pour ôter cette... ambiguïté. Car je ne considère pas l'esprit comme une partie de l'âme mais comme cette âme tout entière qui pense.* » L'âme est donc synonyme d'esprit chez Descartes, c'est le siège de la pensée.

analyse

En général chez Descartes la division des ensembles complexes en natures simples données immédiatement à l'intuition ; désigne dans les Deuxièmes Réponses l'ordre cartésien de la découverte tandis que la synthèse est une mise en forme didactique qui part « *d'une longue suite de définitions, de demandes d'axiomes* » pour en déduire des conclusions : mise en forme après coup des propositions. Voir **Problématiques essentielles** : Quel est l'ordre de la découverte ?, p. 24.

animaux machines

Les animaux n'ont pas, comme l'homme, une âme unie au corps. Mais ils sont comme « *des machines artificielles qui ne se remueraient que par ressorts* » (Méditation seconde, p. 66).

attention

Pour saisir une évidence il faut d'abord la regarder. La mobilisation de mon attention (souvent fragile et versatile chez l'homme) marque donc chez Descartes le rôle capital de la volonté dans le jugement.

attributs

Propriétés essentielles, caractéristiques d'une substance (voir ce mot).

causalité

« Le néant ne saurait produire aucune chose. » (Premières Réponses) ; *« Tout ce qui existe est ou par une cause ou par soi comme par une cause. »* C'est le principe de causalité qui, dans la Méditation troisième, permet de remonter de l'idée de Perfection qui est en moi à Dieu qui l'a mise en moi (car il faut au moins autant de réalité dans la cause que dans l'effet).

comprendre

Si les mots « comprendre » et « concevoir » sont parfois employés indifféremment, Descartes nous demande le plus souvent de les distinguer avec soin. Une chose est de comprendre (saisir pleinement, embrasser par la pensée), une autre de « toucher » seulement par la pensée, de concevoir. Le Dieu infini est conçu et non compris.

création

Création continuée. Dieu est requis non seulement comme Créateur mais comme Conservateur ou Recréateur des êtres à tout instant que je puis distinguer : *« Car tout le temps de ma vie peut être divisé en une infinité de parties, chacune desquelles ne dépend en aucune façon des autres ; et ainsi, de ce qu'un peu auparavant j'ai été, il ne s'ensuit pas que je doive maintenant être, si ce n'est qu'en ce moment quelque cause me produise et me crée pour ainsi dire derechef, c'est-à-dire me conserve »* (Méditation troisième, p. 80).
Création des vérités éternelles. Les vérités éternelles (par exemple les propriétés des notions géométriques) ont été, selon Descartes, créées par Dieu en un acte contingent (qui aurait pu ne pas être). Dieu aurait pu ne pas les créer et il aurait pu les créer autres qu'elles ne sont. Voir **Problématiques essentielles** : Le statut épistémologique de Dieu, p. 27.

Dieu

« Par le nom de Dieu, j'entends une substance infinie, éternelle, immuable, indépendante, toute connaissante, toute-puissante, et par laquelle moi-même et toutes les autres choses qui sont (s'il est vrai qu'il y en ait qui existent) ont été créées et produites » (Méditation troisième, p. 77). Voir **Grandes thèses** : L'existence de Dieu, p. 130.

doute

Chez les sceptiques, le doute est une conclusion (désespérée ou souriante comme chez Montaigne). Chez Descartes c'est une méthode (tenir pour radicalement faux ce qui est à peine douteux). Le doute cartésien est une décision (les arguments sceptiques n'en sont que les moyens) qui se veut provisoire et préparatoire à la construction ou à la reconstruction de vérité certaines. Voir **Problématiques essentielles** : Commencer par douter, p. 20.

entendement

« [...] *par l'entendement seul je n'assure ni ne nie aucune chose, mais je conçois seulement les idées des choses que je puis assurer ou nier* » (Méditation quatrième, p. 87). L'entendement ne fait que former des idées, sans les affirmer. C'est la volonté qui les affirme ou les nie. L'homme possède un entendement limité, il ne peut pas tout connaître.

erreur

« [...] *l'expérience me fait connaître que je suis néanmoins sujet à une infinité d'erreurs* » (Méditation quatrième, p. 85). L'erreur est un *jugement* faux. Elle ne dépend donc pas de mon seul entendement (qui propose telle ou telle idée) mais de l'usage que je fais de ma volonté (qui a le pouvoir de disposer, c'est-à-dire d'affirmer ou de nier la vérité de telle ou telle idée. Errer c'est affirmer soit par préjugé soit par précipitation une idée qui n'est ni claire ni distincte. Voir **Grandes thèses** : L'erreur, conséquence de la liberté, p. 138.

étendue

Ce qui est étendu, « flexible, muable », est le caractère permanent, l'attribut essentiel que mon entendement reconnaît à la matière. Définir la matière comme étendue divisible, figure et mouvement, c'est en expulser toute trace d'animisme.

évidence

L'évidence chez Descartes se définit d'abord négativement : c'est ce qui a résisté à tous les assauts du doute. La première évidence, conquise dans la Méditation seconde, est un résidu : le « je suis, j'existe » est ce qui a résisté à tous les doutes, même au malin génie. J'apprends ensuite à reconnaître pour évidentes toutes mes idées claires et distinctes.

habitudes mentales

« [...] *à cause de l'habitude que j'avais à* [...] *croire je pensais apercevoir très clairement, quoique véritablement je ne l'aperçusse point* » (Méditation troisième, p. 69). L'habitude est une contrefaçon d'évidence. Le souci constant de Descartes n'est pas seulement de démontrer, mais aussi, parce que nous ne sommes pas pure raison, de nous délivrer de tous les préjugés que notre nature humaine, union et mélange d'esprit et de corps, a accumulés depuis l'enfance.

idées

« *Tout ce qui est en notre esprit lorsque nous concevons une chose* » (lettre à Mersenne, juillet 1641). D'après les *Principes de philosophie*, une idée est claire lorsqu'elle est « *présente et manifeste à un esprit attentif* », distincte lorsque nous la distinguons clairement de toutes les autres. Voir **Concepts clés** : les idées, p. 118.

imagination

C'est l'entendement appliqué au corps, s'efforçant de représenter concrètement un corps. Tandis que la métaphysique est affaire de pur entendement, la géométrie se sert aussi de l'imagination dans la mesure où elle représente des figures. Voir **Concepts clés** : l'imagination, p. 123.

immortalité de l'âme

En toute rigueur, la métaphysique cartésienne démontre seulement que l'âme est distincte du corps (l'essence de l'âme est de penser, l'essence du corps d'être étendu). C'est seulement dans l'*Abrégé* qu'il est question de l'immortalité, l'âme étant une substance incorruptible qui dure autant que Dieu la maintient dans l'existence. On peut dire que l'indépendance de l'âme par rapport au corps (démontrée dans la Méditation seconde) est la condition nécessaire de son immortalité.

indifférence

État d'une volonté qui, faute de connaissances, n'a aucune raison de choisir cette décision ou cette autre. Plus tard, en 1645, dans une lettre au R. P. Mesland, Descartes opposera à cette indifférence d'inclination, purement négative, une indifférence positive, un pur pouvoir de décider gratuitement, l'indifférence d'élection. Voir **Concepts clés** : la volonté, p. 120.

infini

L'idée d'infini n'est pas, comme chez saint Thomas d'Aquin, la simple négation du fini, mais une idée originelle et fondamentale que Dieu a déposée en moi. C'est l'idée de fini qui est forgée à partir de l'idée d'infini, et non l'inverse.

liberté

Chez Descartes, la liberté est comprise comme liberté de la volonté.

- *La puissance des contraires* : le pouvoir de faire ceci ou cela, d'affirmer ou de nier.
- *L'absence de contrainte extérieure* : le pouvoir de choisir ceci ou cela sans qu'une force extérieure nous en empêche. Dans la Méditation quatrième, Descartes semble repousser la première définition pour adopter la seconde, puisque la vraie liberté exclut l'indifférence. Voir **Concepts clés** : la volonté, p. 120.

malin génie

Fiction (qui associe la toute-puissance à l'extrême méchanceté) utilisée pour maintenir, dans l'entreprise du doute systématique, l'hypothèse métaphysique du Dieu trompeur. Henri Gouhier a montré que le malin génie, *« pantin méthodologique »*, se distinguait du Dieu trompeur ; c'est un simple artifice, requis pour prolonger un doute difficile, qui sans cet appareil, ne pourrait guère perdurer. Voir **Problématiques essentielles** : Commencer par douter, p. 20.

méditation

À la fois une démonstration rigoureuse et un exercice spirituel. Le lecteur est invité à passer autant de jours et même de semaines sur chaque méditation qu'il le faudra, afin d'accompagner Descartes dans son ascèse. Voir **Problématiques essentielles** : Pourquoi méditer ?, p. 17.

ordre des raisons

« L'ordre consiste en cela seulement que les choses qui sont proposées les premières doivent être connues sans l'aide des suivantes » et que les suivantes ne doivent être démontrées qu'à partir des preuves précédemment établies. À côté de l'ordre linéaire, de type géométrique, il y a dans les *Méditations* des reprises (le malin génie doublant le Dieu trompeur dans la première, une seconde preuve de Dieu dans la troisième) et même des retours en arrière (l'analyse du morceau de cire, objet apparemment matériel, après l'établissement du *cogito*), ces sinuosités s'expliquant par nos habitudes mentales, les préjugés qu'il faut vaincre pour réellement persuader le lecteur, pour l'inviter non seulement à suivre un raisonnement, mais à méditer en profondeur en compagnie des Descartes. Voir **Problématiques essentielles** : Quel est l'ordre de la découverte ?, p. 24.

penser

L'acte même de penser – et la conscience indubitable qui le pose – enveloppe diverses modalités : *« Qu'est-ce qu'une chose qui pense ? c'est une chose qui doute, qui entend, "qui conçoit", qui affirme, qui nie, qui veut, qui ne veut pas, qui imagine aussi, et qui sent »* (Méditation seconde, pp. 62-63).

sens commun

Tandis que, dans le *Discours de la méthode*, le bon sens se confondait avec la raison, avec la lumière naturelle, le sens commun n'est plus, dans la Méditation troisième, qu'une représentation empirique. Il se confond, dit expressément Descartes, avec *« la faculté imaginative »*.

substance

« Une chose qui existe en telle façon qu'elle n'a besoin que de soi-même pour exister » (*Principes*, I, 51). Prise absolument, cette notion ne s'applique qu'à Dieu seul. Mais dans un sens plus large, on peut entendre par substance toute créature qui n'a besoin que du concours de Dieu pour exister. Certains textes semblent identifier la substance avec l'ensemble de ses attributs, ou avec son attribut principal : la matière avec l'étendue, l'esprit avec la pensée. En fait, toute chose concrète existant comme telle par le seul concours de Dieu, et distincte de toutes les autres, est une substance.

union de l'âme et du corps

Mon âme est une substance, une chose pensante. La matière en général est une substance dont l'attribut est l'étendue. Mais le composé humain, chaque personne humaine qui représente l'union et comme le « mélange » d'une âme et d'un corps, est une substance. Ce composé humain est une unité incontestablement vécue comme telle, même si, d'autre part, l'âme identique à la pensée et le corps défini par l'étendue doivent être connus distinctement par notre entendement. Voir **Grandes thèses** : L'union de l'âme et du corps, p. 142.

véracité divine

Dieu est vérace, c'est-à-dire qu'il n'est pas trompeur, car vouloir tromper est une imperfection. Dieu ne s'amuse donc pas à nous tromper, et par conséquent toutes nos idées claires et distinctes sont vraies, leur vérité étant garantie par Dieu. Quand nous usons correctement de nos facultés, nous ne pouvons pas nous tromper. La véracité divine, interprétation épistémologique de la bonté de Dieu, permet ainsi d'exorciser la fiction du malin génie.

vide

Dans le monde physique cartésien il n'y a pas de vide. L'illusion d'un espace vide est évoquée dans la Méditation sixième à titre de croyance obscure et inconsidérée.

volonté

« Il n'y a que la volonté seule ou la seule liberté du franc arbitre que j'expérimente en moi être si grande que je ne conçois point l'idée d'aucune autre plus ample et plus étendue, en sorte que c'est elle principalement qui me fait connaître que je porte l'image et la ressemblance de Dieu. » (Méditation quatrième, p. 88). La volonté est une puissance de décision qui affirme ou nie les idées proposées par l'entendement. Voir **Concepts clés** : la volonté, p. 120.

Bibliographie commentée

Œuvres de Descartes

Nous ne pouvons renvoyer le lecteur aux innombrables éditions qui ont été faites de l'œuvre de Descartes. Signalons simplement :

Œuvres complètes :

ADAM Ch. et TANNERY P. éd., *Œuvres de Descartes*, Vrin, 1996. C'est l'édition la plus complète des œuvres de Descartes ; sur onze volumes, elle rassemble en effet tous les textes (inédits, lettres, écrits posthumes, etc.) attribués à Descartes. Réservé aux spécialistes.

BRIDOUX A. éd., *Descartes, Œuvres et Lettres*, Gallimard, « Bibliothèque de la Pléiade », 1953.

Œuvres en collection de poche :

Discours de la méthode, notes et commentaires D. Huisman, coll. « Les Intégrales de Philo », Nathan, 1998.

Les Passions de l'âme, GF-Flammarion, 1996.

Lettre-préface des Principes de la philosophie, notes et commentaires J. Danton, coll. « Les Intégrales de Philo », Nathan, 1998.

Correspondance avec Élisabeth et autres lettres, introduction J.-M. et M. Beyssade, GF-Flammarion, 1989.

Études critiques

Pour une introduction à la pensée de Descartes

ALQUIÉ F., article « Descartes », in *Encyclopedia Universalis.*

BREHIER É., article « Descartes », in *Histoire de la philosophie*, vol. II, coll. « Quadrige », PUF, 1981.

GUÉNANCIA P., *Descartes*, coll. « Philosophie présente », Bordas, 1986. Une initiation progressive et méthodique à la pensée cartésienne.

RODIS-LEWIS G., *Descartes, textes et débats*, Le Livre de Poche, 1984.

RODIS-LEWIS G., *Descartes et le rationalisme*, coll. « Que sais-je ? », PUF, 1992.

Pour aller plus loin

ALQUIÉ F., *La Découverte métaphysique de l'homme chez Descartes*, coll. « Épiméthée », PUF, 1991. Une somme essentielle qui étudie le statut de l'homme dans la métaphysique cartésienne, à travers ses principales œuvres.

BEYSSADE J.-M., *La Philosophie première de Descartes*, Flammarion, 1979.

GOUHIER H., *La Pensée métaphysique de Descartes*, Vrin, 1987.

MARION J.-L., *Questions cartésiennes I et II*, PUF, 1991-1996.

MARION J.-L., *Sur le prisme métaphysique de Descartes*, coll. « Épiméthée », PUF, 1986. Un ouvrage difficile.

RODIS-LEWIS G., *Descartes*, Calmann-Lévy, 1995. Biographie exhaustive de l'auteur du *Discours de la méthode*.

RODIS-LEWIS G., *L'Œuvre de Descartes*, 2 vol., Vrin, 1971. Ouvrage très complet sur la métaphysique cartésienne.

Références photographiques : Archivo L.A.R.A./Planeta couverture Archives Nathan : 9, 16 ; Archives Seuil : 40.

Édition : Marie-Hélène CHRISTENSEN.
Conception graphique intérieur : Thierry MÉLÉARD.
Conception couverture : Denis HOCH.
Fabrication : Jacques LANNOY.

N° d'éditeur : 10209742
Imprimé en France par SEPEC
Dépôt légal : août 2014
Numéro d'impression : 06601140808

FSC
www.fsc.org
MIXTE
Papier issu de sources responsables
FSC® C022030